FABLIAUX DU MOYEN ÂGE

Le Moyen Âge
dans la même collection

FABLIAUX DU MOYEN ÂGE

Présentation, traduction inédite
notes, bibliographie, chronologie et index
par
Jean DUFOURNET

GF Flammarion

ISBN : 2-08-070972-0

À la mémoire de Michel Lebrun
qui fut pour nous le Pic de la Mirandole
du polar, en souvenir de nos joyeux vaga-
bondages dans les sombres contrées du
roman noir,

et d'Omer Jodogne
qui a été le premier à me faire aimer les
fabliaux.

PRÉSENTATION

Aller dans le clair
Presque comme si
L'on était chez soi.

Eugène Guillevic.

I

Écrits entre 1160 et 1340[1], mais surtout au XIIIᵉ siècle, les fabliaux, dont beaucoup ont disparu (il en resterait cent cinquante sur un millier), sont des contes à rire, des récits courts et autonomes en vers octosyllabiques, sans valeur symbolique ni référence à l'essence des choses, dont les agents sont des êtres humains, et qui relatent, sur un ton trivial, une aventure digne d'être racontée parce que plaisante ou (et) exemplaire[2]. Ces œuvres, qui ont touché tous les milieux, constituent l'envers, le contrepoint et le contrepied de la littérature courtoise. Certaines ne sont pas sans rappeler les chapiteaux historiés des cathédrales ou les sculptures des stalles, des miséricordes et des clefs de voûte, où s'inscrit l'expérience de tous les jours avec un humour tour à tour cynique ou tendre. Elles mettent en scène des épisodes de la vie quotidienne dont on ne tente pas de faire des signes, mais qui n'ont pas été jugés indignes du travail de l'écrivain. L'homme médiéval, qui se plaît à rêver de mondes imaginaires, ne ferme pas les yeux sur ce qui l'entoure. « Le fabliau, a écrit Robert

1. Le premier de ces textes serait celui de *Richeut* qui ne connaît pas le mot de *fabliau* et n'emploie pas l'octosyllabe à rime plate.
2. Pour des compléments sur le genre, on se reportera aux travaux de Roger Dubuis (1975), Omer Jodogne (1975), Philippe Ménard (1983) et Dominique Boutet (1985) cités dans la bibliographie.

Guiette[1], est une littérature sans halo, sans mythe, mais faite d'une lucidité un peu cynique. »

Si la plupart de ces récits étaient destinés à l'origine au même public aristocratique que les chansons de geste et les romans arthuriens, on en trouve d'un niveau moins élaboré et plus fruste. Ils ont été composés et diffusés par des professionnels (clercs, petits chevaliers, goliards, ménestrels et jongleurs) qui étaient très mobiles, passant d'un milieu à l'autre et la plupart du temps dépourvus du précieux argent dont le pouvoir grandissait. Les auteurs et les adaptateurs, aux talents inégaux, ont écrit pour des publics divers qu'ils rencontraient dans les grandes salles des châteaux et sur les places publiques. Les mêmes sujets ont pu être représentés, dans le même temps, à des niveaux différents[2].

Le fabliau est sans doute né de la fable dont il est proche par le nom[3]. Contemporain du *Roman de Renart* et versant comme lui, à l'occasion, dans la satire du clergé et de la femme, il se confond parfois avec d'autres genres brefs au milieu desquels il a évolué : lai, conte, nouvelle courtoise, *exemplum*, dit[4], débat et, bien entendu, fable. Il a fleuri surtout dans les provinces du nord et du centre de la France. Les plus grands auteurs s'y sont essayés : Jean Bodel, Jean Renart, Huon le Roi, Jacques de Baisieux,

---

1. *Questions de littérature, Romanica Gandensia*, t. VIII, 1960, pp. 61-86 (p. 77).
2. Voir Jean Rychner, *Contribution à l'étude des fabliaux*, Neuchâtel, 1960, t. I : *Observations*, p. 145.
3. Voir O. Jodogne, *Le Fabliau*, 1975, p. 14 : « ... nous enregistrons ces formes : *fableau, fablel, fabler* (passage de l à r) *flablel* (croisement de *fablel* avec *flabel* où il y a eu métathèse du *l*), *flabliaus, fabelet* (insertion de *e*) ». On a employé d'autres mots pour désigner ce genre d'écrits : *conte, dit, beau dit, mots, beaux mots, aventure ; fable, exemple, proverbe, reclaim ; rime ; trufe, risee, mensonge, merveille, bourde, gabet...*
4. Sur ce mot et les problèmes que pose le dit, voir le livre récent de Monique Léonard, *Le dit et sa technique littéraire, des origines à 1340*, Paris, Champion, 1996 (*Nouvelle Bibliothèque du Moyen Âge*, 38).

Gautier Le Leu, Rutebeuf, Jean de Condé, Watriquet de Couvin. D'autres ne sont connus que par un ou deux fabliaux, comme Garin, Haiseau, Huon Piaucele, Durant, Boivin de Provins, Douin de Lavesne, l'auteur de *Trubert*, et le talentueux Eustache d'Amiens qui a écrit *Le Boucher d'Abbeville*.

L'image du fabliau est foisonnement, diversité, mutation et métamorphose, plaisir dans la profusion des textes et l'efflorescence de l'imagination. Il a été soumis à de nombreux remaniements aux différents moments de son existence, des textes originels aux réécritures qui représentent tous les degrés de la variation, de la dégradation et de l'amélioration. Certains remanieurs l'ont altéré par défaillance plutôt que par intention ; d'autres ont récrit entièrement le sujet[1].

Parfois parodique, le fabliau recherche — plutôt que le burlesque courtois, comme le veut Per Nykrog[2] — le contraste, le décalage et la surprise, en quête d'un comique qui peut se déployer de l'humour le plus fin à l'obscénité et à la scatologie.

II

Ce qui le caractérise presque constamment, c'est une écriture rapide qui en fait un texte « pressé », fortement lié, raccourcissant au maximum le trajet et la distance entre les noyaux fonctionnels de la narration, mais que contrarie souvent la présence du narrateur qui remplit de sa voix les chaînes causales et s'accorde des répits à priori inutiles. Tiraillés entre deux exigences contradictoires, l'une réaliste (*tout dire*) et l'autre narrative (*ne dire qu'une partie*), entre le désir d'écriture et les contraintes littéraires

---

1. Sur ces variations, voir le livre cité de Jean Rychner (note 2, p. 10).
2. Dans son livre devenu classique, *Les Fabliaux. Étude d'histoire littéraire et de stylistique médiévales*, 2ᵉ éd., Genève, 1957.

et sociales à respecter, les conteurs témoignent de la
tension fondatrice par laquelle le narrateur se voudrait absent, mais revient toujours sur le devant de la
scène, veillant à maintenir le contact avec le lecteur-
auditeur, multipliant les intrusions d'auteur, prati-
quant un jeu constant de mise en avant et de retrait.

Le texte, qui vise à se donner pour vraisemblable,
privilégie, malgré le schématisme du genre, la motivation qui, ressentie comme omniprésente, cherche à
réduire totalement la distorsion entre l'être et le
paraître des personnages. Autour d'eux, tout est
signifiant : l'auteur tire pleinement profit de leur
nom, de leur place, des rôles et des contrats qui leur
sont impartis et qu'ils se doivent de remplir.

Si les fabliaux donnent une impression de foisonnement et de diversité — irréductibles à des schémas
abstraits — d'abondance, de *plenté*, digne selon Roger
Dubuis d'une abbaye de Thélème par le nombre et la
variété des personnages, par leur grand « avoir »,
par la richesse des situations et des anecdotes, c'est la
conséquence d'une des premières règles du « cahier
de charges réaliste » tel que l'a défini Philippe
Hamon[1] : leurs auteurs, qui posent que le monde est
accessible à la dénomination, à la description,
doivent veiller, par les moindres détails, à valoriser
les personnages qui ne poseront aucun problème
d'identification. Cet univers « descriptible » est un
univers de la clarté, en dépit de l'atmosphère souvent
nocturne des fabliaux. L'obscurité n'existe que pour
permettre au narrateur de la démêler, de découvrir le
caché, d'éclaircir l'équivoque. Le merveilleux et
l'ambigu sont exclus : frère Denise, dans le texte de
Rutebeuf, retrouvera son identité sexuelle et son nom
de Dame Denise. Conformément à ce que Gaston
Bachelard a joliment appelé « le complexe d'Harpa-

---

1. « Pour un statut sémiologique du personnage », dans
l'ouvrage collectif *Poétique du récit*, Paris, Le Seuil, 1977, p. 147.

gon » [1], les fabliaux abondent en énumérations ; ils affectionnent les nombres qui provoquent, selon Roland Barthes, un pur effet de réel, aussi bien que l'argent qui se compte et se touche, comme l'atteste le début de *Boivin de Provins*. À partir d'une règle *littéraire* de l'écriture réaliste, l'argent apparaît au cœur de la problématique du bonheur — veau d'or que condamne gravement le conteur des *Trois Bossus* [2].

Pour faire admettre que les personnages sont des êtres de chair et d'os, on accorde un intérêt particulier à l'arrière-plan géographique, temporel et social, même s'il demeure schématique, compte tenu de la brièveté du genre. C'est, comme l'a écrit K. Kasprzyck [3], « une constante, une convention du genre ». Les moindres notations spatiales créent un effet de réel dans un espace vérifiable. Si l'on situe les fabliaux en ville [4], c'est le reflet moins d'une réalité historique (la naissance d'une civilisation urbaine) que de la règle *littéraire* de la cohésion où tout se tient. La cohésion de la cité, entourée de ses murs, crée celle de l'histoire. C'est dans la ville que le personnage réaliste trouve l'entourage indispensable, ce que Philippe Hamon [5] appelle le nécessaire « entregent ». Cet espace restreint évacue l'ailleurs, et le dénouement ramène les héros au domicile initial. Tout se passe dans un temps resserré qui ne comporte pas de zones d'ombre, et qui marque nettement les débuts et les fins ; tout se déroule *sanz atargier*, sans faire *trop lonc demor*, dans le temps court

1. Dans *La Formation de l'esprit scientifique*, Paris, Vrin, 1947, p. 132.
2. Vers 289-297 : *Ne Diex ne fist si chier avoir / Tant soit bons ne de grant chierté, / Qui voudroit dire verité, / Que par deniers ne soit eüs. / Honiz soit li hons, quel qu'il soit, / Qui trop prise mauvés deniers, / Et qui les fist fere premiers.*
3. « Pour la sociologie du fabliau », *Kwartalnik Neofilologicny*, Varsovie, n° 23, 1973.
4. G. Bianciotto, « Le fabliau et la ville », *Third International Epic, Fable and Fabliau Colloquium*, Köln-Wien, 1981.
5. « Un discours contraint », *Littérature et Réalité*, Paris, Le Seuil, 1982, pp. 135-136.

des traditions et des fêtes, souvent le dimanche, jour
de la messe.

Englué dans le monde, le personnage, échantillon
d'une riche diversité, tend à devenir un type, « un
reflet plus qu'un modèle » (Michel Zink[1]). Le héros
est, pour Philippe Hamon[2], un héraut qui « proclame
les valeurs d'une société et d'un groupe » par l'impo-
sition d'un nom, par la valorisation de son habileté et
de sa ruse, par la possession d'objets symboliques et
d'attributs qui le signifient. Aussi peut-on soutenir
avec Claude Duchet[3] que, « au lieu d'un reflet du
réel, nous avons le réel d'un reflet ». Le personnage
n'est jamais seul, mais il est intégré au sein d'un
« entregent » qui participe de sa notoriété, à l'intérieur et à l'extérieur. La conjonction se produit souvent autour de la table, à l'occasion d'un repas, mais
aussi dans des rixes, des scènes de ménage... et aussi
dans l'acte sexuel. « L'entregent » qui tend vers le
symbole à travers des lieux emblématiques (le marché, la taverne, le bordel) est une puissance agis-
sante : c'est la parole vivante des codes moraux, une
force bénéfique ou hostile quand il y a faute.
Conduits par une obsédante motivation, les fabliaux
présentent des personnages « contraints » et des
scènes immuables : images d'Épinal qui perpétuent
un rassurant cloisonnement social.

Le récit peut devenir pur dialogue de théâtre qui
montre la diversité non du vécu mais d'un réel déjà
dit et écrit, et qui donne à chaque personnage un langage propre. Ainsi le prêtre y est-il détenteur d'un
idiome particulier, le latin, qu'il est facile d'imiter. Le
réel se transforme en une mosaïque linguistique, et
tout un jeu d'apartés, voire de courts monologues,
prend place dans le dialogue. Le réalisme textuel, qui
inclut l'anomalie langagière, tend vers le patchwork

---

1. *La Subjectivité littéraire*, Paris, PUF, 1985, p. 40.
2. *Texte et Idéologie*, Paris, PUF, 1984.
3. « Pour une sociocritique, ou variations sur un incipit », *Littérature*, n° 1, février 1971, p. 10.

linguistique, jusqu'au jargon franglais des *Deux Anglais et de l'anel*, et joue avec une pluralité de textes perdus, avec le *corpus* des proverbes et des maximes comme avec les garants littéraires contemporains. L'écriture des fabliaux, censée s'immerger dans la brutalité du réel, vit d'une perpétuelle comparaison, avant tout littéraire, avec les textes canoniques qui la valorisent en la cautionnant.

Œuvre ludique par excellence, le fabliau se joue de tout : des personnages et des motifs littéraires, des mots et des proverbes, des rimes et de la versification, des croyances et des règles morales, sans d'ailleurs remettre en cause l'ordre social, même si le rire peut devenir grinçant. Visant à faire oublier peines et soucis [1], il exprime le rêve persistant d'une vie libre et joyeuse, et il conserve des liens avec la culture populaire et le folklore, avec la tradition carnavalesque et goliardique qui transgresse les tabous religieux et moraux (quelquefois à l'encontre des valeurs reconnues, mais le plus souvent à leur profit) et dont il reprend force éléments : l'obscénité, les jurons et la grossièreté, l'exaltation du bas-corporel, les bombances et les repues franches, les permutations et les détrônements bouffons, la caricature et l'outrance.

Si l'éventail social des fabliaux est largement ouvert puisqu'on y trouve des chevaliers, des prêtres, des clercs et des vilains, les personnages sont en général conventionnels, sans profondeur psychologique, encore qu'il faille se garder d'uniformiser un genre assez complexe et protéiforme pour produire à la fois des œuvres rudimentaires et d'autres raffinées, brillantes, voire profondes. Ce sont des textes fuyants comme le poulpe, qui nous laissent le plus souvent à des frontières et qui sont fondés sur la *métis*, la ruse. Dominique Boutet [2] a remarqué que « la trompe-

---

1. Comme il est dit dans *Les Trois Aveugles de Compiègne* (vers 7-9) : *Fablel sont bon a escouter. | Maint duel, maint mal font mesconter | E maint anui e maint mesfet.*

2. *Les Fabliaux*, Paris, PUF, 1985, p. 107.

rie est à la base de l'écriture », et l'on peut appliquer
aux fabliaux ce que T. Todorov[1] dit en général du
réalisme qui « n'est pas seulement un discours aussi
particulier et aussi réglé que les autres ; l'une de
ses règles a un statut bien particulier : elle a pour
effet de dissimuler toute règle et de nous donner
l'impression que le discours est en lui-même parfaitement transparent... Le réalisme est un type de discours qui voudrait se faire passer pour un autre ». Un
des attraits les plus fascinants de ces œuvres, c'est
leur façon habile d'énoncer toujours un programme
conforme au cahier de charges réaliste, la volonté
affichée de ne tromper personne, et, d'un autre côté,
de toujours garder par-devers soi la possibilité, la
rouerie de pervertir ce programme, comme en
témoigne l'un des chefs-d'œuvre du genre, *Estormi*,
qui présente trois et même quatre « morales » ou
conclusions[2].

III

Le texte des fabliaux a souvent partie liée avec les
prodiges que multiplie l'être de la tromperie, la
femme, que le narrateur de *La Bourgeoise d'Orléans*
assimile à Protée et à Argus.

Si la sexualité semble franchement acceptée, à en
juger par la liberté du langage et de l'action, elle ne
l'est pas de façon débridée. Le discours y exprime la
volonté de contrôler une force pulsionnelle et met
l'accent sur le lien conjugal, sur le foyer et la famille.

1. « Présentation », *Littérature et Réalité*, Paris, Le Seuil, 1982,
pp. 9-10.
2. Vers 586-587 : « Mais tel paie la faute sans avoir mérité de
mourir » ; 590-591 : « Mais le diable a un pouvoir exceptionnel
pour tromper et surprendre les gens » ; 592-594 : « Par l'histoire
des prêtres, je veux vous apprendre que c'est folie de convoiter et
de fréquenter la femme d'un autre » ; 620-622 : « Mais on ne doit
pas, à mon avis, mépriser un parent pauvre, si pauvre soit-il ».

L'existence d'un troisième personnage n'altère pas en profondeur le modèle initial.

Le mariage apparaît essentiel à l'ordre social. Il est très fréquent dans les fabliaux qui comptent, selon Marie-Thérèse Lorcin[1], quatre-vingts ménages conjugaux et sept de veuf ou veuve. C'est le couple qui importe : enfants et domestiques jouent un rôle mineur. Mais le mariage est rarement le résultat d'une entente sentimentale réciproque. L'amour, quand il existe, pèse d'un faible poids. Souvent l'homme veut confirmer son pouvoir en choisissant une épouse d'une fortune ou d'un rang égaux ou supérieurs aux siens : le vilain mire, en quête d'un plus grand prestige social, échange sa richesse contre la noblesse et la beauté de la jeune fille. Le mariage, facilité par l'argent que détient l'homme, est traité comme une affaire : le riche impose sa volonté. Il s'agit donc d'un ordre masculin et financier.

Le pouvoir de l'argent peut d'ailleurs se trouver en contradiction avec l'idéologie aristocratique. Pour les autres, le vilain qui épouse une femme noble, transgresse une loi essentielle à l'ordre social selon laquelle chacun doit rester à une place déterminée. Cette puissance est abusive plus à l'égard de la classe noble dont un membre est déprécié qu'à l'encontre de l'épouse elle-même. En revanche, quand les normes sont respectées, l'argent assure une bonne assise économique qui favorise l'épanouissement affectif et la permanence de l'union ; il aide à l'intégration sociale ; s'il manque, on va de difficulté en difficulté, comme le démontre *Le Vallet qui d'aise à malaise se met*, à partir du moment où il prend femme.

Comme le mariage est une affaire conclue à l'ordinaire entre l'homme et les parents de l'épouse[2],

1. *Façons de sentir et de penser : les fabliaux français*, Paris, Champion, 1979.
2. Voir les ouvrages de Georges Duby, *Le Chevalier, la femme et le prêtre*, Paris, 1981, et *Mâle Moyen Âge. De l'amour et autres essais*, Paris, 1988.

celle-ci ne peut pas s'exprimer, si ce n'est une fois l'alliance conclue ; elle est considérée comme un être mineur, incapable d'assumer son existence. Les rapports sont donc indirects entre les futurs époux. L'homme a une position privilégiée, il investit tous ses désirs dans cette relation ; il souhaite acquérir par le mariage stabilité sociale et bien-être matériel, il réalise son intégration sociale. Choisissant une belle femme, il libère ses désirs sexuels et flatte son orgueil. Il négocie son union sans se soucier de l'individualité de l'Autre qui demeure en état d'assujettissement.

Une fois unis par le mariage, tous deux contribuent à la richesse du ménage par le travail. Mais la femme reste confinée dans l'espace clos de la maison qu'elle gère à l'occasion, tandis que le mari exerce une activité professionnelle valorisante sur laquelle repose la sécurité financière de la famille et qui lui permet de prendre place dans un vaste espace extérieur. Sa prépondérance sociale et économique accentue la dépendance de la femme.

Du point de vue affectif, le mari se borne à exercer son autorité ; la femme, au contraire, doit aimer son époux, le servir avec dévouement, veiller à son bien-être moral et matériel, lui être obéissante et fidèle comme l'affirme dame Aupais dans *Sire Hain et Dame Anuieuse* : *Que tu ton baron serviras / Si con preude feme doit fere. / Ne jamés por nul mal afere / Ne te dreceras contre lui.*

Dans ce système qui garantit la stabilité sociale, l'homme est à même de pénétrer dans la société, c'est-à-dire dans l'histoire, et il se réalise pleinement, alors que pour la femme qui représente les forces premières de la nature, l'intériorisation des valeurs morales équivaut à une non-réalisation du moi. D'autre part, par le mariage, les hommes mûrs qui monopolisent le pouvoir, les revenus, les honneurs et les responsabilités s'opposent aux jeunes gens dont le lot quotidien est souvent la pauvreté et l'errance [1]. Le mariage apparaît comme l'un des privilèges de l'homme arrivé, à quoi les cadets, qui en sont frustrés, répondent par la violence, même si celle-ci n'est que transitoire et s'ils reconnaissent le bien-fondé du mariage.

La femme peut refuser ce système qui signifie l'effacement de soi-même, et le subvertir dans le cadre même du mariage, d'abord par une forme de résistance passive en éveillant involontairement le désir des autres hommes. Sa beauté est une force attractive qui, au moment du mariage, satisfait la sensualité du mari et son besoin de prestige, et qui est ensuite supplantée par l'exigence de fidélité. Mais cette beauté reste offerte à tous les regards et détermine chez les autres mâles un mouvement spontané : la relation avec l'époux risque de se rompre sans que la femme participe directement à cette action subversive. Pour l'homme menacé dans son honneur, vient le temps des regrets et de la jalousie qui témoigne de la crainte de l'adultère et qui devient son seul investissement affectif à l'égard de son épouse. Il cherche à la soustraire aux influences extérieures, aux tentatives de séduction [2]. Enjeu passif, sa beauté provoque le déséquilibre conjugal. Le lien marital est contesté par la confrontation entre l'idéal de l'homme marié, qui exige la fidélité, et celui du jeune homme ou du célibataire, qui vise à libérer le désir et la sexualité dans des relations diversifiées.

Le couple est alors rapidement menacé. L'épouse remet en cause le rôle inférieur qui lui est assigné et

---

1. Comme l'a montré Georges Duby dans « Les jeunes dans la société aristocratique dans la France du Nord-Ouest au XIIᵉ siècle », repris dans *La Société chevaleresque. Hommes et structures du Moyen Âge*, I, Paris, Champs-Flammarion, 1988.
2. Voir *Les Trois Bossus*, éd. Montaiglon et Raynaud, t. I, pp. 13-23 : *Mes ainz, puisqu'il l'ot esposee, / Ne fu il un jor sanz pensee / Por la grant beauté qu'ele avoit. / Li boçus si jalous estoit / Qu'il ne pooit avoir repos. / Tote jor estoit ses huis clos : / Ja ne vousist* (n'aurait voulu) *que nus entrast / En sa meson...*

tente d'inverser la situation, en s'opposant systémati-
quement à son mari, en contredisant tous ses désirs
(ainsi l'héroïne de *La Dame écouillée... le tint si vil / Et
tint si bas que quanque* (tout ce que) *cil / Disoit, et elle
desdisoit, / Et deffasoit quanqu'il faisoit*), en usurpant
son pouvoir, en le méprisant. Ce sont désormais des
rapports de haine : la femme se venge de son oppres-
seur ; l'homme, pour laver la honte qui est infligée,
use de la violence que symbolise le duel entre les
époux Hain et Anuieuse dont chacun refuse l'autorité de l'autre. Le combat, la violence verbale et physique témoignent du rapport de force qui, en permanence, déchire le couple conjugal.

La violence, auxiliaire du pouvoir marital, peut
s'exercer en finesse, s'adapter aux circonstances :
dans *La Folle Largesse* de Philippe de Remy, le mari
se fait accompagner à son travail par sa femme qu'il
force à porter du sel et qui, épuisée, reconnaît son
erreur et sa prétention. La violence peut prendre
aussi la forme d'un châtiment corporel (le conte de
La Dame écouillée, qu'on appelle aussi *La Male Dame*,
frappe son épouse et opère sa belle-mère pour lui
ôter à jamais ses organes sexuels masculins) ; elle
rend incontestable la supériorité du mari et assure la
reddition définitive de la femme que la douleur et la
peur contraignent à s'autocensurer. La paix résulte
d'un rapport de force favorable à l'époux. La violence, reconnue par les anciennes coutumes, est un
droit pour l'homme qui doit s'y conformer pour réussir son insertion sociale.

Voilà le premier modèle qu'offrent les fabliaux —
un mari dominateur et une épouse soumise — mais
qui éclate souvent : dans un affrontement de tous les
instants, la femme désire s'emparer du pouvoir que
le mari s'acharne à sauvegarder ou à reconquérir,
comme l'a écrit Jean-Louis Flandrin[1] :

1. *Familles-parentés, maison, sexualité dans l'ancienne société*,
Paris, 1976, p. 152.

> « *La force et l'indissolubilité des liens du mariage et de la*
> *filiation, la lourde autorité du chef de famille, l'étroite*
> *dépendance légale et économique de ceux qui lui étaient*
> *soumis, et sa propre dépendance à leur égard pour ce qui*
> *concernait son honneur et ses ambitions, tous ces traits*
> *plus marqués dans l'ancienne société que dans la nôtre,*
> *favorisaient la cristallisation des mauvais sentiments.* »

IV

L'activité sexuelle n'échappe pas aux déterminations morales et sociales. Entre l'épouse qui cherche à libérer ses désirs et le mari qui doit répondre à la subversion par la répression, c'est une lutte constante, qui révèle les obsessions masculines face à la sexualité féminine.

Dans les fabliaux, l'éthique religieuse qui soumet l'acte charnel à la procréation est supplantée par une morale du plaisir. La sexualité, qui refuse les contraintes et participe au bien-être général, requiert, pour être heureuse, une certaine aisance financière et matérielle. Un bon repas et un bain sont d'agréables préludes aux jeux amoureux qui visent à satisfaire le corps. Mais très vite la sexualité de la femme s'affirme plus exigeante que celle du mari : celle-là s'indigne qu'après une longue séparation, celui-ci s'endorme au lieu de la satisfaire, et un rêve érotique apporte une compensation immédiate à sa frustration[1]. L'homme doit contrôler cette dangereuse force qui, livrée à elle-même, submergerait l'activité du groupe, et qui n'est exaltée que dans la mesure où elle est contenue dans le système idéologique du mariage. La femme, contrainte de censurer ses tendances instinctives, n'est qu'en partie satisfaite dans l'univers conjugal, et la répression est contraire à sa

---

1. Dans *Le Souhait desvé* (insensé) de Jean Bodel, la femme songea qu'elle achetait au marché ce qui lui manquait, et, comme elle abattait sa main pour conclure son achat, son mari s'éveilla et combla ses souhaits.

nature profonde, comme l'a théorisé Jean de Meun
dans *Le Roman de la Rose*. En effet, sa sexualité est
indomptable, et les auteurs en grossissent à plaisir les
capacités. D'après *Le Valet aux douze femmes*, elle
peut tenir tête à cent hommes. Cet avis est loin d'être
isolé, puisque, selon Claude Thomasset[1], « sur ce
sujet, l'aristotélisme apporte lui aussi des précisions
inquiétantes : l'excès d'humidité dans le corps de la
femme lui donne une capacité illimitée à l'acte
sexuel. Elle ne peut être assouvie, et la formule de
Juvénal, *lassata sed non satiata*, est reprise à l'envi. Ne
dit-on pas ailleurs que la femme est la seule femelle
des êtres animés qui souhaite avoir des rapports
sexuels après la fécondation ? La littérature grivoise
— les fabliaux en particulier — n'est que la mise en
scène de cet inquiétant pouvoir. Ce comique de la
dérision est la manifestation d'une crainte qui se mue
en mépris de la femme ».

Tout en cherchant à satisfaire ses exigences, elle
dissimule sa nature profonde pour donner d'elle-
même l'image d'une chaste personne, comme dans
La Dame qui demandait de l'avoine pour Morel, qui ne
supportait pas qu'on prononçât certains mots.
L'homme devient le prisonnier d'une relation où se
libèrent les capacités de la femme, plus importantes
que les siennes : revanche d'un pouvoir naturel sur
un pouvoir social. Le mari du *Valet aux douze femmes*,
épuisé par sa seule épouse, est obligé d'avouer son
infériorité et de refuser les douze partenaires que lui
proposait son père.

Dans le fabliau de *La Dame qui demandait de
l'avoine pour Morel*, si les amants sont au départ
mieux accordés que Tristan et Iseut, cet équilibre ne
dure pas, car l'épouse, recherchant sa satisfaction
personnelle, trompe la confiance de son mari qui
n'est plus qu'un corps dont elle use pour son seul
plaisir sans se soucier de son intégrité. Le mythe de

---

1. Dans *Histoire de la femme en Occident*, t. II, *Le Moyen Âge*,
Paris, Plon, 1990, p. 74.

la femme dévoreuse d'hommes sous-tend les ✕
intrigues des fabliaux qui reposent sur la crainte
masculine de la ruine physique et sociale, de
l'impuissance sexuelle et de la castration. La femme
est la *vagina dentata* qui achemine son compagnon de
la déchéance physique à la mort. Hantise aussi de la
ruine sociale : privé de sa capacité de travail,
l'homme risque de tout perdre, rejeté de l'espace
social, cependant que la soumission à son épouse qui
l'humilie et le méprise l'expose à de graves critiques.
Il perd son identité quand sont sapées les bases
mêmes du système : force économique de l'homme
et fidélité de la femme. Figure mystérieuse et incom-
préhensible du désordre et de la subversion, la
femme fait peur.

Aussi l'homme réagit-il par le refus du droit à la
différence et par la répression. Comme il ne peut
l'emporter par la résistance physique, il lui faut ruser
en jouant sur les mots, il souille le corps de sa partenaire : ce déshonneur, signe visible du péché, amène
sa compagne à réprimer d'elle-même sa sexualité (*Et
cilz la servi ce qu'il pot* / *Et toutes fois que il li plot,* / *Je
ne di pas au gré de li* (elle) / *Mais au voloir de son mari*).
Celui-ci peut agir préventivement, comme le pêcheur
de Pont-sur-Seine qui fait semblant d'être châtré et
que son épouse décide alors de quitter : il dénonce sa
duplicité et lui signifie qu'il connaît sa véritable
nature.

Si l'activité sexuelle est essentielle à l'équilibre du
couple, elle doit être socialisée par l'homme, conçue
à son image et à la mesure de ses capacités. La sexualité féminine, débridée, tend à bouleverser cette
norme. C'est une dangereuse force asociale, une
auxiliaire de la mort. L'homme se retrouve devant
une triste alternative : s'il contente l'appétit sexuel de
son épouse, il perd son autorité, sa vitalité, son identité ; s'il le limite à ses propres capacités, elle risque
de commettre l'adultère.

La femme est donc censurée dans son être profond, déchirée entre son désir de libération sexuelle

et les exigences du mariage qui tend non à l'épanouissement des individus, mais à leur intégration
sociale et au maintien de l'ordre collectif. L'homme,
mieux intégré et valorisé, essaie de dominer son
épouse, contrainte soit à la mort sexuelle soit à la
libération de ses instincts hors du cadre conjugal.

<h1 style="text-align:center">V</h1>

L'adultère dans les fabliaux est le fait de la femme
qui y trouve une compensation à sa vie conjugale, un
espace favorable à l'expression de son être et à son
épanouissement personnel, et qui institue de nouveaux rapports avec son partenaire.

Obsédé par l'adultère sans que ses craintes soient
toujours fondées, le mari envisage une action répres-
sive contre la femme ou contre l'amant : ils ne sont
jamais victimes de représailles communes. Les
fabliaux encouragent-ils la violence contre la femme
adultère, qui est un droit pour le mari ? Il en est de
deux sortes : l'une, aveugle, dictée par la jalousie et la
colère ; l'autre, plus subtile, appuyée sur la réflexion.
Souvent, le mari qui redoute l'infidélité de son épouse
agit sans discernement, la battant dans *Le Vilain Mire*
et la chassant dans *Auberée*. À la violence injustifiée
répondent la ruse et la vengeance : l'intelligence féminine — comme celle du clerc et du jongleur —
l'emporte sur l'aveuglement masculin. Bafoué comme
époux et comme partenaire sexuel, l'homme essaie
d'annuler par la violence verbale et physique la désap-
probation sociale : dans *Celui qui bouta la pierre*[1], il

---

1. « Une femme recevait un prêtre. Un jour, en l'attendant chez
elle, la dame s'amusait à pousser une pierre du pied. Et son enfant
le vit, qui n'avait pas six ans. Le prêtre arriva et lui dit : "Laissez
la pierre. Si vous la bougez, je comprendrai ce que vous désirez."
La femme déplaça la pierre, et l'enfant vit la suite. Lorsque le père
rentra, il voulut pousser la pierre. L'enfant lui dit : "Arrêtez, sinon
vous aurez affaire au prêtre comme ma mère tout à l'heure." Le
père comprit et rossa sa femme. »

malmène sa femme, la précipite à terre et, signe d'autorité, lui pose un pied sur la poitrine, il lui coupe les tresses pour que sa faute et sa honte soient plus évidentes. Mais il a beau frapper, l'adultère est ineffaçable : *Ainsinc la bat et la ledenge, / Mais pour chasti ne pour ses cous / Ne remaindra qu'il ne soit cous.* La violence est si peu efficace que la dame des *Tresses* l'intègre même dans le déroulement de sa ruse. En tout cas, il faut qu'elle s'accompagne de finesse. C'est ainsi que le mari domine la situation. *Le Forgeron de Creil*[1] met à l'épreuve sa femme qu'il surprend sur le fait et rosse en connaissance de cause. Dans *L'Enfant de neige*[2], l'époux se venge de l'infidèle sans la brutaliser physiquement : après avoir médité sa vengeance pendant des années, il l'amène par son stratagème à reconnaître son double méfait, son adultère et son inutile tromperie. Il faut donc utiliser la violence à bon escient, surtout pour culpabiliser la fautive, ce qui sera un gage de fidélité pour l'avenir.

Toutefois, comme l'a noté Michel Olsen dans *Les Transformations du triangle érotique*[3], « donner libre cours à sa rage envers sa femme, cela ne constitue pas un rétablissement de l'honneur ». C'est même accroître le déshonneur. Aussi le mari doit-il se retourner contre l'amant, qui est souvent un prêtre.

1. « Un forgeron vante à sa femme les qualités physiques de son valet Gautier. Le forgeron savait que sa femme voudrait s'en rendre compte. Celle-ci s'irrite de ce sujet de conversation. Voulant éprouver sa femme, il feignit de partir pour Saint-Loup et observa ce qui se passait. Sa femme va trouver le valet et lui fait des avances. Au moment propice, le mari surgit et rosse sa femme. »

2. « Un marchand avait quitté sa femme depuis deux ans. Celle-ci fut sensible à un jeune homme et eut de lui un petit garçon. Au retour du mari, la coupable expliqua qu'en hiver, un peu de neige lui était tombé dans la bouche et qu'elle conçut. Le mari accepta gentiment l'explication, se réjouissant d'avoir un héritier. Quand l'enfant eut quinze ans, le marchand le prit avec lui en voyage. Il l'emmena à Gênes et l'y vendit. À son retour, sa femme se pâma de douleur ; puis l'homme lui dit que, dans ces pays chauds, son fils, conçu d'un flocon de neige, avait fondu au soleil. »

3. Copenhague, 1976.

Celui-ci, en dépit de son vœu de chasteté, s'adonne
à la débauche, obsédé par sa virilité et emporté par
son instinct, rebelle à toute contrainte sociale et
morale. Il subit la loi de l'attirance physique, insen-
sible à d'autres considérations telles que la générosité
du mari (dans *Le Prêtre teint*) ou l'âge de la fillette
(dans *Le Prêtre et Alison*). La femme n'est pour lui
qu'un corps désirable, et sa luxure se libère en un
acte impétueux et brutal. Il cherche à la satisfaire par
tous les moyens. Il utilise son pouvoir social : dans
Connebert et *Constant du Hamel*, il exerce sur le
couple une pression morale et financière, le mena-
çant en pleine assemblée des fidèles de la justice
ecclésiastique et de l'excommunication. Il se sert surtout du pouvoir de l'argent : il offre bijoux, deniers,
vêtements ; il tente de réduire sa proie à la misère, ou
bien il abuse de sa pauvreté (*Estormi*). Son immora-
lité est alors dénuée de toute finesse.

Le mari, qui respecte la morale collective, a le droit
pour lui ; il est le garant des bonnes mœurs contre le
prêtre qui profite de sa position pour introduire la
subversion et qui porte la plus lourde responsabilité,
puisque la femme, dans nombre de textes, proclame
sa fidélité au sacrement du mariage. À ce niveau,
s'opposent la morale rigoureuse des époux et l'immo-
ralité du prêtre, le droit collectif et la perversion individuelle, l'honneur et la luxure.

Aussi faut-il réprimer ce désir coupable, en recou-
rant à la ruse ; c'est d'autant plus facile que le
pécheur est impulsif et irréfléchi. L'on exaspère son
désir, l'on provoque un rendez-vous, le mari feint de
s'éloigner. Pris au piège, le prêtre s'en remet à la
dame qui lui indique une cachette. La dissimulation
permet le triomphe de la morale conjugale.

La répression peut prendre diverses formes.
L'humiliation prive le coupable de son prestige.
Contraint à la fuite, il n'ose affronter le mari. Dans
Constant du Hamel, les trois fautifs, recouverts de
plumes, sont pris en chasse par les chiens. Ailleurs,
comme dans *Le Prêtre et Alison*, l'ecclésiastique

montre à tous sa nudité, signe du péché et de la luxure. Il est souvent accablé de coups : la souffrance, le punissant de la jouissance, signifie que la vengeance est réussie. Dans *Constant du Hamel*, l'humiliation réside tout autant dans le viol des épouses, rendu odieux par la laideur et la brutalité de Constant, que dans l'attitude des coupables, bafoués dans leur statut d'époux et offensés par les sarcasmes des spectateurs. La sanction est publique, et partant plus cruelle, quand le groupe en est le témoin oculaire ou qu'il participe à la correction du pécheur, comme dans *Le Prêtre et Alison*.

Le dédommagement financier, qui est une sorte de rançon et qui peut ruiner le prêtre, détruit le pouvoir décisif de l'argent et change la nature de l'adultère qui n'est plus fondé sur le plaisir librement consenti. Mais certains époux préfèrent renoncer à ce châtiment pour prendre la virilité du coupable. La castration résulte d'une justice ferme et équitable, selon le principe : « à chaque faute sa punition ». Si dans *Estormi* le mari exerce une vengeance excessive en tuant les trois soupirants de sa femme, qui le désapprouve, Thiebaut de *Connebert*, après avoir songé à la mort (*jë ai de l'occire talent*) opte pour la castration qui rétablit l'honneur de l'époux et rend impossible toute nouvelle transgression de l'éthique conjugale. Le prêtre ne pouvant plus avoir de relations avec la femme d'un autre, c'est la mort d'une individualité corrompue et contraire à son image sociale. Sa réintégration dans l'espace qui lui était auparavant réservé s'accompagne d'une renaissance de sa moralité : il pourra vivre désormais dans un état de continence parfaite, accordé à la morale religieuse, et retrouver sa fonction.

VI

En revanche, nombre de fabliaux sont consacrés à l'épanouissement de la relation adultère où la femme donne une autre image d'elle-même et qui se déve-

loppe dans le cadre du mariage sans en bouleverser
les structures, le mari demeurant une figure menaçante. La relation est stable, et ses valeurs se mani-
festent dans leurs rencontres répétées, soumises à des
péripéties. Préambules succincts, conclusion rapide :
la séduction de la femme se réduit habituellement à
un bref résumé (*La Bourgeoise d'Orléans*, *Le Chevalier
à la robe vermeille*). Toujours est-il qu'elle doit donner
son accord aux rapports amoureux, ce qui les place
sous le signe de la réciprocité et du respect mutuel
entre deux êtres qui se sont choisis. Pour inviter son
amant au foyer conjugal, la femme, en général, profite d'une absence du mari qui quitte sa maison pour
des raisons professionnelles : ainsi est-il dit dans *Le
Cuvier* que *Quand il ert* (était) *alez gaaignier, / Et elle
se faisoit baignier / Avec un clerc de grant franchise*
(noblesse) / *Ou ele avoit s'entente mise* [1].

C'est un amour réciproque, empreint de respect
chez l'homme et exalté chez la femme qui a choisi
son amant. Si l'un et l'autre assument une riche
sexualité que préparent des plaisirs tels que le bain et
le repas, ils s'ouvrent à une relation différente de
l'accouplement brutal des autres fabliaux et qui,
envisagée dans la durée et se répétant, crée des liens
profonds entre les partenaires. C'est une nouvelle
vision de l'amour et du plaisir, proche de celle qu'a
exaltée Jean de Meun dans *Le Roman de la Rose* ;
c'est une communication privilégiée sans volonté de
domination ni de démonstration morale, où deux
corps expriment ardemment deux affectivités. Avec
ce couple qui met au premier plan la notion et le respect de l'Autre, triomphe une morale individuelle du
plaisir. Cette compensation, indispensable à la
femme, contribue à l'équilibre conjugal en éliminant
les tensions dues à l'insatisfaction.

L'adultère avec un prêtre constitue un cas par-

1. Dans *Les Tresses*, les amants se retrouvent dans le même lit
que l'époux, et dans *Celle qui fit trois tours autour de l'église*, la
femme rejoint son ami dans un petit bois.

ticulier. Si l'amour est réciproque et le plaisir partagé, les rapports sont plus rapides, et le prêtre, plus actif que la femme, témoigne d'une certaine brutalité, tout en respectant sa partenaire et en se souciant de lui procurer une grande jouissance. C'est le comportement du mari, rebelle aux joies de la sexualité, sot et laid, qui explique l'infidélité de l'épouse. Ainsi dans *Le Vilain de Bailleul*.

Quand cet amour est menacé, par exemple par le retour inopiné du mari, l'amant, pétrifié, laisse à sa maîtresse le soin de trouver une solution. La femme, jamais décontenancée et toujours efficace, répond par des actes à l'urgence de la situation. Courageuse, elle cache l'amant et lui permet de s'enfuir (*Le Cuvier*[1], *Le Dit du peliçon*). Elle défend, mieux que son partenaire, une relation qui est source de vie et qui permet l'épanouissement sentimental et sexuel de deux individus, et en particulier le sien.

Elle réussit à cacher cette liaison et à préserver l'équilibre conjugal, en jouant sur une double scène, grâce à la ruse, pouvoir féminin très ancien, *dès le temps d'Abel*, et collectif, qui profite à toutes, si bien que la solidarité entre épouses joue à plein, communiquant à mots voilés (*Le Cuvier*). Si le mari essaie d'utiliser cette arme, il ne peut rivaliser avec sa femme dont la ruse spontanée, répondant sur-le-champ à chaque situation, voue à l'échec la laborieuse machination de l'autre, incapable d'user avec

---

1. « La femme d'un marchand, en l'absence de son mari, reçoit un clerc dans un cuvier qu'elle avait emprunté à sa voisine. Sur le point d'être surprise par le mari, la femme renverse le cuvier et y abrite son amant. Le mari rentre, fait mettre la nappe sur le cuvier et s'apprête à manger. Sur ces entrefaites, la voisine fait réclamer le cuvier par sa servante. "Vous lui direz, dit la femme, que votre maîtresse n'est pas intelligente comme je voudrais l'être ; elle ne sait pas que j'en ai un grand besoin." La voisine réfléchit et, instruite par sa propre expérience, devine ce qu'est ce besoin, imagine que l'autre cache le clerc dans son cuvier. Aussi elle paie un homme pour crier au feu. Le marchand se précipite dans la rue, tandis que sa femme délivre son amant. Si la voisine, dit-on, n'avait pas eu tant d'expérience, elle n'aurait pas deviné juste. »

finesse de cette ressource. Deux espaces se dessinent
dans les fabliaux : l'un, masculin, marqué par la violence, l'autre, féminin, caractérisé par le secret et la
ruse, qui sait riposter à l'imprévu.

Tantôt, quand l'époux revient inopinément, la
femme fait preuve d'une grande vivacité d'esprit : par
une sorte de réflexe, elle feint la vertu outragée, affec-
tant de ne pas reconnaître son mari (*Les Braies du cor-
delier*), ou elle l'abuse par des manifestations de tendresse (*Le Chevalier à la robe vermeille*).

Tantôt elle élabore une ruse plus savante dont
l'effet durable permet un réel approfondissement de
la relation amoureuse. Le mari peut connaître l'infidélité de sa femme pour avoir constaté son absence
(*La Dame qui fit trois tours autour de l'église*), rencontré
l'amant (*Les Tresses*), surpris un rendez-vous (*La
Bourgeoise d'Orléans*) ou obtenu des preuves tangibles
de la trahison (*Le Chevalier à la robe vermeille*). En
réponse, l'épouse construit un univers irrationnel où
le pouvoir de la raison, apanage masculin, devient
inopérant. Précipité dans un monde incertain et
fuyant où prévalent les illusions des sens, les rêves,
les pratiques superstitieuses, le mari perd les repères
habituels d'un univers rationnellement structuré et
tombe dans la confusion mentale. Ainsi la femme
peut-elle perpétuer l'adultère sans que soit brisé le
lien du mariage, neutralisant l'époux qui passe pour
fou (*Les Trois Dames qui trouvèrent l'anneau*) ou qui,
se croyant ensorcelé, décide de partir en pèlerinage
(*Le Chevalier à la robe vermeille*), ou encore qui
renonce à toute jalousie.

Grâce à l'adultère, la sexualité féminine devient
une force de vie, non de mort et de subversion. Ce
nouveau jeu amoureux ne connaît ni brimade ni frustration, mais une quête commune du plaisir par deux
êtres qui s'unissent librement. La femme, épanouie,
joyeuse, aimante, est le personnage central de ce rapport qui lui permet de réaliser sa nature profonde
avec une totale spontanéité. Elle instaure un contre-
pouvoir à l'autorité maritale, elle s'affranchit des

interdits par un jeu subtil d'apparences dont se satisfait son conjoint. Se dessine ainsi une nouvelle figure
féminine, différente de la mégère acariâtre et de la
mante religieuse.

VII

Les fabliaux témoignent d'une époque (XIIᵉ et
XIIIᵉ siècle) où l'on a fini par accepter le modèle
matrimonial proposé par l'Église qui fait du mariage
un sacrement. D'un commun accord, l'aristocratie et
le clergé ont placé la femme sous la dépendance de
l'homme. Son infériorité, qui paraît naturelle, se
retrouve à l'intérieur du mariage par l'idéal d'une
obéissance absolue. De là des rapports de force entre
les sexes : du côté masculin, l'autorité et la répression ; du côté féminin, la subversion. La femme se
libère par l'adultère : entre les amants règne une
entente sentimentale et sensuelle qui évacue toute
notion de pouvoir et permet de supporter le système
oppressif du mariage que, d'ailleurs, on ne remet pas
en cause.

Les fabliaux présentent donc une image composite
de la féminité à travers des regards masculins. La
femme est tantôt un instrument du diable, une chose
inférieure et dangereuse, tantôt un être désirable,
doté d'un réel pouvoir, quasi magique. L'homme est
partagé entre la peur et le désir : face à l'altérité, il
rêve de répression ou d'évasion. Comme l'a souligné
Jacques Dalarun [1],

> « Selon Isidore de Séville dont les savantes *Étymolo-
> gies* constituent une des clefs essentielles de la vision
> médiévale des clercs, Eva est *vae*, le malheur, mais
> aussi *vita*, la vie, et selon l'hymne fameux *Ave Maris
> Stella* attesté à partir du IXᵉ siècle, en *Eva* se lit l'ana-
> gramme d'*Ave* jadis lancé par Gabriel à la nouvelle

1. *Histoire des femmes en Occident*, t. II, *Le Moyen Âge*, Paris,
Plon, 1990, p. 39.

Ève. En un mot, évoquer Ève, c'est déjà invoquer
Marie et signifier avec Jérôme : "Mort par Ève, vie
par Marie" ou avec Augustin : "Par la femme la
mort, par la femme la vie." »

                                        Jean DUFOURNET.

NOTE SUR L'ÉDITION

> « Le texte n'existe qu'en tant qu'il est lu. Le
> connaître, c'est le lire ; et la lecture est une pratique
> concrétisant l'union de notre pensée avec ce morceau
> de ce que, provisoirement, peut-être, elle accepte
> comme réel. La lecture est par là dialogue, vertical
> certes ; mais deux instances y sont confrontées : je suis
> en quelque manière produit par ce texte-ci ; dans le
> même temps que, lecteur, je le construis. Rapport de
> solidarité active plutôt qu'effet de miroir. »

Paul Zumthor, *Parler du Moyen Âge*, p. 27.

Tout choix est arbitraire, surtout quand on a affaire à un
ensemble de cent trente à cent soixante textes. Nous avons retenu
en priorité des fabliaux que nous comptons parmi les plus ingé-
nieux et les plus caractéristiques du genre. Certains sont à juste
titre qualifiés de petits chefs-d'œuvre : c'est le cas d'*Estormi*, des
Tresses, des *Trois Aveugles de Compiègne*, de *Boivin de Provins*, du
Boucher d'Abbeville, du *Moine Sacristain*. D'autres figurent dans le
recueil à des titres divers : *Baillet* utilise, plutôt que les octosyllabes
à rimes plates, une forme métrique originale qui ressortit à la poésie lyrique ; *Estula* et *La Ma(l) le Honte* fondent l'intrigue et le
comique sur un jeu de mots ; *Le Prêtre et le loup* est encore proche
de la fable qui est à l'origine du genre. Enfin, il eût été choquant
d'écarter les œuvres de grands créateurs qui ont pratiqué aussi le
fabliau, comme l'ont fait avec un art consommé Jean Bodel,
Gautier Le Leu et Rutebeuf.

Pour chacun des fabliaux, nous avons suivi le plus fidèlement
possible le manuscrit que nous estimons le plus sûr, quitte à le corriger le cas échéant. Nous signalons par des crochets les lettres et
les mots que nous avons ajoutés, par des parenthèses ceux que
nous retranchons. Nous indiquons dans les notes les leçons que
nous n'avons pas retenues. D'autre part, nous mentionnons pour

chaque fabliau, toujours dans les notes, outre le manuscrit choisi, une bonne édition de référence que le lecteur pourra comparer à la nôtre et qui nous a été souvent d'un précieux secours.

On trouvera en tête de la bibliographie toutes les indications utiles concernant les manuscrits et les éditions.

Bien entendu, on a toujours intérêt à consulter et à utiliser la magistrale édition de W. Noomen et de N. Van den Boogard, leur *Nouveau Recueil complet des fabliaux.*

Pour la traduction, comme il s'agit de textes narratifs, nous avons opté pour la prose, en nous efforçant de rester le plus fidèle possible à la concision, à la vivacité et à la verdeur des originaux.

Complémentaires de la traduction, les notes, qui renvoient aux vers, se veulent concises et claires. Les unes ressortissent à la philologie et à l'histoire du vocabulaire ; elles peuvent justifier la leçon que nous avons adoptée, élucider un terme rare ou attirer l'attention sur des mots qui ont disparu ou que le français contemporain a conservés avec un sens différent de celui de nos textes. Les autres relèvent de l'histoire et commentent certains faits de civilisation. Souvent, tout en nous gardant d'une pesante érudition, nous avons mentionné des livres et des articles où le lecteur curieux pourra trouver des renseignements complémentaires.

Pour faciliter la consultation, nous avons ajouté un index qui renvoie aux pages précises où se trouvent les commentaires[1].

1. Je tiens à remercier certains étudiants de maîtrise de la Sorbonne nouvelle qui ont travaillé sous ma direction sur les fabliaux et avec qui j'ai eu de fructueux échanges, en particulier Nadira Benabdallah, Catherine Bondy, Isabelle Helmer, Alice Kayser, Marie-Christine Martin, Marcel Marty, Leilah Ould-Ameziane, Barbara Pohorski, Pascal Teychenné.

FABLIAUX DU MOYEN ÂGE

I. — DU VILAIN DE BAILLUEL

Se fabliaus puet veritez estre,
Dont avint il, ce dist mon mestre,
C'uns vilains a Bailluel manoit.
4 Formenz et terres ahanoit,
N'estoit useriers ne changiere.
Un jor, a eure de prangiere,
Vint en meson mout fameilleus ;
8 Il estoit granz et merveilleus
Et maufez et de laide hure.
Sa fame n'avoit de lui cure,
Quar fols ert et de lait pelain,
12 Et cele amoit le chapelain,
S'avoit mis jor d'ensamble a estre
Le jor entre li et le prestre.
Bien avoit fet son appareil :
16 Ja ert li vins enz ou bareil,
Et si avoit le chapon cuit,
Et li gastiaus, si com je cuit,
Estoit couvers d'une touaille.
20 Ez vous le vilain qui baaille
Et de famine et de mesaise.
Cele li cort ouvrir la haise,
Contre lui est corant venue ;
24 Mes n'eüst soing de sa venue :
Mieus amast autrui recevoir.
Puis li dist por lui decevoir,
Si com cele qui sanz ressort

I. — LE PAYSAN DE BAILLEUL,
par Jean Bodel

Si un fabliau peut être véridique, alors il arriva,
comme le dit mon maître, qu'il y eut un paysan qui
demeurait à Bailleul, et qui peinait sur ses blés et ses
terres, n'étant ni usurier ni banquier. Un jour, à
l'heure de midi, il revint chez lui mourant de faim.
C'était un grand et effrayant bonhomme, un vrai
diable à la hure repoussante. Sa femme ne faisait pas
cas de lui, car il était sot et hideux, et elle aimait le
chapelain. Aussi avait-elle choisi ce jour-là pour le
passer avec le prêtre. Elle avait tout préparé : le vin
était déjà dans le baril, le chapon était cuit, et le
gâteau, je crois, était recouvert d'une serviette.
20.   Or voici le paysan qui bâille de faim et de las-
situde. Elle court lui ouvrir la barrière, elle se précipite à sa rencontre, mais elle se serait bien passée de
sa venue : elle aurait préféré en recevoir un autre.
Puis elle lui dit pour tromper, en femme qui, assurément,

28 L'amast mieux enfouï que mort :
    « Sire, fet ele, Dieus me saint !
    Con vous voi or desfet et taint !
    N'avez que les os et le cuir.
32 — Erme, j'ai tel faim que je muir,
    Fet il, sont boilli li maton ?
    — Morez certes, ce fetes mon ;
    Jamés plus voir dire n'orrez :
36 Couchiez vous tost, quar vous morez.
    Or m'est il mal, lasse chetive !
    Après vous n'ai soing que je vive,
    Puisque de moi vous dessamblez.
40 Sire, com vous m'estes amblez,
    Vous devierez a cort terme.
    — Gabez me vous, fet il, dame Erme ?
    Je oi si bien no vache muire
44 Je ne cuit mie que je muire,
    Ainz porroie encore bien vivre.
    — Sire, la mort qui vous enyvre
    Vous taint si le cuer et encombre
48 Qu'il n'a mes en vous fors que l'ombre :
    Par tens vous tornera au cuer.
    — Couchiez me donques, bele suer,
    Fet il, quant je suis si atains. »
52 Cele se haste, ne puet ains,
    De lui deçoivre par sa jangle.
    D'une part li fist en un angle
    Un lit de fuerre et de pesas
56 Et de linceus de chanevas ;
    Puis le despoille, si le couche ;
    Les ieus li a clos et la bouche ;
    Puis se lest cheoir sor le cors :
60 « Frere, dist ele, tu es mors :
    Dieu ait merci de la teue ame !
    Que fera ta lasse de fame
    Qui por toi s'ocirra de duel ? »
64 Li vilains gist souz le linçuel,
    Qui entresait cuide mors estre ;
    Et cele s'en va por le prestre,
    Qui mout fu viseuse et repointe.

l'eût mieux aimé mort et enterré :

« Sire, fait-elle, que Dieu me bénisse ! Comme je vous vois épuisé et pâle ! Vous n'avez que la peau et les os.

— Erme, je meurs de faim. La bouillie est-elle prête ?

— Oui, vous vous mourez, c'est une certitude. Jamais vous n'entendrez rien dire de plus vrai. Couchez-vous vite, car vous allez mourir. Quelle catastrophe pour moi, pauvre malheureuse ! Après vous, je me moque de vivre, puisque vous me quittez. Sire, comme vous êtes déjà loin de moi ! Vous perdrez la vie sous peu.

— Vous moquez-vous de moi, dame Erme ? fait-il. J'entends si bien notre vache mugir que je ne me crois pas en train de mourir, mais je pourrais vivre encore longtemps.

— Sire, la mort qui vous enivre vous affaiblit et bloque le cœur si bien que vous n'êtes plus qu'une ombre. Bientôt elle atteindra votre cœur.

— Couchez-moi donc, chère sœur, fait-il, puisque je suis dans un tel état. »

52.   Du mieux qu'elle peut, elle se hâte de le tromper par ses boniments. À l'écart, elle lui prépare, dans un coin, un lit de paille et de cosses de pois, avec des draps de chanvre. Puis elle le déshabille et le couche, elle lui ferme les yeux et la bouche ; elle se laisse choir sur son corps :

« Mon frère, dit-elle, tu es mort. Dieu ait pitié de ton âme ! Que fera ta malheureuse femme qui pour toi se tuera de douleur ? »

Le paysan gît sous le linceul, s'imaginant aussitôt être mort. Quant à la femme, elle va chercher le prêtre : elle était particulièrement rouée et astucieuse.

68 De son vilain tout li acointe
    Et entendre fet la folie.
    Cil en fu liez et cele lie
    De ce qu'ainsi est avenu.
72 Ensamble s'en sont revenu,
    Tout conseillant de lor deduis.
    Lues que li prestres entre en l'uis,
    Comença a lire ses saumes,
76 Et la dame a batre ses paumes ;
    Mes si se set faindre dame Erme
    Qu'ainz de ses ieus ne cheï lerme ;
    Envis le fet et tost le lesse,
80 Et li prestre fist corte lesse :
    N'avoit soing de commander l'ame.
    Par le poing a prise la dame ;
    D'une part vont en une açainte,
84 Desloïe l'a et desçainte ;
    Sor le fuerre noviau batu
    Se sont andui entrabatu,
    Cil adenz et cele souvine.
88 Li vilains vit tout le couvine,
    Qui du linçuel ert acouvers,
    Quar il tenoit ses ieus ouvers ;
    Si veoit bien l'estrain hocier,
92 Et vit le chaperon locier ;
    Bien sot ce fu li chapelains :
    « Ahï ! Ahï ! dist li vilains
    Au prestre, filz a putain ors !
96 Certes, se je ne fusse mors,
    Mar vous i fussiez embatuz !
    Ains hom ne fu si bien batuz
    Com vous seriez ja, sire prestre.
100 — Amis, fet il, ce puet bien estre,
    Et sachiez se vous fussiez vis
    G'i venisse mout a envis,
    Tant que l'ame vous fust ou cors ;
104 Mes de ce que vous estes mors,
    Me doit il bien estre de mieus.
    Gisiez vous cois, cloez vos ieus :
    Nes devez mes tenir ouvers. »

De son mari de paysan elle lui raconte tout en détail et lui révèle sa sottise. L'un et l'autre sont heureux que les choses se soient passées ainsi, et ils s'en reviennent ensemble, tout occupés par leurs plaisirs amoureux. Dès que le prêtre passe la porte, il commence à lire ses psaumes et la dame à se battre les paumes. Mais dame Erme joue si bien la comédie que de ses yeux ne tombe pas une seule larme. C'est à contrecœur qu'elle le fait, et bientôt elle abandonne. Le prêtre se contente d'une courte litanie, peu soucieux de recommander l'âme à Dieu. Il prend la dame par le poing, et ils se retirent de leur côté dans un recoin. Il la délace et la déshabille et, sur une couche de paille fraîche, ils se sont l'un et l'autre abattus, lui dessus et elle dessous. Le paysan voit tout leur manège : bien que recouvert du linceul, il gardait les yeux ouverts. Il voit la paille remuer et le chaperon bouger : il sait bien que c'est le chapelain.

94.   « Çà, par exemple, dit le paysan au prêtre, sale fils de pute, c'est sûr, si je n'étais pas mort, vous regretteriez d'avoir fourré les pieds ici : jamais personne n'a été aussi bien rossé que vous le seriez, monsieur le curé.

— Ami, répond-il, c'est bien possible. Mais sachez que, si vous étiez en vie, je n'y serais venu que bien malgré moi tant que vous auriez eu l'âme au corps. Mais du fait que vous êtes mort, je dois en profiter. Tenez-vous tranquille, fermez les yeux : vous ne devez plus les garder ouverts. »

108   Dont a cil ses ieus recouvers,
      Si se recommence a tesir,
      Et li prestres fist son plesir
      Sanz paor et sanz resoingnier.
112   Ce ne vous sai je tesmoingnier
      S'il l'enfouïrent au matin ;
      Mes li fabliaus dist en la fin
      C'on doit por fol tenir celui
116   Qui mieus croit sa fame que lui.

                Explicit du Vilain de Bailluel.

Le paysan referme donc les yeux et recommence à se taire, tandis que le prêtre prend son plaisir sans éprouver la moindre crainte. Je ne puis vous certifier s'ils l'ont enterré le lendemain matin, mais le fabliau dit en conclusion qu'on doit tenir pour fou celui qui croit plus sa femme que lui-même.

Fin du paysan de Bailleul.

II. — DE GOMBERT ET DES DEUS CLERS

En iceste fable parolle
De deus clers qui vindrent d'escole,
S'orent despendu lor avoir
4 Et en folie et en savoir.
Ostel quistrent chés un vilein ;
De sa fame, dame Gillein,
Fu l'uns des clers, des qu'i la vint,
8 Si fous que amer li covint ;
Mes ne set coment s'en acointe.
La dame estoit mignote et cointe,
S'ot clers les euz come cristal.
12 Tote jor l'esgarde a estal
Li clers, si c'autre part ne cille ;
Li autres aama la fille
Si qu'adés i metoit ses euz.
16 Cil mist encor s'entente mieus,
Quar sa fille ert et sane et bele,
Et je di qu'amor de pucele,
Quant faus cuer n'i est ententis,
20 Est sor totes amors gentis,
Com est li ostour au terçueil.
Un petit enfant el berçueil
Pessoit la prodefame en l'estre.
24 Que qu'ele l'entendoit a pestre,
L'un des clers les li s'acosta ;
Fors de la paalete osta
L'anelet ou ele pendoit,

II. — GOMBERT ET LES DEUX CLERCS,
par Jean Bodel

Dans cette fable je parle de deux clercs qui reve-
naient des études après avoir dépensé leur argent tant
pour s'amuser que pour apprendre. Ils prirent pen-
sion chez un paysan. De sa femme, dame Gille, l'un
des clercs, dès qu'il vint là, fut si fou qu'il en tomba
amoureux ; mais il ne savait comment l'aborder. La
dame était mignonne et gracieuse, et ses yeux avaient
l'éclat du cristal. Toute la journée, le clerc la fixa,
sans porter son regard ailleurs. L'autre s'éprit de la
fille au point de ne pas la quitter des yeux. Il fit un
choix encore meilleur que son compagnon, car la fille
était saine et belle, et je dis que l'amour d'une
pucelle, quand ce n'est pas un cœur trompeur qui s'y
applique, est plus noble que tous les autres amours,
comme l'autour par rapport au tiercelet.

23.   La brave femme nourrissait dans la maison
un petit enfant au berceau. Pendant qu'elle s'y
occupait, l'un des clercs s'approcha d'elle ; il ôta de
la petite poêle l'anneau auquel celle-ci pendait

28 Si le bouta dedens son doit
    Si cointement que nus nel sot.
    Tieus biens com frere Gombers ot
    Orent la nuit asez si oste :
32 Let bouli, frommage et composte ;
    Ce fu asez si come a vile.
    Mout fu tote nuit dame Gille
    Regardee de l'un des clers ;
36 Les ieus i avoit si aers
    Que il nes en poeit retrere.
    Li vilains, qui bien cuidoit fere
    Et n'i entendoit el que bien,
40 Fist leur lit fere les le sien,
    Ses a couchiez et bien couvers.
    Dont s'est couchié sire Gombers
    Quant fu chaufé au feu d'estouble,
44 Et sa fille jut tote sole.
    Des que la gent fu endormie,
    Li clers ne s'entroublia mie :
    Mout li bat le cuer et flaelle.
48 O tot l'anel de la paelle
    Au lit la pucele s'en vint.
    Or oiez com il li avint.
    Les li se couche et les dras euvre :
52 « Qui est ce or qui me descuevre ?
    Fet ele, quant ele le sent.
    Sire, por Deu omnipotent,
    Qu'avez vous quis ci a tele eure ?
56 — Bele, se Jhesu me sequeure,
    N'aiez paour que sus vous voise ;
    Mes tesiez vous, ne fetes noise
    Que vostre pere ne s'esveille,
60 Quar il cuideroit ja merveille,
    S'il savoit qu'avec vous geüse ;
    Il cuideroit que je eüse
    De vous fetes mes volentez ;
64 Mes se mon bon me consentez,
    Grant bien vous en vendra encor,
    Et s'avrés ja mon anel d'or,
    Qui plus vaut de quatre besanz ;

et le passa à son doigt si discrètement que personne ne s'en aperçut. Les provisions de frère Gombert furent cette nuit-là à la disposition de ses hôtes : lait bouilli, fromage et compote, qu'on servit à profusion, comme c'est le cas à la campagne. Toute la soirée, dame Gille fut contemplée par l'un des clercs, qui avait les yeux fixés sur elle sans qu'il pût les en détacher.

38.   Le paysan, croyant bien faire et ne pensant pas à mal, fit faire leur lit auprès du sien ; il veilla à leur coucher et à les bien couvrir. Puis messire Gombert se coucha, une fois réchauffé au feu de paille. Sa fille couchait toute seule. Dès que la maison fut endormie, le clerc ne perdit pas le nord. Le cœur battant à tout rompre, muni de l'anneau de la poêle, il s'en vint au lit de la pucelle. Mais écoutez donc ce qui lui arriva. Il se coucha à côté d'elle et souleva les draps.

« Qui est-ce donc qui me découvre ? fit-elle, quand elle sentit sa présence. Seigneur, par Dieu le tout-puissant, qu'êtes-vous venu chercher ici à une telle heure ?

— Ma belle, que Jésus m'aide, n'ayez pas peur que je vous monte dessus. Mais taisez-vous, ne faites pas de bruit, de peur que votre père ne se réveille, car il s'imaginerait des choses extraordinaires s'il savait que je fusse couché avec vous ; il s'imaginerait que j'aie fait de vous toutes mes volontés. Mais si vous acceptez de me faire plaisir, il vous en viendra bientôt un grand bonheur, et vous aurez mon anneau d'or qui vaut plus de quatre besants.

68 Sentez mon com il est pesanz !
     Il m'est trop grant au doi manel. »
     Atant li a bouté l'anel
     El doi, si li passe la jointe,
71 Et cele s'est envers li jointe,
     Et jure qu'ele nel prendroit.
     Toutes voies, qu'a tort qu'a droit,
     L'uns vers l'autre tant s'umelie
76 Que li clers li fist la folie ;
     Mes com il plus acole et bese,
     Plus est ses compains en malese,
     C'a la dame ne puet venir,
80 Car cil li fet resovenir
     Que il ot fere ses deliz ;
     Ce qu'a l'un estoit paradis
     Estoit a l'autre droit enfers.
84 Dont s'est drecié sire Gonbers ;
     Si se leva pissier touz nuz.
     Et li clers est au lit venuz,
     A l'esponde par de devant,
88 Si prent le bers atot l'enfant,
     Au lit le met ou ot geü.
     Es vous dant Gombert deceü ;
     Quar tot a costume tenoit
92 La nuit, quant de pisier venoit,
     Qu'il gardoit au berçueil premier.
     Si come il estoit coustumier,
     Vint atastant sire Gonbers
96 Au lit, mes n'i fu pas li bers ;
     Quant il n'a le berçueil trové,
     Lors se tint por musart prové ;
     Il cuide avoir voie changie.
100 « Deable, fet il, me charie,
     Quar en cest lit gisent mi oste. »
     Lors vint a l'autre lit encoste,
     Si sent le berz o le mailluel,
104 Et li clers jouste le paluel
     Se tret que li vileins nel sente.
     Lors fist Gombert chiere dolente,
     Quant il n'a sa fame trovee ;

Sentez donc comme il est pesant : il est trop grand pour mon petit doigt. »

70.   Alors il lui passa l'anneau au doigt, plus loin que l'articulation, et elle, tout en se rapprochant de lui, jurait qu'elle ne le prendrait pas. Cependant, à tort ou à raison, ils se prodiguèrent tant de bonnes grâces que le clerc fit la chose avec elle. Mais plus il l'étreignait et l'embrassait, plus son compagnon était malheureux de ne pouvoir rejoindre la dame, comme le lui rappelait l'autre qu'il entendait prendre son plaisir. Ce qui pour l'un était le paradis, était pour l'autre un véritable enfer.

C'est alors que messire Gombert se redressa et se leva tout nu pour aller pisser. Le clerc vint jusqu'au bord du lit, par-devant, et prit le berceau avec l'enfant qu'il posa près du lit où il était couché. Voilà maître Gombert trompé, car il avait l'habitude, la nuit quand il revenait de pisser, de jeter d'abord un coup d'œil au berceau. Comme c'était son habitude, messire Gombert vint à tâtons jusqu'au lit, mais le berceau n'y était pas : ne le trouvant pas, il se tint pour un parfait imbécile et crut avoir pris un autre chemin :

« Le diable, fit-il, m'ensorcelle, car mes hôtes couchent dans ce lit. »

102.   Il vint alors du côté de l'autre lit et sentit le berceau avec le maillot, tandis que le clerc se reculait contre le mur pour que le paysan ne le sentît pas. Gombert fit grise mine de ne pas trouver sa femme :

108 Cuide qu'ele soit relevee
    Pissier et fere ses degras.
    Li vileins senti chaus les dras,
    Si se muce entre les linceus ;
112 Le someil li fu pris des eus,
    Si s'endormi enelepas.
    Et li clers ne s'oublia pas :
    Avec la dame ala chouchier ;
116 Einz ne li lut son nes mouchier,
    S'ot esté trois fois assaillie.
    A dant Gombert bone mesnie :
    Mout le mainent de male pile !
120 « Sire Gombert, fet dame Gille,
    Si vieus con estes et usez,
    Trop estes anuit eschaufez ;
    Ne sai de quoi il vous souvint ;
124 Grant piece a mes ne vous avint ;
    Cuidiez vous qu'il ne m'en anuit ?
    Vous avez fet ausi anuit
    Con s'il n'en fust nus recouvriers ;
128 Trop estes anuit bons ouvriers,
    N'avez gueres esté oiseus. »
    Cil ne fu mie trop noiseus,
    Einz fist totes voies son bon,
132 Et cil li let fere le son :
    Ne l'en est pas a une bille !
    Li clers qui jut avec sa fille,
    Quant assez ot fet son delit,
136 Penssa qu'il iroit a son lit
    Ainz que li jours fust escleriez.
    A son lit s'en est reperiez,
    Ou Gombers se gisoit, ses ostes.
140 Et cil le fiert deles les costes
    Grant coup du poing a tout le coute :
    « Chetis, bien as gardé la coute,
    Fet cil, tu ne vaus une tarte ;
144 Mes ençois que de ci ne parte,
    Te dirai bien fete merveille. »
    Atant sire Gombers s'esveille,
    Si s'est tantost aperceüz

il crut qu'elle s'était levée pour pisser et faire ses besoins. Le paysan, sentant les draps chauds, s'y glissa. Le sommeil le prit, et il s'endormit sur-le-champ. Le clerc, lui, ne perdit pas de temps : il alla coucher avec la dame, et, sans lui laisser le loisir de se moucher, il la sauta à trois reprises. Maître Gombert a de bons serviteurs : ils n'y vont pas de main morte avec lui !

« Messire Gombert, fit dame Gille. Pour un vieux complètement usé comme vous êtes, vous voici, cette nuit, drôlement en chaleur. Je ne sais à quoi vous avez pensé. Il y a longtemps que ça ne vous était plus arrivé. Croyez-vous que ça ne me pose pas de problèmes ? Vous l'avez fait cette nuit comme si c'était la dernière. Cette nuit, vous avez fait de la très bonne besogne : vous n'avez pas été longtemps inactif. »

130.   Le clerc ne la contraria pas beaucoup, mais il s'occupa à prendre son plaisir, la laissant débiter ses propos dont il se moquait éperdument. Quant au clerc qui couchait avec la fille, quand il se fut bien satisfait, il songea à regagner son lit avant que le jour ne fût levé. Il retourna dans son lit où Gombert son hôte était couché, et il lui donna dans les côtes un grand coup avec le poing ainsi qu'avec le coude.

« Pauvre type, tu as bien gardé le lit, lui dit-il, tu ne vaux pas un clou ; mais avant de partir d'ici, je t'en raconterai une bien bonne. »

Alors messire Gombert se réveilla ; il comprit aussitôt

148 Qu'il est gabez et deceüz
    Par les clers et par lor engiens.
    « Di moi dont, fet il, dont tu viens.
    — Dont ? fet il si nomma tot outre,
152 Par le cuer Dieu, je vien de foutre,
    Mes que ce fu la fille a l'oste ;
    Sin ai pris derriere et encoste,
    Afeuré li ai son tonel,
156 Et si li ai doné l'anel
    De la paalete de fer.
    — Ce soit par trestous ceus d'enfer,
    Fet cil, les cens et les milliers. »
160 Atant l'aert par les iliers,
    Sel fiert du poing delés l'oïe ;
    Et cil li rent tele joïe
    Que tuit li œil li estencelent ;
164 Et par les cheveus s'entr'aerdent
    Si fort (qu'en diroie je el)
    C'on les poïst sor un tinel
    Porter de chief en chief la ville.
168 « Sire Gombert, fet dame Gille,
    Levez tost sus, quar il me semble
    Que li clers combatent ensemble ;
    Je ne sai qu'il ont a partir.
172 — Dame, jes irai departir »,
    Fet cil ; lors s'en vet cele part.
    Venuz i dut estre trop tart,
    Que ses compainz ert abatuz.
176 Quant cil s'est sor eus enbatuz,
    Dont en ot le peour Gombers,
    Quar cil l'ont ambedui aers ;
    Li uns le bat, l'autre le fautre,
180 Tant le boute li uns sor l'autre
    Qu'il ot, par le mien encïentre,
    Si mol le dos comme le ventre.
    Quant ainsi l'orent atorné,
184 Andui sont en fuie torné
    Par l'uis, si le lessent tot ample.
    Ceste fable dit por essample
    Que nus hons qui bele fame ait

qu'il avait été ridiculisé et trompé par les clercs et leurs subterfuges.

« Dis-moi donc, fit-il, d'où tu viens.

— D'où ? » dit-il, et il déclara tout de go : « Crédié, je viens de baiser, et qui ? la fille de notre hôte. Je l'ai prise de tous les côtés, j'ai mis en perce son tonneau, et je lui ai donné l'anneau de la petite poêle en fer.

— Que ce soit donc par tous ceux de l'enfer, s'écria Gombert, par les centaines et les milliers de diables ! »

160.   Il l'attrapa par les hanches et le frappa du poing près de l'oreille, mais l'autre lui répliqua par une telle gifle qu'il en vit cent mille chandelles, et ils s'empoignèrent par les cheveux si fort (comment le dire autrement ?) qu'on aurait pu les porter sur une barre d'un bout à l'autre du village.

« Messire Gombert, dit dame Gille, levez-vous vite, car il me semble que les deux clercs sont en train de se battre. Je ne sais pas ce qu'ils ont à régler.

— Madame, je vais les séparer », dit l'autre qui s'en alla de leur côté.

Il faillit arriver trop tard, car son compagnon était par terre. Mais quand il se précipita sur eux, Gombert eut le dessous : les deux clercs l'attrapèrent, l'un le battant et l'autre le foulant aux pieds. L'un le jeta tant contre l'autre qu'il eut, à mon avis, le dos aussi moulu que le ventre. Une fois qu'ils l'eurent ainsi arrangé, tous deux prirent la fuite par la porte qu'ils laissèrent grande ouverte.

Cette fable nous apprend qu'aucun homme qui a une belle femme,

188 Por nule proiere ne lait
    Jesir clerc dedenz son ostel,
    Que il ne li face autre tel.
    Qui bien lor fet sovent le pert,
192 Ce dit le fablel de Gombert.

Explicit.

ne doit, pour aucune prière, laisser un clerc coucher dans son hôtel, de peur qu'il ne lui joue le même tour. À faire du bien à ces gens, on est souvent perdant : telle est la leçon du fabliau de Gombert.

Fin.

III. — DE BRUNAIN LA VACHE AU PRESTRE

D'un vilain cont et de sa fame,
C'un jor de feste Nostre Dame
Aloient ourer a l'yglise.
4   Li prestres, devant le servise,
Vint a son proisne sermoner,
Et dist qu'il fesoit bon doner
Por Dieu, qui reson entendoit,
8   Que Dieus au double li rendoit
Celui qui le fesoit de cuer.
« Os, fet li vilains, bele suer,
Que nos prestres a en couvent :
12   Qui por Dieu done a escïent,
Que Dieus li fet mouteploier ;
Mieus ne poons nous emploier
No vache, se bel te doit estre,
16   Que pour Dieu le donons le prestre ;
Ausi rent ele petit lait.
— Sire, je vueil bien que il l'ait,
Fet la dame, par tel reson. »
20   A tant s'en vienent en meson,
Que ne firent plus longue fable.
Li vilains s'en entre en l'estable,
Sa vache prent par le lïen,
24   Presenter le vait au doïen.
Li prestres est sages et cointes.
« Biaus Sire, fet il a mains jointes,
Por l'amor Dieu Blerain vous doing. »

III. — BRUNAIN, LA VACHE DU PRÊTRE,
par Jean Bodel

Je veux conter l'histoire d'un paysan et de sa femme qui, un jour que l'on fêtait Notre-Dame, allèrent prier à l'église. Le prêtre, avant de célébrer l'office, s'avança pour prêcher : il dit qu'il faisait bon donner pour l'amour de Dieu, si l'on suivait la raison, car Dieu rendait le double à celui qui donnait de bon cœur.

« Écoute, ma chère sœur, dit le paysan, ce que promet notre prêtre : quand, pour l'amour de Dieu, on donne de grand cœur, Dieu le rend en le multipliant. Nous ne pouvons pas mieux employer notre vache, s'il te semble bon, qu'en la donnant au prêtre ; d'ailleurs, elle produit peu de lait.

— Sire, dans ces conditions, répondit la dame, je veux bien qu'il l'ait. »

20.   Ils s'en revinrent alors chez eux, sans faire de plus longs discours. Le paysan entra dans l'étable, prit sa vache par la corde et alla l'offrir au doyen qui était un prêtre avisé et habile.

« Cher seigneur, fit le paysan les mains jointes, pour l'amour de Dieu, je vous donne Blérain. »

28 Le lïen li a mis el poing,
     Si jure que plus n'a d'avoir.
     « Amis, or as tu fet savoir,
     Fet li provoires dans Constans,
32 Qui a prendre bee toz tans.
     Va-t'en, bien as fet ton message.
     Quar fussent or tuit ausi sage
     Mi paroiscien come vous estes,
36 S'averoie plenté de bestes ! »
     Li vilains se part du provoire.
     Li prestres comanda en oirre
     C'on face por aprivoisier
40 Blerain avoec Brunain lïer,
     La seue grant vache demaine.
     Li clers en lor jardin la maine,
     Lor vache trueve, ce me samble.
44 Andeus les acoupla ensamble ;
     Atant s'en torne, si les lesse.
     La vache le prestre s'abesse,
     Por ce que voloit pasturer,

Il lui mit la corde dans le poing en jurant qu'il n'avait rien d'autre.

« Mon ami, tu as agi avec sagesse, fit le prêtre dom Constant dont le seul souci était de prendre. Va-t'en, tu as bien accompli ta mission. Plût au ciel que mes paroissiens fussent tous aussi sages que toi ! J'aurais quantité de bêtes. »

Le paysan quitta le prêtre qui commanda aussitôt d'attacher Blérain pour l'apprivoiser avec Brunain, la grande vache qui lui appartenait. Le sacristain l'emmena dans leur jardin où il trouva leur vache, me semble-t-il. Il les attacha ensemble, puis s'en retourna et les laissa.

46.   La vache du prêtre baissait la tête, car elle voulait paître,

48   Mes Blere nel vout endurer,
     Ainz sache le lïen si fors
     Du jardin la traïna fors.
     Tant l'a menee par ostez,
52   Par chanevieres et par prez,
     Qu'ele est reperie a son estre
     Avoecques la vache le prestre,
     Qui mout a mener li grevoit.
56   Li vilains garde, si le voit ;
     Mout en a grant joie en son cuer.
     « Ha, fet li vilains, bele suer,
     Voirement est Dieus bon doublere,
60   Quar li et autre revient Blere :
     Une grant vache amaine brune.
     Or en avons nous deux por une :
     Petis sera nostre toitiaus. »
64   Par example dist cis fabliaus
     Que fols est qui ne s'abandone ;
     Cil a le bien cui Dieus le done,
     Non cil qui le muce et enfuet ;
68   Nus hom mouteploier ne puet
     Sanz grant eür, c'est or del mains.
     Par grant eür ot li vilains
     Deus vaches, et li prestres nule.
72   Tels cuide avancier qui recule.

Explicit de Brunain la vache au prestre.

mais Blérain, s'y refusant, tira si fort sur la corde qu'elle l'entraîna hors du jardin et qu'elle la mena tant à travers les fermes, les chenevières et les prés qu'elle revint chez elle avec la vache du prêtre qu'elle traînait à grand-peine.

Le paysan regarda et la vit : il en éprouva une vive joie en son cœur.

« Ah ! fit-il, ma chère sœur, oui, c'est vrai que Dieu double la mise, car Blérain revient avec une autre : elle amène une grande vache brune. Maintenant nous en avons deux au lieu d'une. Notre étable sera trop petite. »

64.   Ce fabliau nous montre par cet exemple qu'on est fou de ne pas avoir confiance. La richesse échoit à qui Dieu la donne, et non pas à celui qui la cache et l'enfouit. Personne ne peut faire fructifier son avoir sans beaucoup de chance, à tout le moins. C'est par une grande chance que le paysan eut deux vaches et le prêtre aucune. Tel croit avancer qui recule.

Fin de Brunain la vache au prêtre.

IV. — DE HAIMET ET DE BARAT

A ceste fable di, baron,
Que jadis furent troi larron
D'une conpaignie ensanblé :
4 Maint avoir avoient anblé
As genz du siecle et a convers.
Li uns avoit a non Travers ;
As autres deus n'apartenoit,
8 Mais lor conpaignie tenoit.
Li autre dui estoient frere,
S'avoit esté penduz lor pere :
C'est as larrons li derrains mes !
12 Li uns avoit a non Haimés,
Et Baraz ses freres germains ;
Cil ne resavoit mie mains
Du mestier con li autre doi.
16 Un jor en aloient toz troi
Parmi un bois haut et creü.
Haimés garde, si a veü
Desor un chaine un ni de pie ;
20 Va desoz, s'agaite et espie
Tant que il set tres bien et voit
Que la pie ses oés couvoit.
Travers le mostre et puis son frere :
24 « Seignor, dont ne seroit bon lere,
Fait il, qui cez oes porroit prendre,
Si coiement atot descendre
Que la pie mot n'en seüst ?

IV. — HAIMET ET BARAT,
par Jean Bodel

Dans cette fable, je raconte, mes seigneurs, qu'il y eut jadis trois malfaiteurs qui avaient formé une association. Ils avaient commis plus d'un larcin aux dépens de laïcs et de religieux. L'un s'appelait Travers ; il n'était pas parent des deux autres, mais faisait partie de leur bande. Les deux autres étaient frères ; leur père avait été pendu : c'est le dernier plat qu'on sert aux malfaiteurs. L'un s'appelait Haimet et son frère Barat. Le premier ne se connaissait pas moins dans le métier que les deux autres.

Un jour qu'ils s'en allaient tous les trois à travers un bois haut et épais, Haimet regarda et vit sur un chêne un nid de pie. Il alla sous l'arbre, il guetta et examina jusqu'à ce qu'il fût sûr et certain que la pie couvait ses œufs. Il le montra à Travers, puis à son frère.

« Messieurs, est-ce que ce ne serait pas un bon voleur, fit-il, que celui qui pourrait prendre ces œufs et descendre avec si doucement que la pie n'en sût rien ?

28 — N'est hons qui faire le peüst
     En tot le monde, fait Baras.
     — Si est certes, ja le verras,
     Fait il, si me vueil esprover ;
32 Ja si pres ne savra garder
     Que ja ne li coveigne perdre. »
     Atant s'en vat au chesne aherdre
     Plus ferm que laz ne ne fait cranpe,
36 Tot coiement amont s'en ranpe,
     Con cil qui bien se sot repondre,
     Et vint au nit, desoz l'esfondre,
     Tot coiement les oes en trait ;
40 Et puis descent jus tot a trait ;
     Ses conpaignons les monstra lués ;
     « Seignor, dit il, or poz oés
     Quire, se vous avez du fu.
44 — Certes, ains tel leres ne fu,
     Fait Baraz, con tu es, Haimet ;
     Mais or va, si les i remet :
     Ge dirai que tot as passé !
48 — Ja voir n'i avra oef quassé,
     Fait il, et si reseront mis. »
     A tant s'est au chesne repris,
     Si s'en vait contremont rampant,
52 Mais n'en ala guaires avant
     Quant Baraz s'est aers au fust,
     Qui plus ert que Haimet ne fust
     De cest metier maistres et saiges.
56 Plus coiement que raz evaiges,
     Le siut aprés de branche en branche ;
     Onques cil n'en ot ramembrance,
     Quar il ne doutoit home nul.
60 Et cil si li anble du cul
     Ses braies, si l'a escharni ;
     Et cil remist les oes el ni
     Que la pie ne s'aperçut.
64 Baraz, qui son frere deçut,
     Descendi arroment de l'arbre.
     Qui donc veïst Travers esmarbre !
     Tel duel a a poi qu'il ne font,

— Il n'est dans le monde entier personne qui saurait le faire, dit Barat.

— Si, si, vraiment, répondit l'autre, et tu le verras bientôt : je veux en tenter l'expérience. Jamais la pie ne saura être si bien sur ses gardes qu'il ne lui faille perdre ses œufs. »

34.   Alors il alla s'agripper au chêne plus fermement qu'un collet ou un crampon. Sans faire le moindre bruit, il rampa jusqu'en haut en homme qui savait se dissimuler, et, parvenu au nid, il en défit le fond ; sans faire le moindre bruit, il en retira les œufs et redescendit d'une traite. Il les montra aussitôt à ses compagnons.

« Messieurs, dit-il, vous pouvez maintenant faire cuire ces œufs, si vous avez du feu.

— C'est certain, fit Barat, il n'y eut jamais de voleur qui t'égale, Haimet ; mais va donc les remettre dans le nid : je dirai que tu es le plus fort.

— Oui, vraiment, sans qu'il y ait d'œuf cassé, ils seront remis en place. »

Il se colleta de nouveau avec le chêne et se mit à ramper vers le haut ; mais il n'avait guère progressé que Barat s'agrippait au tronc : plus encore qu'Haimet, il était passé maître en ce genre d'activité. Plus silencieusement qu'un rat d'eau, il le suivit de branche en branche, sans que l'autre soupçonnât rien, car il était sans méfiance. Et Barat de lui enlever sa culotte et de le ridiculiser, tandis qu'Haimet remettait les œufs dans le nid à l'insu de la pie. Barat, après avoir mystifié son frère, descendit aussitôt de l'arbre. Ah ! si vous aviez vu Travers pétrifié ! Il était si humilié que pour un peu il s'effondrerait,

68 Quant ne sait faire ce qu'il font,
   Et s'i a toz jorz entendu.
   Et Haimez est lors descendu :
   « Seignor, fait il, que vous en sanble ?
72 Doit bien vivre qui si bien anble.
   — Ge ne sai qui mieus puist anbler,
   Fait Barat, trop ses tu anbler ;
   Mais ge mout poi pris ton savoir,
76 Quant braies ne puez tu avoir :
   Vers toi mout malement te prueves.
   — Si ai, fait il, trestotes nueves,
   Dont ge anblai l'autrier la toile ;
80 Si me vienent jusque a l'orteille.
   — Li tigeu si en sont il lonc,
   Sire ? Quar les nous monstrez donc,
   Fait Baraz, et si les verrons ».
84 Et cil sozlieve les girons ;
   Mais des braies nules ne vit,
   Ainz vit ses coilles et son vit,
   Tot descouvert et nu a nu :
88 « Dieus, dit il, que m'est avenu ?
   Par le cuer beu, ou sont mes braies ?
   — Ge ne quit pas que tu les aies,
   Haimez, beaus compainz, fait Travers ;
92 N'a tel larron jusqu'à Nevers
   Con est Baraz, si con moi sanble.
   Bien est lerres qui larron enble.
   Mais ge n'ai avuec vous mestier,
96 Quar ge n'ai de vostre mestier
   Vaillant quatre deniers apris.
   Teus cent foiz seroie ge pris,
   Que vous eschaperiez par guile.
100 Ge me retrairai a ma vile,
    Ou ge ai ma femme espousee.
    Folie avoie golousee,
    Qui voloie devenir lerres.
101 Ge ne suis fous ne tremelerres ;
    Ge me sent tant fort et delivre
    Qu'assez gaaignerai mon vivre
    Se Dieus plaist, des or en avant.

puisqu'il ne savait pas faire ce qu'ils faisaient, et
pourtant Dieu sait s'il s'y était appliqué !

70.   Haimet descendit alors :

« Messieurs, dit-il, qu'en pensez-vous ? On mérite
de vivre largement quand on est si fin voleur.

— Je ne sais qui pourrait plus habilement voler, fit
Barat : tu es très fort. Mais à quoi bon tout ton
savoir, puisque tu ne peux te procurer une culotte.
Envers toi-même tu fais bien mal tes preuves.

— Si, j'en ai une, et toute neuve, dont j'ai volé
la toile l'autre jour, et qui me descend jusqu'aux
orteils.

— Les jambes en sont-elles si longues, messire ? fit
Barat. Montrez-les-nous donc, et nous les verrons. »

Haimet souleva les pans de sa robe, mais de culotte
il ne vit trace, seulement ses couilles et sa bite, qui
étaient à l'air et toutes nues.

« Grand Dieu, dit-il, que m'est-il arrivé ? Corbleu,
où est ma culotte ?

— Je ne crois pas que tu l'aies, cher compagnon,
fit Travers. Il n'y a pas jusqu'à Nevers de voleur aussi
fort que Barat, me semble-t-il. Il faut être un sacré
voleur pour voler un voleur. Mais je n'ai rien à faire
avec vous, car de votre métier je n'ai pas appris pour
quatre sous vaillant. Je serais attrapé bien cent fois
que vous vous échapperiez par ruse. Je retournerai
dans ma ferme où vit ma femme. C'était folie que
j'avais en tête en voulant devenir voleur. Je ne suis ni
fou ni joueur. Je me sens assez fort et dégourdi pour
gagner désormais largement ma vie s'il plaît à Dieu.

108   Ge m'en vais, a Dieu vous comant. »
      Ainsi se departi Travers.
      Tant va de tort et de travers
      Qu'il est venuz en son païs.
112   Travers n'estoit mie haïs
      De sa feme dame Marie,
      Qui mout belement s'est garie.
      A mout grant joie le reçut,
116   Conme son seignor faire dut.
      Or fut Travers entre les soens ;
      Mout devint saiges hons et boens ;
      Et mout volentiers gaaingna,
120   Et tant conquist et amassa
      Qu'il ot assez et un et el.
      Un bacon fist devant Noel
      D'un porc qu'il ot en sa maison
124   Encraissi tote la saison :
      Bien ot plaine paume de lart.
      Travers l'avoit a une hart
      Au tref de sa maison pendu.
128   Mieuz li venist avoir vendu,
      Si fust de grant paine delivres !
      Quar, si con raconte li livres,
      Un jor estoit Travers alez
132   Au boschet ilueques delez
      Por faire amener des garraz.
      Ez vous que Haimet et Baraz
      Venoient de querre saison,
136   Si asenent a la maison
      Sa feme troverent filant.
      Cil qui le siecle vont gabant
      Dïent : « Dame, ou est vo barons ? »
140   Cele ne connut les larrons :
      « Seignor, fist ele, il est el bos
      Pour faire amener des fagoz.
      — De par Dieu, font il, puist ce estre. »
144   Lors s'assïent, s'esgardent l'estre,
      Les anglez et les repotailles ;
      N'i remaint solier ne fusmailles
      A regarder de chief en chief.

Je m'en vais et je vous recommande à Dieu. »

109.   Ainsi Travers les quitta-t-il. Il marcha si
bien, à droite et à gauche, qu'il revint dans son pays.
Il n'était pas haï de sa femme dame Marie qui avait
su se débrouiller, et qui lui réserva le très chaleureux
accueil qu'elle devait à son mari. Voici maintenant
Travers au milieu des siens. Il devint un parfait honnête homme. Courageux au travail, il acquit et
amassa tant de biens qu'il eut de tout à profusion.
Avant Noël, il prépara un jambon d'un porc qu'il
avait engraissé dans sa maison durant toute la saison : le lard avait bien l'épaisseur d'une pleine
paume. Il l'avait suspendu par une corde à la grosse
poutre de sa maison. Il eût mieux valu pour lui l'avoir
vendu ; ainsi aurait-il échappé à de gros ennuis. En
effet, comme le raconte le livre, un jour Travers était
allé au bois, tout près, pour en ramener des fagots.
Or voici que survinrent Haimet et Barat qui cherchaient fortune, et qu'ils se dirigèrent vers la maison
où ils trouvèrent sa femme qui filait. Ces deux-là, qui
passaient leur temps à tromper le monde, dirent :

« Madame, où est votre mari ? »

Elle ne connaissait pas les voleurs.

« Messieurs, répondit-elle, il est au bois pour ramener des fagots.

— Par la grâce de Dieu, firent-ils, puisse-t-il en
être ainsi ! »

144.   Ils s'assirent alors et examinèrent les lieux,
les coins et les cachettes ; il ne resta pas de grenier ni
de resserre qu'ils n'explorèrent minutieusement.

148 Baraz dreça amont son chief,
     S'a veü qu'entre deus bracons
     Que penduz i fu uns bacons.
     « Certes, dit Barat a Haimet,
152 Bien voi qu'en grant paine se met
     Travers d'avoir amonceler,
     Mais il se fait pour nos celer
     En sa chanbre ou en la despanse :
156 C'est por espargnier sa despanse.
     Ne vielt que nous rien li coustons,
     Ne que enquenuit en menjons
     De son bacon ne de son lart.
160 Mais si ferons, se feu ne l'art,
     Font il, mais que bien li ennuit,
     Li enblerons nous enquenuit. »
     A tant s'en vont, s'ont pris congié.
164 En une haie sont mucié ;
     S'a chacuns aguisié un pel.
     Et Travers repaire a l'ostel,
     Qui le jor n'ot gaires conquis :
168 « Sire, dui home vous ont quis,
     Fait sa feme dame Marie,
     Qui tote m'ont fait esmarie,
     Que g'estoie seule en maison ;
172 Et il sistrent sor no laiszon,
     Si avoient laide veüe.
     Caienz n'a riens n'aient veüe
     Qui fors de chanbre soit desclose,
176 Ne le bacon, ne autre chose,
     Coutel, ne sarpe ne coingniee ;
     La maison ont bien encligniee,
     Que lor oill totes parz voloient,
180 Ainz ne me distrent qu'il voloient,
     Ne ge ne lor ai rien enquis.
     — Bien sai qui sont, et qu'il ont quis,
     Fait Travers, veü m'ont sovent ;
184 Li bacons a fait son couvent :
     Perdu l'avons, ce vous pramet,
     Quar entre Barat et Haimet
     Venront encor ennuit poruec :

Barat redressa la tête et découvrit qu'entre deux chevrons était suspendu un jambon.

« C'est sûr, dit-il à Haimet, je vois bien que Travers se donne beaucoup de mal pour accumuler des
richesses, mais il s'arrange pour se cacher de nous
dans sa chambre ou dans la réserve : il ne veut pas se
mettre en frais. Il ne veut pas que nous lui coûtions
quelque chose, ni que, cette nuit, nous mangions de
son cochon ni de son lard. Mais si, nous en mangerons, à moins que le feu ne le brûle ; et même si cela
l'ennuie, nous le lui volerons cette nuit. »

Sur ce, ils s'en allèrent après avoir pris congé. Ils
se cachèrent dans une haie, chacun appointa un pieu.
Quant à Travers, il rentra chez lui, sans rapporter
grand-chose ce jour-là.

« Sire, deux hommes vous ont demandé, dit sa
femme dame Marie. Ils m'ont bien inquiétée, car
j'étais seule dans la maison. Ils se sont assis sur le lit.
Ils avaient une sale tête. Il n'y a rien ici qu'ils n'aient
vu de tout ce qui est découvert en dehors de la
chambre — le cochon et le reste, couteau, serpe,
cognée. Ils ont fouillé toute la maison de leurs yeux
qui volaient partout. Mais ils ne m'ont pas dit ce
qu'ils voulaient, et je ne leur ai rien demandé.

— Je sais bien qui ils sont, et ce qu'ils cherchaient,
fit Travers : ils me connaissent bien. C'en est fait de
notre jambon : nous l'avons perdu, je vous le certifie,
car Barat et Haimet reviendront cette nuit pour le
chercher ;

188   Le matin en seron sans huec.
      De ce sui ge trestot seürs.
      Bien m'avoit ore maus eürs
      Fait bacon a lor oés tuer.
192   Certes, l'en me devoit huer,
      Quant samedi ne l'alai vendre.
      — Sire, quar l'alomes despendre,
      Fait sa feme, por esprover
196   Se nous le porrïons tenser :
      Se li bacons est mis a terre,
      Il ne le savront mais ou querre.
      Quant ne le troveront pendant. »
200   Tant li fait sa feme entendant
      Que Travers monte cele part,
      Si li a coupee la hart,
      Et li bacons chaï en l'aire.
204   Or n'en sevent il mais que faire,
      Mais que sour son siege le lait ;
      Si le covrirent d'une met.
      A grant doute se vont gesir.
208   Cil qui du bacon ont desir
      Vinrent quant il fu anuitié,
      S'ont tant a la paroi luitié
      C'un treu firent desoz la sole,
212   Dont l'en peüst traire une mole.
      Haimet mout bien le croute cuevre,
      Qui ot esté sages de l'uevre.
      N'i demeurent pas longuement,
216   Einz entrerent mout coiement,
      Si vont tastant par la maison.
      Baraz, qui mout fu malvais hom
      Et lerres envïeus et fel,
220   Ranpa tant de bauç en astel
      Qu'il est venuz droit au bracon
      Ou il vit prendre le bacon.
      Tant tasta de chascune part
224   Qu'il senti coupee la hart
      Dont li bacons estoit penduz.
      Lors est a terre descenduz,
      Si vait seoir joste son frere ;

demain matin nous en serons dépourvus. De cela je
suis sûr et certain. C'est vraiment la malchance qui
m'a fait tuer le cochon pour eux. Oui, oui, on devrait
me conspuer, puisque je n'ai pas été le vendre
samedi.

— Sire, allons donc le dépendre, fit sa femme,
pour essayer de voir si nous pourrions le préserver :
si le jambon est posé sur le sol, ils ne sauront plus où
le chercher, dès lors qu'ils ne le trouveront plus suspendu. »

200.   Sa femme le persuada si bien que Travers
grimpa au grenier et coupa la corde : le jambon
tomba sur le sol. Mais ils ne surent qu'en faire, sinon
de le laisser sur place, et ils le couvrirent d'une maie.
Très inquiets, ils allèrent se coucher.

Quant à ceux qui guignaient le jambon, ils vinrent
à la nuit tombée et ils bataillèrent tant contre la paroi
qu'ils firent sous la solive un trou par où on aurait pu
retirer une meule. Haimet recouvrit habilement la
brèche, car il était passé maître en la matière. Sans
longtemps s'attarder, ils entrèrent en catimini, tâton-
nant à travers la maison. Barat, qui était une franche
canaille et un brigand plein d'envie et de perfidie,
rampa tant de poutres en poteaux qu'il parvint juste
au chevron où il avait vu pendre le jambon. Tâtant
de chaque côté, il sentit qu'on avait coupé la corde
par laquelle le jambon était suspendu. Il redescendit
et vint s'asseoir à côté de son frère

228 En l'oreille dist li le lere
      Que il n'en a mie trouvé :
      « Voiz, fait il, du larron prouvé :
      Le cuidë il vers nous tensser ?
232 Folie li a fait pensser. »
      Lors conmencent a oreillier,
      Tant qu'il oïrent esveillier
      Travers qui n'osoit reposer.
236 Sa feme conmence a choser,
      Qui un poi estoit esclignie :
      « Dame, fait il, ne dormez mie :
      Dormirs n'est or pas de saison,
240 Et g'irai aval la maison
      Savoir se ge troverai ame.
      — Non ferai ge ça », dit la feme.
      Travers, qui mout fu saiges hom,
244 Se lieve et vait par la maison ;
      Onques n'i ot braies chauciees.
      La met a un poi sozhauciee,
      S'a desoz son bacon senti.
248 Or cuide bien avoir menti
      Quant dit que ce estoient il.
      Adonc s'en vait en son cortill ;
      En sa main porte une grant mace.
252 En l'estable trova sa vache :
      Mout fu liez quant il la trouva.
      Et Baraz vers le lit s'en va,
      Tot coiement delez l'esponde.
256 Or est droiz que ge vous esponde
      Con li leres fu de haut cuer :
      « Marïon, fait il, bele suer,
      Ge vous jehiroie une chose,
260 Mais mes cuers dire ne vous ose :
      Ou ennuit no bacon meïsmes ?
      Ge ne sai que nous en feïsmes,
      Tant par fu mes songes avers.
264 — Dieus, aïde ! sire Travers,
      Fait ele, con ci a mal plait !
      Ou est il ? desoz cele met,
      Sor ce lesson acouvetez.

à qui le brigand souffla qu'il n'avait rien trouvé.

« Tu le vois, fit-il, quelle fieffée canaille ! Est-ce qu'il croit le protéger contre nous ? Il faut qu'il soit fou pour le penser. »

Ils commencèrent à tendre l'oreille jusqu'au moment où ils entendirent se réveiller Travers qui n'osait pas se reposer, et qui se mit à disputer sa femme qui somnolait :

« Madame, dit-il, ne dormez pas : ce n'est pas du tout le moment. Moi, je vais descendre à travers la maison pour voir si j'y trouve quelqu'un.

— Non, je ne dormirai pas », répondit la femme.

243.   Travers, qui était un homme très avisé, se leva et alla par la maison, sans avoir pris le temps de mettre sa culotte. Il souleva un peu la maie et sentit, par-dessous, son jambon. Il pensa qu'il s'était trompé en disant que c'étaient eux. Il se dirigea alors vers le jardin, tenant en main un gros gourdin. Dans l'étable, il trouva sa vache : il en fut tout joyeux.

Quant à Barat, il alla vers le lit et tout doucement s'approcha du bord. Maintenant il faut que je vous révèle comment le brigand n'avait pas froid aux yeux.

« Marion, fit-il, ma chère sœur, je voudrais vous avouer quelque chose, mais je n'ose vous dire le fond de ma pensée : où avons-nous mis cette nuit notre jambon ? Je ne sais pas ce que nous en avons fait, j'ai eu un songe si bizarre !

— Mon Dieu, au secours ! Sire Travers, fit-elle, quelle drôle d'histoire ! Où est-il ? Mais sous cette maie, caché sur ce lit de paille.

268   — En non Dieus, suer, c'est veritez,
      Fait cil, et ge irai sentir. »
      Onques ne l'en daigna mentir,
      La met hauce, le bacon prent,
272   Puis vient la ou Haimet l'atent,
      Au pié du lit ou il escoute.
      Barat vient a lui, si le boute,
      Si comme cil qui mout l'a chier.
276   Travers s'en est alez couchier,
      S'a mout bien les huis refermez.
      « Certes, bien estes enivrez,
      Fait sa feme, chaitis a droit,
280   Qui me demandiez orendroit
      Que mes bacons est devenuz :
      Mout estes or dessovenuz,
      Ne fu mais hom en si pou d'eure.
284   — Quant, fait il, se Dieus me sequeure ?
      — Orainz, sire, se Dieus me saut.
      — Suer, noz bacons a fait un saut,
      Fait cil, jamais ne le verrons,
288   Se ge nel ranble a cez larrons,
      Qu'il n'a meillors en nule terre. »
      Travers saut sus, si les va querre,
      Qui mout ot la nuit de torment.
292   Un sentier vait par un forment :
      Les suit aprés les granz galos,
      Tant qu'il vint entr'aus et le bos.
      Haimez ert ja pres de l'oriere,
296   Mais Baraz ert encor arriere,
      Que le bacon nel laissoit corre.
      Travers, qui le voloit rescorre,
      S'en vint a lui plus que le pas :
300   « Done ça, fait il, trop es las,
      Tu l'as ore porté grant pose ;
      Or done ça, si te repose. »
      Cil cuide avoir ataint Haimet :
304   Le bacon sor le col li met,
      Puis vait devant une alenee.
      Et Travers fist la retornee,
      Au plus tost que il le pot faire.

— Nom de Dieu, ma sœur, mais c'est la vérité, dit l'autre, je vais aller le toucher. »

Sur ce point, il ne chercha pas à lui mentir. Il souleva la maie, prit le jambon et se rendit là où l'attendait Haimet qui écoutait au pied du lit. Barat le rejoignit et lui donna une bourrade en témoignage de vive amitié. Travers retourna se coucher après avoir soigneusement refermé les portes.

« Oui, vous êtes ivre mort, dit sa femme, pauvre malheureux, pour me demander à l'instant ce que mon jambon était devenu. Vous avez complètement perdu la mémoire comme jamais personne en si peu de temps.

— Quand, fit-il, que Dieu me secoure ?

— Tout à l'heure, sire, que Dieu me sauve !

— Ma sœur, notre jambon a pris la poudre d'escampette ; nous ne le reverrons plus jamais si je ne le reprends à ces brigands qui sont les plus forts au monde. »

290.   Travers bondit et partit à leur recherche. Que d'ennuis il eut cette nuit-là ! Par un sentier à travers un champ de blé, il les poursuivit au grand galop tant et si bien que le voici entre eux et le bois. Haimet était déjà proche de la lisière, tandis que Barat traînait derrière, car le jambon l'empêchait de courir. Travers, qui voulait le récupérer, le rattrapa à vive allure :

« Donne ça, fit-il, tu es exténué, tu l'as porté un bon moment ; donne-moi ça et repose-toi. »

Barat croyait avoir rejoint Haimet : il lui mit le jambon sur le cou et partit devant d'une traite. Travers, lui, s'en retourna le plus vite qu'il put ;

308 Atot son bacon s'en repaire,
     Qu'il a vassalment secorru.
     Et Barat a ja tant couru
     Que son frere a aconseü,
312 S'en a itel paor eü
     Qu'il chaï en une charriere,
     Por ce qu'il le cuidoit arriere.
     Et quant cil l'oï trebuschier,
316 Si le commença a huschier :
     « Laisse moi porter une piece,
     Ge ne cuit mie que je chiece
     Por un bacon, si con tu fais ;
320 Mout par en as eü grant fais,
     Avoir carchié le me deüsses.
     — Je cuidoie que tu l'eüsses,
     Fait cil, se Dieus me doint santé !
324 Travers nos a bien enchanté :
     C'est cil qui son bacon en porte ;
     Mais ge l'en ferai une torte
     Se ge puis, ençois qu'il s'en torne. »
328 Grant aleüre s'en retorne,
     Onques n'i fist greignor atente.
     Travers aloit une autre sente,
     Tot belement et tot en pais,
332 Comme cil qui ne cuidoit mais
     Avoir garde de nule chose.
     Baraz i vint a la forclose,
     Qui de corre ot la pel moilliee :
336 Sa chemise avoit despoilliee,
     Entor son chief le mist mout blanche ;
     Trestot en itele senblance
     Con s'il fust feme, se deporte :
340 « Lasse, fait il, con ge sui morte !
     Con Dieus me tient que je n'enraige ?
     Con si grant perte et tel damaige
     Ai eüe par cez larrons !
344 Beau sire Dieus, ou mes barons,
     Qui receü a si grant perte ? »
     Travers cuida trestot a certes
     C'etoit sa feme qui la vient :

il regagna sa demeure avec son jambon qu'il avait
hardiment secouru. Barat avait déjà tant couru qu'il
rejoignit son frère : il en éprouva une telle peur qu'il
en tomba sur le chemin, parce qu'il croyait que son
frère était derrière lui. Quand celui-ci l'entendit tré-
bucher, il se mit à l'interpeller :

« Laisse-moi le porter un moment : je ne crois pas
que je tombe pour un jambon, comme tu le fais.
C'est un fardeau bien trop lourd pour toi, tu aurais
dû m'en charger.

— Je croyais que tu l'avais, fit Barat, que Dieu me
donne la santé ! Travers nous a bien ensorcelés : c'est
lui qui emporte son jambon. Mais je lui jouerai un
coup tordu, si je puis, avant qu'il ne s'en sorte. »

328.   Il s'en retourna à vive allure, sans attendre
plus longtemps. Travers suivait un autre sentier, d'un
bon pas, l'âme en paix, en homme qui croyait ne plus
avoir rien à redouter. Barat le rejoignit en fin de
compte, la peau trempée à force de courir. Il avait
enlevé sa chemise, qu'il mit, toute blanche, autour de
sa tête, imitant tout à fait les manières d'une femme.

« Malheureuse que je suis, fit-elle, je suis morte !
Comment Dieu me retient-il de devenir folle de
rage ? Quelle grande perte, quel dommage j'ai subis
du fait de ces brigands ! Dieu, où est allé mon mari
qui a subi une si grande perte ? »

Travers se persuada que c'était sa femme qui
venait par là.

348 « Suer, fait il, droit a droit revient,
       Que ge raporte mon bacon.
       Tosche le trois foiz a ton con,
       Si ne le porrons ja mes perdre. »
352 Et cil vait le bacon aerdre
       Qui ja mais nel cuidoit tenir :
       « Laissiez m'en, dit il, covenir ;
       Alez vous en, sire Travers,
356 Car g'i voudrai tot en travers
       Et cul et con trois foiz touchier.
       Vous poez bien aler couchier,
       Mais ge ne l'ous faire de honte. »
360 Travers parmi le sentier monte,
       Si s'en revient a son ostel.
       Et cil, qui ne demandoit el,
       Prent le bacon par le hardel,
364 Si l'en carche com un fardel,
       Vers son frere vient arroment.
       Et Travers a trové plorant
       Sa feme, quant en maison vint :
368 « Certes, Marie, ainz mais n'avint,
       Dit il, se ne fu par pechié ;
       Ge vous quidoie avoir chargié
       Le bacon enson ce cortil ;
372 Mais or sai bien que ce fu cil
       Qui le m'estoit venuz enbler.
       Dieus ! comment si pot resanbler
       Feme de fait et de parole ?
376 Entrez sui en mout male escole ;
       Mar fust il onques por bacons !
       Ençois ne remanroit tacons
       Ne semele jusqu'a la plante
380 Que ge encui ne lor sozplante,
       Se Dieus les me laise trover.
       Or prismes me vueil esprouver,
       Puisque tant me sui entremis. »
384 Lez le bos s'est au chemin mis
       Et quant il en el bois parfu,
       Si vit luire clarté de fu
       Que cil alumé i avoient,

« Chère sœur, fit-il, le droit finit par l'emporter, je rapporte mon jambon. Fais-lui toucher ton con par trois fois, et nous ne pourrons plus jamais le perdre. »
Et Barat alla se saisir du jambon, alors qu'il ne croyait plus jamais le tenir.

« Laissez-moi m'en occuper ! Allez-vous-en, sire Travers, car je voudrai, en travers du lit, m'en toucher trois fois le cul et le con. Vous pouvez aller vous coucher, car j'ai honte de le faire devant vous. »

360.   Travers monta par le sentier et s'en revint à sa maison. Barat, satisfait, prit le jambon par la corde et s'en chargea comme d'un fardeau ; puis il se dirigea aussitôt vers son frère. Travers, de retour chez lui, trouva sa femme qui pleurait :

« Certainement, Marie, fit-il, cela n'a pu se produire que par la faute de mes péchés. Je m'imaginais vous avoir chargée du jambon en dehors du jardin ; mais maintenant je sais bien que c'était l'autre qui était venu me le dérober. Mon Dieu, comment a-t-il pu si bien ressembler à une femme par ses gestes et ses paroles ? Me voici soumis aux leçons d'une bien rude école ! Que de tourments pour un jambon ! Quand bien même j'aurais usé mes talons et mes semelles jusqu'à la plante des pieds, je le leur reprendrai aujourd'hui, si Dieu me permet de les retrouver. Je veux me mettre à l'épreuve sur-le-champ, puisque je m'y suis tellement engagé. »

384.   Il se mit en route le long du bois et, une fois parvenu au plus profond, il vit briller la lumière d'un feu que les deux autres y avaient allumé,

388 Qui mout bien faire le savoient.
     [Travers s'en vint delez un chesne,
     Et ot con chascuns se deresne.
     Baras et ses freres Haimés
392 Dïent que du premerain mes
     Voudront de cel bacon mengier,
     Ainz c'on lor puist les dez changier.]
     Lors vont concueillir des sechons ;
396 Et Travers vint a demuçons
     Au chaine ou li feus alumoit,
     La laigne estoit verz, si fumoit,
     Si que issir n'en pooit flambe.
400 Travers le chaine lor enjambe,
     Tant va par branches et par rains
     Qu'il vint enson as deerrains.
     Le bacon enbler ne lor daigne ;
404 Et cil aportent de la laigne
     Si gietent el fu a mainees,
     Dont il cuiront des charbonnees
     Du bacon, et Travers l'entent.
408 Par un braz au chaine se pent,
     Si ot deslié ses tigeus.
     Haimet gita amont ses elz,
     Si vit desor lui cel pendu,
412 Grant et hideus et estendu :
     Toz li peus li lieve de hide.
     « Baraz, no peres nous revide,
     Fait Haimet, mout vileinement :
416 Voiz le la desus ou il pent,
     C'est il, ja mar en douteras.
     — Dieus, aïde, ce dit Baraz,
     Moi sanble qu'il doie avaler. »
420 Le gieu gaaingnent par aler ;
     Endui sont en fuie touchié,
     Si qu'il n'ont au bacon touchié,
     Quar il n'orent tant de loisir.
424 Quant Travers n'en pot un choisir,
     Sor le chaine plus ne sejorne ;
     A tot son bacon s'en retorne
     Isnelement le droit sentier ;

en gens habiles à le faire. Travers s'installa à côté
d'un chêne et écouta les propos de chacun. Barat et
son frère Haimet disaient que, comme premier plat,
ils voudraient manger de ce jambon avant qu'on pût
changer leur mise. Ils s'en allèrent chercher des
branches sèches. Travers s'avança en catimini vers le
chêne près duquel le feu commençait à brûler.
Comme le bois était vert, il fumait en sorte qu'il
n'arrivait pas à flamber. Travers se mit à escalader le
chêne et grimpa par les branches et les rameaux si
bien qu'il arriva jusqu'au sommet. Il dédaigna de leur
dérober le jambon. Les voleurs apportaient du bois
dont ils jetaient des poignées dans le feu pour faire
cuire des grillades du cochon. Travers en profita : par
un bras, il se pendit au chêne, après avoir défait les
jambes de sa culotte. Haimet regarda vers le haut et
vit au-dessus de lui ce pendu, gigantesque, horrible,
démesurément long. Tout son poil se hérissa de ter-
reur :

« Barat, notre père nous rend visite, fit-il, et ce
n'est pas un beau spectacle. Vois-le qui pend
là-haut : c'est bien lui, tu ne peux en douter.

— Mon Dieu, à l'aide ! dit Barat. Il me semble
qu'il va descendre. »

420. Ils s'en tirèrent par la fuite ; tous deux
prirent leurs jambes à leur cou sans avoir touché au
jambon, car ils n'en eurent pas le temps.

Quand Travers les eut perdus de vue l'un et
l'autre, il ne resta pas plus longtemps sur le chêne.
Avec son jambon il s'en retourna rapidement par le
sentier le plus direct.

428 Si l'en reporte tot entier
     Que nule riens n'en fu a dire.
     Sa feme li comence a dire :
     « Sire, bien soiez vous trouvez !
432 Bien estes ennuit esprovez :
     Ainz mais si hardiz hom ne fu.
     — Suer, dit il, alume le fu
     Et de la busche et du charbon :
436 Il covient cuire no bacon,
     Se vous volez qu'il nous remaigne. »
     El alume le fu de laigne,
     Et met de l'eve en la chaudiere,
440 Et la pendent a la hardiere.
     Et Travers trenche le bacon,
     Tout belement et sanz tençon,
     Qui mout li fist la nuit de paine,
444 S'en fu prés la chaudiere plaine
     Quant toz li bacons fu tailliez.
     « Bele suer, dit il, or veilliez
     Lez le fu, si ne vous ennuit ;
448 Et ge, qui ne dormi ennuit,
     Me reposerai en mon lit ;
     Mais ge n'i avrai nul delit,
     Ne sui pas encor bien seürs.
452 — Sire, fait ele, maus eürs
     Les i raporteroit hui mais.
     Dormez vous or bien et en pais ;
     Ja mais ne vous en feront tort. »
456 Cele veille, et cil se dort,
     Qui mout desirroit le repos.
     Et Baraz se demente el bos ;
     Bien set Travers l'a escharni,
460 Qui du bacon l'a desgarni.
     « Certes, fait il, par malvés cuer
     Avons gité no bacon puer.
     Et Travers l'a par son barnaige ;
464 Bien en doit faire son carnaige :
     Ne quide ja mais qu'il le perde.
     Bien nous porroit tenir por merde,
     S'ainsi li laissomes ravoir.

Il le remporta tout entier sans qu'il en manquât le moindre bout. Sa femme commença à lui dire :

« Sire, soyez le bienvenu ! Vous avez bien fait vos preuves cette nuit : jamais il n'y eut homme si hardi.

— Chère sœur, dit-il, allume le feu, avec des bûches et du charbon : il faut faire cuire notre cochon si vous voulez que nous le conservions. »

Elle alluma le feu de bois et mit de l'eau dans le chaudron qu'ils suspendirent à la crémaillère. Travers trancha, avec beaucoup de dextérité, le cochon qui lui avait causé tant de tourments cette nuit-là ; le chaudron en fut presque plein. Quand il eut fini de le découper,

« Chère sœur, dit-il, maintenant veillez auprès du feu, si cela ne vous déplaît pas ; moi qui n'ai pas dormi de la nuit, je me reposerai dans mon lit, mais sans y prendre du plaisir : je ne suis pas encore entièrement rassuré.

— Sire, il faudrait de la malchance pour les ramener ici aujourd'hui. Dormez donc paisiblement. Jamais plus ils ne vous causeront de tort. »

456.   Elle veilla tandis que lui dormait, tellement il avait besoin de repos. Barat se lamentait dans le bois, conscient que Travers s'était moqué de lui en le dépouillant du jambon.

« Sûrement, c'est par lâcheté que notre jambon s'est envolé, tandis que Travers le possède grâce à son courage. Il est juste qu'il s'en régale. Il ne croit plus jamais le perdre. Il serait en droit de nous tenir pour de la merde, si nous lui en laissons ainsi la jouissance.

468   Alons en la maison savoir
       Comment il en a esploitié. »
       Tant se sont de l'aler haitié,
       Qu'il sont venuz devant son huis.
472   Barat mist son œil au pertuis,
       Et vit la chaudiere qui bout.
       Sachiez qu'il li ennuia mout.
       « Haimet, fait il, li bacons cuit.
476   Mout m'anuie certes, et quit
       Que nous ne li poons tolir.
       — Si laissiez, dit Haimet, boulir
       La char tant qu'ele soit bien cuite,
480   Que ge ne li claing mie quite ;
       Ma peine li covenra soudre. »
       Une longue verge de coudre
       Prent, si l'aguise du coutel ;
484   Puis est montez sor le toitel,
       Si le descuevre en cel endroit,
       La ou la chaudiere boloit.
       Tant osta de la coverture
488   Qu'il vit parmi l'entroverture
       La feme Travers someillier,
       Qui lassee fu de veillier :
       La teste aloit jus enbrunchant.
492   Et cil devale le perchant,
       Qui plus estoit aguz d'un dart ;
       Parmi une piece de lart
       Le fiert si droit con a sozhait,
496   Fors de la chaudiere le trait.
       En ce qu'il amont le traoit,
       Travers s'esveille, si le voit,
       Qui forz lerres ert et rubestes :
500   « Seignor, dit il, qui la sus estes,
       Vous ne faites mie raison,
       Qui me descouvrez ma meson.
       Ainsi n'avrïons ja mais fait !
504   Partons, si que chascuns en ait
       Du bacon, et si descendez ;
       Laissiez en, et si en prenez,
       Que chascuns en ait sa partie. »

Allons chez lui pour savoir ce qu'il en a fait. »

Ils se hâtèrent tant qu'ils arrivèrent devant sa porte. Barat, regardant par le trou, vit le chaudron qui bouillait. Sachez qu'il en fut tout dépité.

« Haimet, fit-il, le cochon cuit. J'en suis tout dépité, c'est sûr, et je crois que nous ne pouvons pas le lui enlever.

— Laissez bouillir la viande, répondit Haimet, jusqu'à ce qu'elle soit bien cuite, car je ne l'en tiens pas quitte : il lui faudra me dédommager de ma peine. »

482. Il prit un long bâton de noisetier et il l'appointa avec son couteau. Puis il monta sur le toit et le découvrit à l'endroit où le chaudron bouillait. Il enleva suffisamment de la couverture pour voir, à travers l'ouverture, la femme de Travers sommeiller : elle était fatiguée de veiller, et sa tête penchait vers le sol. Haimet fit descendre la perche, plus pointue qu'un dard ; il l'enfonça dans une pièce de lard exactement comme il le souhaitait, et il la retira du chaudron. Pendant qu'il la remontait, Travers se réveilla et vit l'autre, qui était un brigand robuste et violent.

« Messieurs, qui êtes là-haut, dit-il, vous n'êtes pas raisonnables de découvrir ma maison. À agir ainsi nous n'en aurions jamais fini. Partageons en sorte que chacun ait un morceau du cochon. Descendez donc : laissez-en et prenez-en afin que chacun ait sa part. »

508   Descendent tost, si ont partie
      La char Travers, voiant ses elz.
      Quatre monceaux en firent o elz ;
      N'i laisserent que sozpeser.
512   Sa feme font les loz giter.
      Li dui frere les deus monz orent,
      Mais onques Travers, se il porent,
      Qui norri avoit le porcel,
516   N'en porta le meillor morsel.
      Por ce fu dit, segnor baron,
      Mal conpeignon a en larron.

Explicit de Hai. et de Barat.

Ils descendirent aussitôt et partagèrent la viande de Travers sous ses yeux. Ils en firent ensemble quatre tas, en sorte qu'ils ne laissèrent rien à peser. À sa femme ils firent tirer au sort les lots. Les deux frères eurent leurs deux parts, mais jamais Travers, qui avait nourri le cochon, ne remporta le meilleur morceau, pour autant qu'il dépendît d'eux.

C'est pourquoi l'on dit, messeigneurs les barons : larron est mauvais compagnon.

Fin de Haimet et Barat.

V. — BAILLET

      Mos sans vilennie
      Vous veil recorder,
      Afin qu'en s'en rie,
4   D'un franc savetier,
Qui a non Baillait ; mes par destourbier
Prist trop bele fame, si l'en mescheï,
Qu'ele s'acointa d'un prestre joli,
8 Mes le çavetier molt bien s'en chevi.
      Quant Baillet aloit
      Hors de son ostel,
      Le prestre venoit,
12   Qui estoit isnel ;
A la savetiere fourbissoit l'anel ;
Entr'eus deus faisoient molt de leur soulas ;
Des meilleurs morsiaus mengoient a tas,
16 Et le plus fort vin n'espargnoient pas.
      Le savetier frans
      Une fille avoit
      D'environ trois ans,
20   Qui molt bien parloit.
A son pere dit, qui souliers cousoit :
« Voir, ma mere a duel qu'estes ceens tant. »
Bailet respondi : « Pour quoy, mon enfant ?
24 — Pour ce que le prestre vous va trop doutant.
      Mes, quant alez vendre
      Vos souliers aus gens,
      Lors vient, sans attendre,

V. — BAILLET LE SAVETIER,
ou LE PRÊTRE AU LARDIER

C'est une histoire décente que je veux vous raconter pour vous faire rire, celle d'un brave savetier nommé Baillet ; mais par malchance il épousa une très belle femme, ce qui fit son malheur, car elle se lia avec un prêtre joli cœur. Mais le savetier sut fort bien s'en tirer.

Quand Baillet sortait de sa demeure, le prêtre venait rapidement. De la savetière il fourbissait l'anneau, et tous deux prenaient bien du bon temps ; des meilleurs morceaux ils se gobergeaient et n'étaient pas économes du vin le plus fort.

Le brave savetier avait une fille d'environ trois ans qui parlait très bien. Elle dit à son père qui cousait des souliers : « De vrai, ma mère est triste que vous restiez tant à la maison. » Baillet répondit : « Pourquoi, mon enfant. — Parce que le prêtre a grand-peur de vous.

Mais quand vous allez vendre vos souliers aux gens, alors vient sans attendre

28   Monseigneur Lorens.
De bonnes viandes fet venir ceens,
Et ma mere fait tartes et pastez.
Quant la table est mise, l'en m'en donne assez,
32 Mes n'ay que du pain, quant ne vous mouvez. »
   Baillet sot sans doute,
   Quant le mot oÿ,
   Qu'il n'avoit pas toute
36   Sa fame a par li,
Mes n'en fist semblant jusqu'a un lundi
Qu'il dist a sa fame : « Je vois au marchié. »
Cele, qui vousist qu'il fust escorchié,
40 Li dist : « Tost alez, ja n'en wiegne pié. »
   Quant elle pensa
   Qu'il fust eslongiez,
   Le prestre manda,
44   Qui vint forment liez.
D'atourner viandes se sont avanciez,
Puis firent un baing pour baingnier eulz deus.
Mes Baillet ne fu tant ne quant honteus :
48 Droit a son ostel s'en revint tous ceulz.
   Le prestre asseür
   Se cuida baignier ;
   Baillet par un mur
52   Le vit despoillier,
Lors hurta a l'uis et prist a huchier.
Sa fame l'oÿ, que faire ne sot,
Mes au prestre dit : « Boutez vouz tantost
56 Dedens ce lardier et ne dites mot. »
   Baillet la maniere
   Et tout le fait vit ;
   Lors la çavetiere
60   L'apela et dit :
« Bien vegniez vous, sire ! Sachiez sans respit
Que mont bien pensoie que retourriez.
Vostre disner est tout appareilliez
64 Et le baing tout chaut ou serez baingniez.
   Voir, ne le fiz faire
   Que pour vostre amour,
   Quar mont vous faut traire

monseigneur Laurent. Il fait apporter des plats succulents, et ma mère fait des tartes et des pâtés. Quand la table est mise, on m'en donne beaucoup. Mais je n'ai que du pain quand vous ne bougez pas. »

Baillet n'eut plus de doute, en l'entendant parler : il n'avait pas sa femme pour lui tout seul. Mais il n'en laissa rien paraître jusqu'à un lundi où il dit à sa femme : « Je vais au marché. » Elle, qui aurait voulu le voir écorché, lui lança : « Partez vite, et bonne chance. »

41.   Quand elle pensa qu'il fut éloigné, elle appela le prêtre qui vint tout joyeux. Ils s'empressèrent de préparer à manger, puis firent couler un bain pour s'y baigner tous deux. Mais Baillet n'éprouva pas la moindre gêne : droit à sa maison il s'en revint tout seul.

Le prêtre en toute sécurité pensait se baigner. Baillet, par un trou du mur, le vit se déshabiller. Alors il frappa à la porte et se mit à appeler. Sa femme l'entendit, sans savoir que faire, et elle dit au prêtre : « Fourrez-vous vite dans ce lardier, et ne dites mot. »

Baillet vit leur manège et toute la scène. Alors la savetière l'appela et dit : « Bienvenue à vous, sire ! Sachez tout de suite que j'étais certaine de votre retour. Votre dîner est tout prêt, et tout chaud le bain où vous vous baignerez.

Oui, je l'ai préparé par amour pour vous, car il vous faut beaucoup

68   De mal chascun jour. »
 Baillet, qui vouloit jouer d'autre tour,
 Li dist : « Dieus m'avoit de tous poins aidié,
 Mes raler me faut errant au marchié. »
72 Le prestre ot grant joie, qui s'estoit mucié ;
     Mes ne savoit mie
     Que Baillet pensa.
     La plus grant partie
76   Des voisins manda.
 Molt bien les fist boire et puis dit leur a :
 « Sur une charete me faut trousser haut
 Ce viez lardier la : vendre le me faut. »
80 Lors trembla le prestre, qu'il n'avoit pas chaut.
     On fist ens en l'eure
     Le lardier trousser.
     Baillet sans demeure
84   L'en a fait mener
 En la plus grant presse que pot onc trouver.
 Mes le las de prestre, qui fu enserré,
 Ot un riche frere, qui estoit curé
88 D'assez pres d'ilec. La vint, bien monté,
     Qui sot l'aventure
     Et le destourbier.
     Par une creveure,
92   Qui fu ou lardier,
 Le connut son frere ; haut prist a huchier :
 « *Frater, pro Deo, delibera me.* »
 Quant Baillet l'oÿ, haut s'est escrïé :
96 « Esgar ! Mon lardier a latin parlé !
     Vendre le vouloie,
     Mes, par saint Symon,
     Il vaut grant monnoie ;
100   Nous le garderon.
 Qui li a apris a parler laton ?
 Par devant l'evesque le feron mener,
 Mes ains le feray ci endroit parler,
104 Lonc temps l'ai gardé, si m'en faut jouer. »
     Lors le frere au prestre
     Li a dit ainsi :
     « Baillet, se veus estre

peiner chaque jour. » Baillet, qui pensait à un tour de sa façon, lui dit : « Dieu m'a aidé en tous points, mais il me faut de suite retourner au marché. » Le prêtre en fut fort joyeux dans sa cachette.

Mais il ignorait ce que Baillet avait en tête. Il appela le plus grand nombre de ses voisins. Il les fit bien boire, puis leur dit : « Sur une charrette il me faut hisser ce vieux lardier que je dois aller vendre. » Le prêtre se mit à trembler : il était transi.

81. On fit sur l'heure charger le lardier. Et Baillet, sans tarder, le fit mener parmi la plus grande foule qu'il put trouver. Mais le malheureux prêtre, qui était prisonnier, avait un frère, un riche curé du voisinage. Il vint par là, sur une riche monture, car il avait appris la fâcheuse aventure. Par une fente du lardier, son frère le reconnut et se mit à hurler : « *Frater, pro Deo, delibera me* [1]. » Quand Baillet l'entendit, il s'écria : « Voyez, mon lardier a parlé latin !

Je voulais le vendre, mais, par saint Simon, il vaut de l'argent ; nous le garderons. Qui lui a appris à parler latin ? Nous le ferons mener devant l'évêque, mais avant je le ferai parler ici même. Longtemps je l'ai gardé, je veux m'en amuser. »

Alors le frère du prêtre lui parla en ces termes : « Baillet, si tu veux rester

---

1. « Mon frère, par Dieu, délivre-moi. »

108   Toujours mon ami,
      Vent moy ce lardier, et pour voir te di
      Je l'acheteray tout a ton talent. »
      Baillet respondi : « Il vaut grant argent,
112   Quant latin parole devant toute gent. »
                  Ja pourrez entendre
                  Le sens de Baillet.
                  Afin de mieus vendre
116   Prist un grant maillet,
      Puis a juré Dieu c'un tel rehaingnet
      Dourra au lardier qu'il sera froëz,
      S'encore ne dist du latin assez.
120   Molt grant pueple s'est entour aünez.
                  Plusieurs gens cuidoient
                  Que Baillet fust fol,
                  Mes folleur pensoient.
124   Il jura saint Pol
      Que du grant maillet, qu'il tint a son col,
      Sera le lardier rompus de tous sens.
      Le chetif de prestre, qui estoit dedens,
128   Ne savoit que faire ; pres n'issoit du sens.
                  Il ne s'osoit taire,
                  Ne n'osoit parler ;
                  Le Roy debonnaire
132   Prist a reclamer.
      « Conment, dist Baillet, faut il tant tarder ?
      S'errant ne paroles, mescheant lardier,
      Par menues pieces t'iray despecier. »
136   Alors dist le prestre, n'osa delaier :
                  « *Frater, pro Deo*
                  Me delibera ;
                  Reddam tan cito
140   Ce qu'il coustera. »
      Quant Baillet l'oÿ, en haut s'escria :
      « Çavetiers me doivent amer de cuer fin,
      Quant a mon lardier fais parler latin. »
144   Lors le frere au prestre dist : « Baillet, voisin,
                  En tant com vous prie,
                  Le lardier vendez ;
                  Ce sera folie

mon ami, vends-moi ce lardier, et je te le promets :
je l'achèterai au prix que tu voudras. » Baillet répondit : « Il vaut beaucoup d'argent, puisqu'il parle latin
devant les gens. »

Vous allez comprendre l'astuce de Baillet. Pour
mieux le vendre, il prit un gros maillet, puis jura par
Dieu qu'il donnerait au lardier une telle raclée qu'il
serait brisé, s'il ne voulait pas encore dire assez de
latin. Une grande foule s'était rassemblée autour.

121.   Beaucoup pensaient que Baillet était fou ;
mais c'étaient eux les fous. Il jura par saint Paul que,
du gros maillet qu'il portait au cou, il mettrait le
lardier en mille morceaux. Le malheureux prêtre, qui
était dedans, ne savait que faire : il en perdait
presque le sens.

Il n'osait se taire, ni n'osait parler. Il se mit à prier
le Roi de bonté. « Comment ? dit Baillet. Faut-il tant
tarder ? Si tu ne parles illico, méchant lardier, je vais
te réduire en miettes. » Alors le prêtre dit, n'osant
plus attendre :

« *Frater, pro Deo, me delibera ; reddam tam cito*[1] ce
qu'il coûtera. » Quand Baillet l'entendit, il s'écria à
haute voix : « Les savetiers doivent m'aimer sincère-
ment, puisque je fais parler latin à mon lardier. »
Alors, le frère du prêtre dit : « Baillet, cher voisin,
comme je vous en prie, vendez le lardier. Ce serait
folie

---

1. « Mon frère, par Dieu, délivre-moi, je te rendrai très vite... »

148   Se vous le quassez ;
Ne me faites pas du pis que pouez.
— Sire, dist Baillet, sus sains vous plevis
J'en aroy vint livres de bons parisis.
152 Il en vaut bien trente, que molt est soutiz. »
    Le prestre n'osa
    Le mot refuser ;
    A Baillet ala
156   Vint livres conter,
Puis fist le lardier en tel lieu porter
Ou priveement mist son frere hors.
Bon ami li fu a cel besoing lors,
160 Quar d'avoir grant honte li garda son cors.
    Baillet ot vint livres
    Et tout par son sens ;
    Ainsi fu delivres
164   Monseigneur Lorens.
Je croi c'onques puis ne li prist pourpens
D'amer par amours fame a çavetier.
Par ceste chançon vous puis tesmoignier
168 Que du petit weil se fait bon guetier :
168a *Ex oculo pueri noli tua facta tueri,*
    Quar par la fillete
    Fu le fait sceü,
    Qui estoit joneite.
172   N'est si haut tondu,
Se vers çavetiers s'estoit esmeüs,
Qu'en la fin du tour n'en eüst du pis.
Gardez, entre vous qui estes jolis,
176 Que vous ne soiez en tel lardier mis.

que vous le cassiez. Ne me faites pas tout le mal que vous pouvez. — Sire, répondit Baillet, sur les saintes reliques je vous jure que j'en aurai vingt livres en bons parisis. Il en vaut trente, car il est très malin. »

Le prêtre n'osa refuser le prix. À Baillet il alla compter vingt livres. Puis il fit porter le lardier en un lieu où, sans témoins, il libéra son frère. Il fut pour lui un bon ami en ce besoin, car il lui évita d'être couvert de honte.

161.   Baillet eut vingt livres par sa seule astuce. Ainsi fut délivré monseigneur Laurent. Je crois que jamais depuis il n'eut l'idée d'aimer d'amour la femme d'un savetier. Par cette chanson, je puis vous attester qu'il est bon de se méfier de l'œil d'un enfant : *Ex oculo pueri noli tua facta tueri* [1],

car, par la fillette, le fait fut connu : elle était toute jeune. Il n'est pas de si grand prélat qui, s'il s'était frotté à un savetier, n'eût pas le dessous à la fin des fins. Veillez, vous les jolis cœurs, à ne pas être mis dans un tel lardier.

---

1. « Ne laisse pas voir tes actes à l'œil d'un enfant. »

VI. — DU BOUCHIER D'ABEVILE

Seignor, oiez une merveille,
Onques n'oïstes sa pareille,
Que je vous vueil dire et conter !
4 Or metez cuer a l'escouter !
Parole qui n'est entendue,
Sachiez de voir ele est perdue.
A Abevile ot un bouchier
8 Que si voisin orent molt chier.
N'estoit pas fel ne mesdisanz,
Mes sages, cortois et vaillanz,
Et loiaus hom de son mestier,
12 Et s'avoit sovent grant mestier
Ses povres voisins soufraiteus ;
N'estoit avers ne covoiteus.
Entor feste Toz Sains avint
16 Qu'a Oisemont au marchié vint
Le bouchier bestes achater,
Mes ne fist fors voie gaster :
Trop i trova chieres les bestes,
20 Les cochons felons et rubestes,
Vilains et de mauvés afere,
Ne pot a eus nul marchié fere.
Povrement sa voie emploia,
24 Onques denier n'i emploia.
Aprés espars marchié s'en torne,
De tost aler molt bien s'atorne,
Son sorcot porte sor s'espee,

VI. — LE BOUCHER D'ABBEVILLE,
par Eustache d'Amiens

Seigneurs, écoutez une merveilleuse histoire que je
veux vous réciter et raconter : jamais vous n'en avez
entendu de pareille. Mettez votre cœur à l'écouter :
parole qui n'est pas entendue, sachez qu'elle est vraiment perdue.

Il y avait à Abbeville un boucher que ses voisins
aimaient beaucoup. Loin d'être méchant et médisant, il était sage, courtois et valeureux, honnête dans
son métier ; il rendait souvent de grands services à
ses voisins pauvres et nécessiteux ; il n'était ni avare
ni cupide.

Vers la fête de Toussaint, il arriva que le boucher
alla au marché d'Oisemont pour acheter des bêtes.
Mais il ne fit que perdre son temps : il trouva les
bêtes trop chères, les marchands vicieux, grossiers,
durs en affaires. Il ne put traiter avec eux. Son voyage
ne lui fut guère profitable, il n'eut à utiliser aucun
denier. Le marché terminé, il s'en retourna. Il prit
toutes ses dispositions pour rentrer rapidement ; il
portait sa tunique sur son épée,

28 Quar pres estoit de la vespree.
    Oiez comment il esploita !
    Droit a Bailluel li anuita,
    En mi voies de son manoir.
32 Quar tart estoit, si fist molt noir,
    Penssa soi plus avant n'ira,
    En la vile herbregera :
    Forment doute la male gent
36 Que ne li toillent son argent
    Dont il avoit a grant foison.
    A l'entree d'une meson
    Trueve une povre fame estant.
40 Il le salue et dist itant :
    « A il en ceste vile a vendre
    Riens nule ou l'en peüst despendre
    Le sien por son cors aaisier,
44 C'onques n'amai autrui dangier ? »
    La bone fame li respont :
    « Sire, par Dieu qui fist le mont,
    Ce dist mon baron sire Mile,
48 De vin n'a point en ceste vile
    Fors noz prestres sire Gautiers
    A deus tonniaus sor ses chantiers
    Qui li vindrent de Nojentel :
52 Toz jors a il vin en tonel.
    Alez a lui por ostel prendre.
    — Dame, g'i vois sanz plus atendre,
    Dist li bouchiers, et Diex vous saut !
56 — A foi, sire, Diex vous consaut ! »
56a Atant s'en part, n'i vout plus estre.
56b Venuz est au manoir le prestre.
    Li doiens seoit sor son sueil,
    Qui molt fu plains de grant orgueil.
    Cil le salue et puis li dist :
60 « Biaus sire, que Diex vos aït,
    Herbregiez moi par charité,
    Si ferez honor et bonté.
    — Preudom, fet il, Diex vous herbert !
64 Quar, foi que doi a saint Herbert,
    Lais hom ceenz ja ne girra.

car on était proche du soir.

29.   Écoutez ce qu'il fit. La nuit le surprit juste à Bailleul, à mi-chemin de sa demeure. Comme il était tard et qu'il faisait très noir, il se dit qu'il n'irait pas plus loin et qu'il logerait dans la ville. Il redoutait fort que les mauvais garçons ne lui volent son argent, et il en avait sur lui une grosse somme. Sur le seuil d'une maison, il trouva, debout, une pauvre femme ; il la salua et lui demanda :

« Y a-t-il en cette ville quelque chose à vendre qu'on puisse acheter de ses deniers pour se restaurer, car jamais je n'ai aimé dépendre d'autrui ?

— Sire, répondit la brave femme, par Dieu qui créa le monde, mon mari le sieur Milon affirme qu'il n'y a pas de vin dans cette ville sinon chez notre prêtre messire Gautier : il a sur ses chantiers deux tonneaux qui lui vinrent de Nojentel : il a toujours du vin dans un tonneau. Allez chez lui pour vous loger.

— Madame, j'y vais de ce pas, dit le boucher, et que Dieu vous sauve !

— Par ma foi, sire, que vous aussi, il vous aide ! »

Il partit alors sans vouloir s'attarder. Le voici à la maison du prêtre. Le doyen était assis sur le seuil de sa porte : il était bouffi d'orgueil. Notre boucher le salua et lui dit :

« Cher monsieur, Dieu vous aide ! Hébergez-moi par charité, et vous ferez preuve de noblesse et de générosité.

— Mon brave, répondit-il, à Dieu de vous héberger ! Car, par la foi que je dois à saint Herbert, un laïc ne couchera jamais en cette demeure.

Bien ert qui vous herbregera
En cele vile la aval.
68 Querez tant amont et aval
Que vous puissiez ostel avoir,
Quar je vous faz bien asavoir
Ja ne girrez en cest porpris :
72 Autre gent i ont ostel pris,
Ne ce n'est pas coustume a prestre
Que vilains hom gise en son estre.
— Vilains, sire, qu'avez vous dit ?
76 Tenez vous lai homme en despit ?
— Oïl, dist il, si ai reson.
Alez en sus de ma meson.
Il m'est avis ce soit ramposne.
80 — Non est, sire, ainz seroit aumosne
S'anuit mes me prestiez l'ostel,
Que je n'en puis trover nul tel.
Je sai molt bien le mien despendre :
84 Se rien nule me volez vendre,
Molt volentiers l'achaterai
Et molt bon gré vous en saurai,
Quar je ne vous vueil rien couster.
88 — Ausi bien te vendroit hurter
Ta teste a cele dure pierre,
Ce dist li doiens, par saint Piere !
Ja ne girras en mon manoir.
92 — Deable i puissent remanoir,
Dist li bouchiers, fols chapelains !
Pautoniers estes et vilains. »
Atant s'en part, ne volt plus dire ;
96 Plains fu de grant corouz et d'ire.
Oiez comment il li avint !
Quant il fors de la vile vint,
Devant une gaste meson
100 Dont cheü furent li chevron,
Encontre un grant tropé d'oeilles.
Por Dieu, or escoutez merveilles !
Il demanda au pastorel
104 Qui mainte vache et maint torel
Avoit gardé en sa jonece :

Il y aura bien quelqu'un pour vous héberger dans le bas de cette ville. Cherchez bien partout pour trouver un logis. En tout cas, je tiens à vous faire savoir que jamais vous ne coucherez en cette demeure : d'autres gens y sont descendus, et ce n'est pas l'habitude pour un prêtre qu'un vilain couche sous son toit.

76.   — Un vilain, monsieur, avez-vous dit ? Méprisez-vous les laïcs ?

— Oui, tout à fait, et j'ai raison. Éloignez-vous de ma maison. J'ai dans l'idée que vous plaisantez.

— Non, non, monsieur, mais il serait charitable que vous m'offriez le gîte pour cette nuit, car je ne puis en trouver de semblable. Je ne suis pas regardant : si vous voulez me vendre quelque chose, je l'achèterai bien volontiers et je vous en rendrai mille grâces, car je ne veux pas vous être redevable d'un centime.

— Tu ferais tout aussi bien de te cogner la tête contre cette pierre dure, dit le doyen, par saint Pierre ! Tu ne coucheras pas en ma demeure.

— Puissent les diables y habiter, chapelain insensé ! Vous êtes un coquin et un rustre. »

Sur ce, il s'en alla sans ajouter un mot : il était transporté de colère.

97.   Écoutez maintenant ce qui lui arriva. Comme il était sorti de la ville, devant une maison en ruine dont les chevrons s'étaient écroulés, il tomba sur un grand troupeau de moutons. Par Dieu, écoutez donc quelque chose d'extraordinaire ! Il demanda au pastoureau qui avait gardé en sa jeunesse force vaches et force taureaux :

« Paistres, que Diex te doinst leece !
Cui cist avoirs ? — Sire, le prestre.
108 — De par Dieu, fet il, puisst ce estre ! »
Or oiez que li bouchiers fist :
Si coiement un mouton prist
Que li paistres ne s'en perçut.
112 Bien l'a engingnie et deçut.
[...]
Maintenant a son col le rue.
116 Parmi une foraine rue
Revient a l'uis le prestre arriere
Qui molt fu fel de grant maniere.
Si comme il dut clorre la porte,
120 Et cil qui le mouton aporte
Li dist : « Sire, cil Diex vous saut
Qui sor toz hommes puet et vaut ! »
Li doiens son salut li rent,
124 Puis li demande isnelement :
« Dont es tu ? — D'Abevile sui.
A Oisemont au marchié fui :
N'i achetai que cest mouton,
128 Mes il a molt cras le crepon.
Se anuit mes me herbregiez,
Que bien en estes aaisiez.
Je ne sui avers ne eschars :
132 Anuit ert mengie la chars
De cest mouton, por qu'il vous plaise,
Quar aporté l'ai a malaise. »
136 [...]
Li doiens pensse qu'il dit voir,
Qui molt goulouse autrui avoir :
Miex aime un mort que quatre vis.
140 Dist ainsi comme il m'est avis :
« Oïl, certes, molt volentiers !
Se vous estiez ore vous tiers.
S'auriez vous ostel a talent.
144 Ainz nus hom ne me trova lent
De cortoisie et d'onor fere.
Vous me samblez molt debonere.
Dites moi comment avez non.

« Pâtre, que Dieu t'accorde le bonheur ! À qui est
ce troupeau ?

— Sire, au prêtre.

— Grand Dieu, fit-il, qu'il puisse en être ainsi ! »

Or voici ce que fit le boucher : il se saisit si discrètement d'un mouton que le pâtre ne s'en aperçut pas.
Il l'a bel et bien embobeliné. (L'autre n'en vit ni n'en
sut rien. Le boucher) aussitôt jeta le mouton sur ses
épaules et, par une rue écartée, s'en retourna frapper
à la porte du prêtre qui était un fort méchant personnage. Au moment où il allait fermer sa porte, voici
que le boucher apporta le mouton en lui disant :

« Sire, que Dieu vous sauve, lui qui sur tous les
hommes a tout pouvoir ! »

123.   Le doyen lui rendit son salut et lui
demanda incontinent :

« D'où es-tu ?

— Je suis d'Abbeville. Je viens du marché
d'Oisemont où je n'ai acheté que ce mouton, mais il
a le croupion bien gras. Hébergez-moi pour cette
nuit : vous êtes très à l'aise. Je ne suis ni avare ni
regardant : ce soir, on mangera la viande de ce mouton, si le cœur vous en dit. J'ai eu du mal à l'apporter. (Il est gros, bien en chair : chacun en aura tout
son soûl) ».

137.   Le doyen crut qu'il disait vrai. C'était un
homme insatiable du bien d'autrui : il préférait un
mort à quatre vivants. Il parla en ces termes, à ce
qu'il me semble :

« Oui, oui, bien sûr, très volontiers. Même si vous
étiez trois, vous seriez logés à votre gré, car jamais
personne ne m'a vu rechigner à faire preuve de cour-
toisie et d'amabilité. Vous me semblez homme de
qualité. Dites-moi quel est votre nom.

148 — Sire, par Dieu et par son non,
J'ai non David en droit baptesme,
Quant je reçui et huile et cresme.
Traveilliez sui en ceste voie.
152 Ja Dame Diex celui ne voie,
A foi, cui ceste beste fu !
Tans est hui mes d'aler au fu. »
Atant s'en vont en la meson
156 Ou le feu estoit de seson.
Lors a sa beste mise jus,
Puis a regardé sus et jus :
Une coingnie a demandee
160 Et on li a tost aportee.
Sa beste tue et puis l'escorce ;
Sor un banc en geta l'escorce,
Puis le pendi lor iex voiant.
164 « Sire, por Dieu, venez avant !
Por amor Dieu, or esgardez
Com cis moutons est amendez ;
Veez comme est cras et refais,
168 Mes molt m'en a pesé le fais,
Que de molt loing l'ai aporté.
Or en fetes vo volenté !
Cuisiez les espaules en rost,
172 S'en fetes metre plain un pot
En essau avoec la mesnie.
Je ne di mie vilonie :
Ainz mes plus bele char ne fu.
176 Metez le cuire sor le fu.
Veez comme est tendre et refete :
Ainçois que la saveur soit fete,
Ert ele cuite voirement.
180 — Biaus ostes, fetes vo talent,
Sor vous ne m'en sai entremetre.
— Fetes donques la table metre.
— C'est prest : n'i a fors de laver
184 Et des chandoiles alumer. »
Seignor, ne vous mentirai mie.
Li doiens avoit une amie
Dont il si fort jalous estoit,

— Sire, par Dieu et par son nom, mon nom est David, il me vient de mon baptême quand je reçus les saintes huiles et le saint chrême. Je me suis épuisé à faire ce chemin. Que jamais Notre-Seigneur ne regarde, par ma foi, celui qui possédait cette bête ! Maintenant, il est temps de s'approcher du feu. »

Ils rentrèrent alors dans la maison où brûlait un bon feu. Notre homme déposa sa bête, puis, regardant à droite et à gauche, il réclama une cognée qu'on lui apporta aussitôt. Il tua sa bête, l'écorcha et il jeta sur un banc sa peau ; ensuite, il la suspendit, sous leurs yeux :

« Sire, par Dieu, avancez ! Pour l'amour de Dieu, regardez donc comme ce mouton a gagné en poids, voyez comme il est gras et replet. Mais que j'ai souffert, à apporter ce fardeau de très loin ! Faites-en donc ce que voulez. Faites rôtir les épaules, et mettez-en un plein pot à bouillir pour les domestiques. Je ne veux insulter personne, mais il n'y eut jamais plus belle viande. Mettez-la à cuire sur le feu. Voyez comme elle est tendre et charnue. Avant que la sauce ne soit prête, elle sera cuite à point.

— Cher hôte, faites comme vous voulez : je m'en remets à vous.

— Faites donc mettre la table.

— C'est prêt, il n'y a plus qu'à se laver les mains et à allumer les chandelles. »

185.   Seigneurs, je ne vous mentirai pas du tout. Le doyen avait une amie dont il était tellement jaloux que,

188 Toutes les nuiz qu'ostes avoit,
     La fesoit en sa chambre entrer.
     Mes cele nuit le fist souper
190a Avoec son oste liement.
190b Servi furent molt richement
     De bone char et de bon vin.
192 De blans dras qui erent de lin
     Fist on fere au bouchier un lit.
     Molt ot leenz de son delit.
196 [...]
     Li doiens sa meschine apele :
     « Je te commant, fet il, suer bele,
     Que noz ostes soit bien et aise
200 Si qu'il n'ait rien qui li desplaise. »
     Atant se vont couchier ensemble
     Il et la dame, ce me samble.
     Et li bouchiers remest au fu,
204 Ainz mes si aaisiez ne fu,
     Bon ostel ot et biau samblant.
     « Bele suer, fet il, vien avant !
     Trai te en ça, si parole a mi
208 Et si fai ton ami de moi :
     Bien i porras avoir grant preu.
     — Ostes, tesiez, ne dites preu.
     Je n'apris onques tel afere.
212 — Par Dieu, or le te covient fere
     Par tel couvent que je dirai.
     — Dites le dont et je l'orrai.
     — Se tu veus fere mon plesir
216 Et tout mon bon et mon desir,
     Par Dieu que de vrai cuer apel,
     De mon mouton auras la pel.
     — Biaus ostes, james ce ne dites !
220 Vous n'estes mie droiz hermites,
     Qui tel chose me requerez !
     Molt estes de mal apenssez.
     Dieu merci, com vous estes sos !
224 Vo bon feïsse, mes je n'os :
     Vous le diriez demain ma dame.
     — Suer, se ja Diex ait part en m'ame,

toutes les nuits qu'il recevait des hôtes, il lui impo-
sait de retourner dans sa chambre. Mais ce soir-là il
la fit dîner avec son hôte dans la plus franche gaieté.
On les servit copieusement de bonne viande et de
bon vin. Avec des draps blancs en lin, on prépara un
lit pour le boucher, qui connut dans cette maison
bien des plaisirs. [...] Le doyen appela sa servante :

« Je te recommande, fit-il, ma chère sœur, que
notre hôte ait toutes ses aises, et qu'il n'ait rien qui
lui déplaise. »

Sur ce, ils allèrent tous les deux se coucher, lui et
la dame, à ce qu'il me semble. Le boucher resta
auprès du feu. Jamais il ne fut aussi heureux : il eut
bon gîte et bel accueil.

« Chère sœur, fit-il, approche-toi, viens par ici,
bavarde avec moi et fais de moi ton ami : tu pourras
en avoir un bon profit.

— Hôte, taisez-vous, vous ne dites rien de bon. Ce
n'est pas dans mes habitudes.

— Par Dieu, il faut que tu t'y fasses, et je te dirai
à quelles conditions.

— Parlez donc, et je vous écouterai.

— Si tu veux faire ce qui me plaît et satisfaire tous
mes désirs, par Dieu que j'invoque du fond du cœur,
tu auras la peau de mon mouton.

— Cher hôte, ne tenez plus jamais de tels propos !
Vous n'avez rien d'un ermite pour me faire cette proposition. Vous avez de bien coupables pensées. Dieu
merci, comme vous êtes bête ! Je ferais bien votre
plaisir, mais je n'ose pas : vous le diriez dès demain à
ma maîtresse.

— Chère sœur, aussi vrai que je demande à Dieu
de prendre soin de mon âme,

En ma vie ne li dirai,
228 Ne ja ne t'en encuserai. »
Dont li a cele creanté
Qu'ele fera sa volenté
Toute la nuit tant que jors fu.
232 Dont se leva et fist son fu,
Son harnois, et puis trest ses bestes.
Lors primes s'est levez li prestres.
Il et son clerc vont au moustier
236 Chanter et fere lor mestier,
Et la dame remest dormant.
Et ses ostes tout maintenant
Se vest et chauce sanz demeure,
240 Quar bien en fu et tans et eure.
En la chambre sanz plus atendre
Vint a la dame congié prendre.
La clique sache, l'uis ouvri,
244 Et la dame si s'esperi,
Ses iex ouvri, son oste voit
Devant s'esponde trestout droit.
Lors li demande dont il vient
248 Et de quel chose il li sovient.
« Dame, fet il, graces vous rent :
Herbregié m'avez a talent
Et molt m'avez biau samblant fait. »
252 Atant vers le chevés se trait,
Sa main mist sor le chaveçuel
Et trest arriere le linçuel,
Si voit la gorge blanche et bele
256 Et la poitrine et la mamele.
« E Diex, dist il, je voi miracles.
Sainte Marie, saint Romacles,
Comme est li doiens bien venuz
260 Qui o tel dame gist toz nuz !
Que, si m'aït sainz Onorez,
Uns rois en fust toz honorez !
Se j'avoie tant de loisir
264 Que g'i peüsse un poi gesir,
Refez seroie et respassez.
    — Biaus ostes, ce n'est mie assez

jamais de ma vie je ne le lui dirai et jamais je ne vous dénoncerai. »

229.   Elle lui promit alors de faire ses volontés pendant toute la nuit, tant et si bien qu'il fît jour. Elle se leva, fit son feu et son ménage, puis alla traire ses bêtes.

C'est alors que le prêtre se leva et qu'il se rendit à l'église avec son clerc pour chanter et célébrer l'office, tandis que la dame restait à dormir. L'hôte, tout aussitôt, s'habilla et se chaussa sans plus tarder, car il en était grand temps. Dans la chambre, sans attendre davantage, il vint prendre congé de la dame. Il tira le loquet et ouvrit la porte. La dame reprit ses esprits et, ouvrant les yeux, vit son hôte, tout debout au bord de son lit. Elle lui demanda d'où il venait et à quoi il pensait.

« Madame, fit-il, je vous rends grâce : vous m'avez hébergé comme je pouvais le souhaiter et vous m'avez réservé un merveilleux accueil. »

252.   Sur ce, il s'avança vers le chevet, mit la main sur l'oreiller et repoussa le drap : il vit la gorge qui était blanche et belle, la poitrine et les seins.

« Ah ! mon Dieu, dit-il, c'est un vrai miracle. Sainte Marie, saint Remacle, comme le doyen a de la chance, de coucher tout nu avec une femme comme vous ! En effet, que saint Honoré m'aide ! un roi en serait très honoré ! Si j'avais seulement la possibilité de coucher un petit moment ici, je serais revigoré et requinqué.

— Cher hôte, ce n'est pas très malin,

Que vous dites, par saint Germain !
268 Alez ensus, ostez vo main.
Mesires aura ja chanté :
Trop se tendroit a engané
Se en sa chambre vous trovoit ;
272 James nul jor ne m'ameroit,
Si m'auriez malbaillie et morte. »
Et cil molt bel la reconforte :
« Dame, fet il, por Dieu, merci !
276 James ne mouverai de ci
Por nul homme vivant qui soit.
Nes se li doiens i venoit,
Por qu'il deïst une parole
280 Qui fust outrageuse ne fole,
Je l'ocirroie maintenant.
Mes or otroiez mon commant
Et fetes ce que je voudrai :
284 Ma piau lanue vous donrai
Et grant plenté de mon argent.
— Sire, je n'en ferai noient,
Que je vous sent si a estout
288 Que demain le diriez partout.
— Dame, dist il, ma foi tenez :
Tant com je soie vis ne nez,
Ne le dirai fame ne homme,
292 Par toz les sainz qui sont a Romme. »
Tant li dist et tant li promet
La dame en sa merci se met.
296 [...]
Et li bouchiers bien s'en refet.
Et quant il en ot son bon fet,
D'iluec se part, n'i volt plus estre,
300 Et vint au moustier ou le prestre
Ot commencie une leçon
Entre lui et un sien clerçon.
Si comme il dist *Jube, domne.*
304 Ez le vous el moustier entré.
« Sire, fet il, graces vous rent,
Ostel ai eü a talent.
Molt me lo de vo biau samblant.

ce que vous dites, par saint Germain ! Écartez-vous,
ôtez votre main. Mon seigneur aura bientôt chanté la
messe : il se tiendrait pour bel et bien roulé s'il vous
trouvait dans sa chambre. Plus jamais il ne m'aime-
rait, et vous auriez causé mon malheur et ma mort. »
   Mais le boucher de lui adresser de très belles
paroles de réconfort :
   « Madame, fit-il, pour l'amour de Dieu, pitié !
Jamais je ne bougerai d'ici pour aucun homme qui
vive. Même si le doyen survenait, pour peu qu'il dît
une parole insultante ou déplacée, je le tuerais sur-
le-champ. Mais accordez-moi ce que je demande, et
faites ma volonté : je vous donnerai ma peau très lai-
neuse et une grosse somme de mon argent.
   — Sire, je n'en ferai rien, car je vous sens si vani-
teux que, dès demain, vous le crieriez sur tous les
toits.
   — Madame, dit-il, je vous le promets : aussi longtemps que je serai en vie, je ne le dirai à personne,
homme ou femme, par toutes les saintes reliques de
Rome. »
293.   Il lui fait tant de discours et tant de pro-
messes que la dame s'abandonna à lui (...). Et le boucher en profita, et quand il en eut pris tout son plaisir, il partit, sans vouloir rester davantage. Il se rendit
à l'église où le prêtre avait commencé une lecture,
accompagné de son petit clerc. Comme il entonnait
« Ordonne, Seigneur », voici le boucher dans l'église :
   « Sire, fit-il, je vous rends grâce de m'avoir hébergé
comme je le souhaitais, je me félicite de votre magni-
fique accueil.

308   Mes une chose vous demant
     Et vous pri que vous le faciez,
     Que vous ma pel achatissiez,
     Si m'auriez delivré de paine.
312   Bien i a trois livres de laine,
     Molt est bone, si m'aït Dieus !
     Trois sous vaut, vous l'aurez por deus,
     Et molt bon gré vous en saurai.
316   — Biaus ostes, et je le ferai
     Por l'amor de vous volentiers.
     Bons compains estes et entiers :
     Revenez moi veoir sovent. »
320   Sa pel meïsme cil li vent,
     Congié demande, si s'en va.
     Et la dame lors se leva,
     Qui molt ert jolie et mingnote ;
324   Si se vest d'une verde cote
     Molt bien faudee a plois rampanz.
     La dame ot escorcie ses panz
     A sa çainture par orgueil.
328   Cler et riant furent si œil.
     [...]
     Et la baissele sanz atendre
332   Vint a la pel, si la vout prendre,
     Quant la dame li desfendi :
     « Diva, fet ele, et quar me di :
     Qu'as tu de cele pel a fere ?
336   — Dame, j'en ferai mon afere :
     Je la vueil au soleil porter
     Por le cuirien fere essuer.
     — Non feras, lai le toute coie,
340   Ele pendroit trop sor la voie,
     Mes fai ce que tu as a fere.
     — Dame, dist el, je n'ai que fere :
     Je levai plus matin de vous.
344   — A foi, maugré en aiez vous !
     Vous en deüssiez bien parler !
     Trai t'en sus, lai la pel ester,
     Garde que plus la main n'i metes
348   Ne que plus ne t'en entremetes !

Mais j'ai quelque chose à vous demander et je vous
prie de me l'accorder : achetez ma peau, vous me
tirerez d'embarras. Il y a bien pour trois livres de
laine, et c'est de la bonne, Dieu m'aide ! Elle vaut
trois sous, mais vous l'aurez pour deux, et je vous en
serai infiniment reconnaissant.

— Cher hôte, je le ferai volontiers par amitié pour
vous. Vous êtes un bon compagnon, vous êtes loyal :
revenez souvent me voir. »

C'est sa peau que lui vendit le boucher. Puis, après
avoir pris congé, il s'en alla.

322.   Quant à la dame, elle se leva alors. Elle était
fort jolie et très mignonne. Elle revêtit une cotte
verte, bien plissée et munie d'une traîne ; elle en
retroussa les pans par coquetterie, en les glissant dans
sa ceinture. Elle avait des yeux vifs et rieurs. [...] La
servante, sans attendre, se dirigea vers la peau et voulut la prendre, quand la dame le lui interdit :

« Eh bien ! fit-elle, dis-moi donc : qu'as-tu à faire
de cette peau ?

— Madame, cela me regarde. Je veux la porter au
soleil pour en faire sécher le cuir.

— Non, non, laisse-la où elle est : elle encombre-
rait trop le passage. Mais fais ce que tu dois faire.

— Madame, je n'ai plus rien à faire. Je me suis
levée plus matin que vous.

— Par ma foi, va-t'en au diable ! Tu devrais sur-
veiller tes paroles. Sauve-toi, laisse la peau tranquille,
garde-toi d'y porter encore la main et de t'en occuper
davantage !

  — En non Dieu, dame, si ferai,
  Toute m'en entremeterai :
  J'en ferai comme de la moie.
352 — Dis tu donques que ele est toie ?
  — Oïl, je le di voirement.
  — Met jus la pel, va, si te pent
  Ou tu ailles en la longaingne !
356 Certes, or ai je grant engaingne
  Quant tu deviens si orguilleuse.
  Pute, ribaude, pooilleuse,
  Va tost, si vuide ma meson.
360 — Dame, vous dites desreson
  Qui por le mien me ledengiez.
  Se vous seur sainz juré l'aviez,
  S'est elle moie toute voie.
364 — Vuide l'ostel, va, si te noie !
  Je n'ai cure de ton service,
  Que tu es pautoniere et nice.
  Se mesires juré l'avoit,
368 Ceenz ne te garantiroit,
  Si t'ai je ore cueilli en hé.
  — Parmi le col ait mal dehé
  Qui james jor vous servira !
372 J'atendrai tant que il vendra
  Et puis aprés si m'en irai ;
  De vous a lui me clamerai.
  — Clameras ? Pute viex buinarde,
376 Pullente ribaude bastarde !
  — Bastarde ? Dame, or dites mal.
  Li vostre enfant sont molt loial,
  Que vous avez du prestre eüs ?
380 — Par la passïon Dieu, met jus
  La pel, ou tu le comparras !
  Miex vous vendroit estre a Arras,
  Par les sainz Dieu, voire a Coloingne ! »
384 Et la dame prent sa quenoille,
  Un cop l'en done, et ele crie :
  « Par la vertu sainte Marie,
  Mar m'i avez a tort batue !
388 La pel vous ert molt chier vendue

— Par le nom de Dieu, madame, si, je le ferai ; je lui consacrerai tous mes soins comme à quelque chose qui m'appartient.

— Dis-tu donc qu'elle est à toi ?

— Oui, je le dis, parfaitement.

— Pose-la, et va te pendre ou te jeter dans la fosse à purin ! Oui, je suis hors de moi, à te voir si orgueilleuse. Putain, saleté, pouilleuse, va-t'en et quitte ma maison.

— Madame, vous déraisonnez en m'insultant pour quelque chose qui est à moi. Quand bien même vous l'auriez juré par les saintes reliques, elle serait quand même à moi.

— Débarrasse le plancher et va te noyer. Je me fiche de tes services car tu n'es qu'une garce et une idiote. Même si messire l'avait juré, il ne te protégerait pas dans cette maison, tellement je t'ai prise en grippe.

— Que la malédiction retombe sur quiconque désormais vous servira ! J'attendrai que le maître revienne, et puis je partirai, mais je me plaindrai de vous auprès de lui.

375.   — Tu te plaindras ? Putain, sale corbeau, puanteur, salope, bâtarde !

— Bâtarde ? Madame, vous avez tort de le dire. Peut-être qu'ils sont légitimes, les enfants que vous avez eus du prêtre ?

— Par la Passion de Dieu, pose la peau, ou tu le payeras. Il serait mieux pour toi d'être à Arras, par les saints de Dieu, voire à Cologne ! »

Et la dame, s'emparant de sa quenouille, lui en frappa un coup, et la servante de crier :

« Par la puissance de sainte Marie, vous avez eu tort de me frapper injustement ! Je vous ferai payer très cher la peau

Ainçois que je muire de mort. »
Lors pleure et fet un duel si fort
A la noise et a la tençon
392   Entra le prestre en la meson.
« Qu'est-ce, dist il, qui t'a ce fet ?
— Ma dame, sire, sanz mesfet.
— Sanz mesfet ? Voir ne fu ce mie
396   Qu'ele t'a fet tel vilonie.
— Par Dieu, sire, por la pel fu,
Qui la pent encoste ce fu.
Sachiez que vous me commandastes
400   Ersoir, quant vous couchier alastes,
Que noz ostes sire Davis
Fust aaisiez a son devis,
Et je fis vo commandement,
404   Et il me dona vraiement
La pel, sor sainz le juerrai,
Que molt bien deservie l'ai. »
Li doiens ot et aperçoit
408   Aus paroles qu'ele disoit
L'avoit ses ostes enganee :
Por ce li ot sa pel donee.
S'en fu corouciés et plains d'ire,
412   Mes son pensser n'en osa dire.
« Dame, fet il, se Diex me saut,
Vous avez fet trop vilain saut :
Petit me prisiez et doutez,
416   Qui ma mesnie me batez.
— Ba, qu'ele veut ma pel avoir.
Sire, se vous saviez le voir
De la honte qu'ele m'a dite,
420   Vous l'en renderiez la merite,
Qui voz enfanz m'a reprovez.
Mauvesement vous en provez,
Qui soufrez qu'ele me ledange
424   Et honist toute par sa jangle.
Je ne sai qu'il en avendra :
Ja ma pel ne li remaindra.
428   [...]
— Vostre ? — Voire ! — Par quel reson ?

avant que je ne meure de ma belle mort. »

Elle se mit alors à pleurer et à se livrer à un chagrin si violent qu'alerté par le bruit et la dispute, le prêtre entra dans la maison.

« Qui est-ce, dit-il, qui t'a fait ça ?

— Madame, sire, sans que j'aie rien fait de mal.

— Sans que tu aies rien fait ? Vraiment, il est impossible qu'elle t'ait fait un tel affront.

— Par Dieu, sire, c'est pour la peau qui pend là-bas à côté de ce feu. Rappelez-vous que vous m'avez recommandé hier soir, en allant vous coucher, de prodiguer à notre hôte messire David toutes les aises qu'il pût désirer ; j'ai suivi vos recommandations, et il m'a donné, c'est la vérité, la peau, je le jurerai sur les saintes reliques, car je l'ai bien méritée. »

407.   Le doyen comprit, aux paroles qu'elle disait, que son hôte l'avait séduite : c'est pourquoi il l'avait payée avec la peau. Il en fut transporté de colère, mais il n'osa pas dire ce qu'il en pensait.

« Madame, fit-il, que Dieu me sauve ! vous vous êtes mise dans une bien fâcheuse situation : il faut que vous m'estimiez et me redoutiez peu pour battre mes gens.

— Mais c'est parce qu'elle veut avoir ma peau. Sire, si vous saviez la vérité sur les propos honteux qu'elle m'a tenus, vous la payeriez comme elle le mérite : elle m'a reproché vos propres enfants. Vous vous montrez bien lâche en souffrant qu'elle m'insulte et me déshonore par ses insolences. Je ne sais ce qu'il en adviendra, mais jamais ma peau ne restera en sa possession.

[...]

— Votre peau ?

— Oui, vraiment !

— Pour quelle raison ?

     — Nostre ostes jut en no meson,
     Sor ma coute, sor mes linceus,
432 Que, maugré en ait sainz Aceus,
     Si volez ore tout savoir.
     — Bele dame, or me dites voir :
     Par cele foi que me plevistes
436 Quant vous primes ceenz venistes,
     Cele pel doit ele estre vostre ?
     — Oïl, par sainte patrenostre ! »
     Et la baissele dist adonques :
440 « Biaus sire, ne le creez onques !
     Ele me fu ainçois donee.
     — Ha, pute, mal fusses tu nee !
     On vous dona la passïon
444 Alez tost hors de ma meson,
     Que male honte vous aviegne !
     — Par le saint signe de Compiegne,
     Dame, fet il, vous avez tort.
448 — Non ai, quar je le haz de mort
     Por ce qu'ele est si menterresse,
     Cele ribaude larronnesse.
     — Dame, que vous ai je emblé ?
452 — Ribaude, mon orge et mon blé,
     Mes pois, mon lart, mon pain fetiz.
     Certes, vous estes trop chetiz,
     Qui ceenz l'avez tant soufferte.
456 Sire, paiez li sa deserte,
     Por Dieu, si vous en delivrez !
     — Dame, fet il, or m'entendez :
     Par saint Denis, je vueil savoir
460 Laquele doit la pel avoir ;
     Cele pel, qui la vous dona ?
     — Nostre ostes, quant il s'en ala.
     — Vois, par les costez saint Martin,
464 Il s'en ala des hui matin
     Ainz que fust levez li solaus.
     — Diex, con vous estes desloiaus,
     Qui jurez si estoutement !
468 Ainz prist congié molt bonement
     Avant qu'il en deüst aler.

— Notre hôte a couché dans notre maison, sur mon matelas, dans mes draps, puisque, malgré saint Acheul, vous voulez tout savoir.

— Chère dame, dites-moi donc la vérité : par cette fidélité que vous m'avez jurée quand vous êtes entrée pour la première fois dans cette maison, est-ce que cette peau doit être à vous ?

— Oui, par la sainte patenôtre ! »

439.   Mais la servante de s'écrier :

« Cher seigneur, ne la croyez pas. Il me l'a donnée d'abord.

— Ah ! putain, maudite sois-tu ! On vous a donné la rage. Ouste, décampez de ma maison, et qu'une funeste honte vous accable !

— Par le saint suaire de Compiègne, madame, fit le prêtre, vous avez tort.

— Non, car je la hais à mort : elle est si menteuse, cette sale voleuse !

— Madame, que vous ai-je volé ?

— Salope, mon orge et mon blé, mes pois, mon lard, mon pain de ménage. Ah ! oui, vous êtes vraiment un pauvre type pour l'avoir si longtemps supportée dans cette maison. Sire, payez-lui son dû, par Dieu, et débarrassez-vous-en !

— Madame, dit le prêtre, écoutez-moi bien : par saint Denis, je veux savoir laquelle de vous doit avoir la peau. Cette peau, qui vous l'a donnée ?

— Notre hôte, quand il s'en alla.

— Allons donc ! Par les côtes de saint Martin, il s'en alla de bon matin, avant le lever du soleil.

— Mon Dieu, faut-il que vous soyez impie pour jurer si étourdiment ! Au contraire, il prit congé très courtoisement avant qu'il ne lui faille s'en aller.

— Fu il donques a vo lever ?
— Nenil ; adonc je me gisoie ;
472 De lui garde ne me donoie,
Quant je le vi devant m'esponde.
Il estuet que je vous desponde.
— Et que dist il au congié prendre ?
476 — Sire, trop me volez sorprendre. »
Il dist : « A Jhesu vous commant. »
Adonc s'en parti a itant,
Ainz plus ne parla ne ne dist,
480 Ne nule rien ne me requist
Qui vous tornast a vilonie.
Mes vous i chaciez boiserie.
Onques ne fui de vous creüe,
484 Et si n'avez en moi veüe,
Grace Dieu, se molt grant bien non,
Mes vous i chaciez trahison,
Si m'avez en tel prison mise
488 Dont ma char est tainte et remise.
De vostre ostel ne me remue :
Mise m'avez muer en mue !
Trop ai esté en vo dangier
492 Por vo boivre, por vo mengier.
— Ahi ! fet il, fole mauvaise,
Je t'ai norrie trop aaise.
Pres va que ne te bat et tue !
496 Je sai de voir qu'il t'a foutue.
Di moi por qoi ne crias tu ?
Il t'estuet rompre le festu.
Va, si vuide tost mon ostel,
500 Et je irai a mon autel :
Maintenant deseur jurerai
James en ton lit ne girrai. »
Par molt grant ire s'est assis,
504 Courouciez, tristes et penssis.
Quant la dame aïré le voit,
Forment li poise qu'ele avoit
Tencié ne estrivé a lui ;
508 Molt crient que ne li face anui :
En sa chambre s'en va atant.

— Il a donc assisté à votre lever ?

— Pas du tout ! J'étais encore au lit. Je ne me méfiais pas de lui quand je le vis devant le bord de mon lit. Il faut que je vous explique.

— Et que dit-il en prenant congé ?

— Sire, vous voulez à tout prix me prendre en défaut. Il dit : "Je vous recommande à Jésus !" Et il partit sans ajouter un mot, ni rien demander qui fût à votre déshonneur, mais vous, vous n'avez en tête que tromperie. Jamais vous n'avez eu confiance en moi, et pourtant vous n'avez trouvé en moi, grâce à Dieu, que du bien. Mais vous, vous n'avez en tête que trahison, et pourtant vous me tenez dans une telle prison que mon corps est tout blême et amaigri. Je ne bouge pas de votre hôtel : vous m'avez mise en cage. J'ai trop dépendu de vous pour le boire et le manger.

— Ah ! ah ! espèce de sale folle, je t'ai trop bien traitée. Pour un peu je te frapperai, je te tuerai ! Je le sais bien : il t'a baisée. Dis-moi : pourquoi n'as-tu pas crié ? Pour toi, c'est fini. Va-t'en, débarrasse le plancher. Moi, j'irai à mon autel y jurer aussitôt que jamais plus je ne coucherai en ton lit. »

503.   Sous le coup de la colère, le prêtre s'assit, en proie à de sombres et tristes réflexions. Quand la dame le vit en colère, elle regretta fort de s'être disputée et querellée avec lui. Elle eut grand peur qu'il ne lui fît des ennuis, et elle se réfugia dans sa chambre.

Et li paistres tout maintenant,
Qui ses moutons avoit contez !
512 Ersoir l'en fu li uns emblez,
Il ne set qu'il est devenuz.
Grant aleüre en est venuz,
Frotant ses hines, en meson.
516 Li prestres ert sor sa leson,
Molt corouciez et eschaufez.
« Qu'est ce ? Mal soies tu trovez !
Mauvés ribaus, dont reviens tu ?
520 Qu'est ce ? Confet samblant fez tu !
Filz a putain, vilain rubestes,
Or deüsses garder tes bestes.
Pres va ne te fier d'un baston !
524 — Sire, n'ai mie d'un mouton,
Tout le meillor de no tropé.
Je ne sai qui le m'a emblé.
— As tu donques mouton perdu ?
528 On te deüst avoir pendu :
Mauvesement les as gardez.
— Sire, fet il, or m'entendez !
Ersoir, quant en la vile entrai,
532 Un estrange homme i encontrai,
Que onques mes veü n'avoie
En champ n'en vile ne en voie.
536 [...]
Cil le m'embla, ce m'est avis.
540 — Par les sainz Dieu, ce fu Davis,
Noz ostes qui ceenz a jut.
Bien m'a engingnié et deçut,
Qui ma mesnie m'a foutue,
544 Ma pel meïsme m'a vendue.
548 [...]
De ma paste m'a fet tortel.
En connoistroies la pel ?
— Oïl, sire, foi que vous doi,
552 Bien la connoistrai se la voi :
Je l'ai eü sept anz en garde. »
Cil prent la pel, si le regarde :
Aus oreilles et a la teste

Or voici tout aussitôt le pâtre qui avait compté ses moutons : la veille au soir, on lui en avait volé un, et il ne savait pas ce qu'il était devenu. À toute allure il vint à la maison en se grattant la mâchoire. Le prêtre, assis sur son petit banc, était tout échauffé de colère.

« Qu'est-ce qui se passe ? Maudit sois-tu ! Bougre de salaud, d'où reviens-tu ? Qu'y a-t-il ? Quelle drôle de tête tu fais ! Fils de putain, sale bouseux, tu devrais être à garder tes bêtes. Pour un peu je te donnerai un coup de bâton !

— Sire, il me manque un mouton, de loin le meilleur de notre troupeau. Je ne sais qui me l'a volé.

— Tu as donc perdu un mouton ? On aurait dû te pendre : tu les as mal gardés.

— Sire, fit-il, écoutez-moi. Hier soir, en rentrant au village, j'ai rencontré un étranger que je n'avais jamais vu ni dans un champ ni au village ni sur un chemin. [...] C'est lui qui me l'a volé, si vous voulez mon avis.

— Par les saints de Dieu, c'était David, notre hôte, qui a couché ici même. Il m'a drôlement embobiné : il a tringlé mes gens, il m'a vendu la peau qui m'appartenait. [...] Avec ma pâte, il m'a fait un gâteau. Reconnaîtrais-tu la peau ?

— Oui, sire, par la foi que je vous dois. Oui, je la reconnaîtrai si je la vois. Je l'ai gardé sept années durant. »

554.   Il prit la peau et l'examina : aux oreilles et à la tête

556 Connut bien la pel de sa beste.
    « Harou, las ! dist li pasturiaus,
    Par Dieu, sire, c'est Cornuiaus,
    La beste que je plus amoie.
560 En mon tropé n'avoit si coie.
    [...]
    Mieudres de lui ne pooit estre.
564 — Venez ça, dame, dist le prestre,
    Et tu, baissele, vien avant.
    Parole a moi, je te commant ;
    Respont a moi quant je t'apel :
568 Que claimes tu en ceste pel ?
    — Sire, trestoute la pel claim,
    Dist la meschine au chapelain.
    — Et vous, que dites, bele dame ?
572 — Sire, se Diex ait part en m'ame,
    Ele doit estre par droit moie.
    — Ele n'ert ne vostre ne soie
    [...]
581 Se par jugement ne l'avez. »
    Seignor, vous qui les biens savez,
    Huistaces d'Amiens vous demande
584 Et prie par amors et mande
    Que vous faciez cest jugement
    Bien et a droit et leaument ;
    Chascuns en die son voloir
588 Liquels doit miex la pel avoir
    Ou li prestres ou la prestresse
    Ou la meschine piprenesse.

                    Explicit du Bouchier d'Abevile.

il reconnut bien la peau de sa bête.

« Ouais, hélas ! dit la pastoureau, par Dieu, sire, c'est Cornu, la bête que j'aimais le plus. Dans mon troupeau, il n'y en avait pas d'aussi tranquille. [...] Il ne pouvait exister meilleur que lui.

— Venez par ici, madame, dit le prêtre, et toi aussi, la servante, avance, viens me parler, je te l'ordonne ; réponds-moi quand je te questionne : que revendiques-tu de cette peau ?

— Sire, c'est la peau tout entière que je revendique, dit la servante au chapelain.

— Et vous, que dites-vous, belle dame ?

— Sire, aussi vrai que je demande à Dieu de prendre soin de mon âme, elle doit de plein droit être à moi.

— Elle ne sera ni à vous ni à elle [...] si vous ne l'obtenez pas par un jugement. »

Seigneurs, vous qui savez ce qui est bien, Eustache d'Amiens vous demande et vous supplie et vous sollicite de prononcer ce jugement selon le droit et l'équité. Que chacun donne son avis : qui doit de préférence avoir la peau ? Le prêtre, la prêtresse ou la friponne de servante ?

Fin du Boucher d'Abbeville.

VII. — DU PRESTRE ET DU LEU

[U]n prestre maneit en Chartein ;
S'amoit la fame a un vilein.
Le vilein, qui garde s'en prist,
4 En la voie une fosse fist
Par ou cil seut venir laienz.
Un leu vint la nuit et chiet enz,
Car la nuit estoit trop oscure.
8 Le prestre, par mesaventure,
Si con soleit est revenuz ;
Einz ne sot mot, s'est enz chaüz.
La dame, cui il anuioit
12 Du proverre qui tant tarjoit,
A se meschine dit : « Cha va
Savoir se cel sire vendra. »
La meschine est par la venue :
16 En cele fosse rest cheüe.
Li vilein par mein se leva,
Vers sa fosse droit en ala.
Ce qu'il queroit trueve, et jura
20 Que chascun son loier avra.
Le leu tua, et esboursa
Le prestre, et la garce enchaça.
A ceus avint grant meschaance,
24 Et au vilein bele chaance.
Li prestres honte li fesoit,
Li leu ses bestes estrangloit :
Chascun d'eus acheta molt chier
28 Cil son deduit, cil son mengier.

Explicit.

VII. — LE PRÊTRE ET LE LOUP

Un prêtre vivait au pays de Chartres et aimait la femme d'un vilain. Or ce dernier en eut vent, et il creusa une fosse sur le chemin par lequel celui-là avait l'habitude de venir.

Un loup survint de nuit et tomba dedans, car il faisait très sombre. Le prêtre, par malchance, vint à son tour comme à l'accoutumée : avant de s'en rendre compte, le voici tombé dedans. La dame, qui s'inquiétait du retard du prêtre, dit à sa servante : « Va donc voir si notre bon père doit venir. » La servante alla de ce côté-là : dans la fosse elle tomba elle aussi.

17.   Le vilain se leva de bon matin et se rendit tout droit où il trouva ce qu'il attendait : il jura que chacun aurait son salaire. Il tua le loup, rançonna le prêtre et chassa la fille. Ces trois-là eurent bien de la malchance et le vilain beaucoup de chance. Le prêtre le déshonorait et le loup étranglait ses bêtes : chacun d'eux paya fort cher, l'un, ses plaisirs amoureux, l'autre, sa nourriture.

Fin.

VIII. — ESTULA

Il estoient jadis dui frere
Sanz solaz de pere et de mere
Et sanz tote autre conpeignie.
4 Povretez ert molt lor amie,
En tot tans ert en lor conpeigne,
Et c'est la rien qui plus meaigne
Cez entor cui ele se tient :
8 Nus si tres grevous maus ne vient.
A escot manjoient endui
Li frere don je dire dui.
Une nuit furent molt destroit
12 De fain et de soif et de froit ;
Chascuns de cez maus sovant vient
A cez qui Povreté maintient.
Lors se pranent a porpanser
16 Comment se porroient tanser
Vers Femine qui les engoisse :
En famine a molt grant engoisse.
Uns riches hom molt asazez
20 Menoit assez pres de lor mez :
S'il fust povres, il fust des fous.
En son cortil avoit des chos
Et en son bercil des brebiz.
24 Endui se sont cele part mis.
Povretez fait maint home fol.
Li uns prant un sac a son col,
L'autres un cortel en sa main ;

VIII. — ESTULA

Il y eut jadis deux frères sans père ni mère pour les réconforter, et sans aucune autre compagnie. Pauvreté était leur grande amie, en tous temps elle était leur compagne. Or c'est ce qui mutile le plus les gens qu'elle fréquente : il n'est pas de mal plus douloureux.

Les deux frères dont j'ai à vous parler partageaient la même existence. Une nuit qu'ils étaient particulièrement en proie à la faim, à la soif et au froid — chacun de ces maux accable souvent ceux que Pauvreté tient sous sa coupe — ils se mirent à imaginer comment ils pourraient se protéger contre Famine qui les tourmentait : la famine apporte souvent de terribles tourments.

19.   Un homme riche, très à l'aise, habitait tout près de leur maison. S'il avait été pauvre, on l'aurait considéré comme fou. Dans son jardin il y avait des choux et dans sa bergerie des brebis. Tous deux se dirigèrent de ce côté-là : Pauvreté fait commettre des folies à plus d'un homme. L'un des frères mit un sac sur son cou, l'autre un couteau en sa main.

28 Par un santier saillent au plain
   El cortil, et li uns s'asiet ;
   Qui que il poist ne cui il griet,
   Des chos tranche par lo cortil.
32 L'autres se trait pres do bercil
   Por l'uis ovrir : tant fait qu'il l'ovre.
   Lors li sanble que bien vient l'ovre.
   Tastant va lo plus grax moston.
36 Mais encor adonc seoit om
   En l'ostel, si q'autres oï
   L'uis del bercil qant il l'ovri.
   Li vilains apele son fil :
40 « Va, fait il, oïr au bercil,
   S'apele Estula a maison ! »
   (Estula li chiens avoit non)
   Et li vallez cele part va
44 S'apele : « Estula ! Estula ! »
   Et cil del bercil respondi :
   « Oïl, voirement sui je ci ! »
   I [l] faisoit molt oscur et noir,
48 Si qu'il nel pot apercevoir,
   Celui qui la li responoit,
   Mais en son cuer de voir cuidoit
   Que li chiens aüst respondu.
52 N'i a plus iluec atandu,
   Mais arrieres est retornez,
   De pëor dut estre pasmez.
   « Q'as tu, biaus fiz ? ce dit li pere.
56 — Sire, foi que je doi ma mere,
   Estula parla ore a moi !
   — Qui ? Nostre chiens ? — Voire, par foi !
   Et se croire ne me volez,
60 Huchiez lo ja ! Parler l'orez ! »
   Li vilains maintenant s'an cort
   Por la mervoille ; entre en la cort,
   Si ap[ele] Estula, son chien.
64 Et cil qui ne se gardoit rien
   Respont : « Voirement sui je ça ! »
   Li prodons grant mervoille en a.
   « Biaus filz, par esperites saintes,

Par un sentier ils déboulèrent dans le jardin où l'un d'eux s'accroupit : sans se soucier de faire des mécontents, il coupa des choux à travers le potager. L'autre se dirigea vers la bergerie pour en ouvrir la porte. Parvenu à ses fins, il lui sembla que l'affaire se présentait bien. Il tâtonna en quête du mouton le plus gras.

36.   Mais on était encore à table dans la maison si bien qu'on entendit nettement la porte de la bergerie quand il l'ouvrit. Le paysan appela son fils :

« Va voir ce qui se passe dans la bergerie, et rappelle Estula. » C'était le nom du chien.

Le jeune homme alla de ce côté-là et appela : « Estula ! Estula ! »

Celui qui était dans la bergerie répondit :

« Oui, oui, je suis là. »

Il faisait nuit noire en sorte qu'il ne pouvait apercevoir celui qui lui répondait de là-bas ; mais il était tout à fait persuadé que c'était le chien qui lui avait répondu. Sans attendre une minute de plus, il revint sur ses pas : il faillit s'évanouir de peur.

« Qu'as-tu, cher fils ? lui dit le père.

— Sire, par la foi que je dois à ma mère, Estula vient de me parler.

— Qui ? Notre chien ?

— Oui, par ma foi. Et si vous ne voulez pas me croire, appelez-le, et vous l'entendrez parler. »

61.   Le paysan se précipita dans la cour pour voir la merveille. Il appela Estula son chien, et le voleur qui ne se doutait de rien répondit :

« Oui, oui, je suis ici. »

Le bonhomme en fut stupéfait :

« Cher fils, par l'Esprit saint,

68 J'ai oï avantures maintes,
    Ainz a ceste n'oï paroille.
    Va tost, si conte la mervoille
    Au preste, si l'amoine o toi,
72 Si li di qu'il aport o soi
    L'estole et l'eve beneoite. »
    Cil au plus tost qu'il pot esploite
    Tant qu'il vint a l'ostel a preste.
76 Ne demora gaires a estre,
    Ainz s'an vient au preste tot droit,
    Si li dist : « Venez orandroit
    Oïr en maison la mervoille :
80 Onques n'oïstes sa paroille !
    Prenez l'estole a vostre col. »
    Li prestes dit : « Je te cuit fol,
    Qui or me viaus la fors mener !
84 Deschaus sui, si ne puis aler. »
    Et cil respont tot sanz delai :
    « Si feroiz ! Je vos porterai. »
    Li prestes a prise s'estole
88 Et monte sans plus de parole
    Au col celui, et cil s'an va
    La voie si com il vint la,
    Qu'il voloit aler plus briement.
92 Par lo santier tot droit descent
    La o cil descendu estoient
    Qui lor vitaille querre aloient.
    Cil qui aloit les chos coillant
96 Vit lo prevoire blanchoiant,
    Si cuida ce fust son conpain
    Qui aportast aucun gaain,
    Si li demande par grant joie :
100 « Aportes rien ? — Que je devoie,
    Fait cil qui cuidoit que ce fust
    Ses peres qui parlé aüst.
    « Or tost, fait il, gitiez lo jus :
104 Mes costiaux est toz esmoluz,
    Jel fis ier modre a la forje,
    Ja avra copee la gorje. »
    Et qant li prestes l'antandi,

j'ai entendu bien des aventures, mais jamais une comme celle-ci. Dépêche-toi, raconte la merveille au prêtre, et amène-le avec toi. Dis-lui aussi d'apporter avec lui l'étole et l'eau bénite. »

Le fils ne perdit pas une minute si bien que le voici chez le prêtre :

« Venez tout de suite, lui dit-il, entendre la merveille : jamais vous n'avez entendu la pareille.

— Je pense que tu es fou pour vouloir maintenant m'emmener là-bas : je suis pieds nus, je ne puis y aller.

— Si, vous viendrez, répondit illico le garçon : je vous porterai. »

87.   Et le prêtre de prendre son étole et de monter, sans un mot de plus, sur le dos du jeune homme qui reprit le chemin qu'il avait suivi, car il voulait aller au plus court. Il descendit tout droit par le sentier qu'avaient emprunté les deux frères en quête de victuailles. Celui qui était en train de cueillir les choux aperçut la forme blanche du prêtre : il s'imagina que c'était son compère qui lui apportait du butin, et il lui demanda au comble de la joie :

« Tu apportes quelque chose ?

— Ce que je devais, fit la garçon, croyant que c'était son père qui avait parlé.

— Vite, jette-le par terre, dit l'autre. Mon couteau est frais émoulu, je l'ai fait aiguiser hier à la forge : il aura vite la gorge tranchée. »

107.   Quand le prêtre l'entendit,

108   Bien cuida q'an l'aüst traï :
      Sailliz est jus del col celui
      Qui n'en ot mie mains de lui
      Qui tot maintenant s'an foï.
112   Li prestes el santier sailli,
      Mais ses sorpeliz atacha
      A un pel, si qu'il l'i laissa,
      Qu'il n'i osa pas tant ester
116   Qu'il lo poïst del pel oster.
      Et cil qui ot les chos coilliz
      Ne fu mie mains esbaïz
      Que cil qui por lui s'an fuioient,
120   Qu'il ne savoit qui il estoient,
      Et neporqant s'i ala pandre
      Lo blanc que il vit au pel pandre,
      Si sant que c'e[s]t uns sorpeliz.
124   Et ses freres est fors sailliz
      Del bercil o tot un moston,
      Si apela son conpeignon
      Qui son sac avoit plains de chos :
128   Bien ont endui chargié les cous.
      Iluec n'osent lonc sejor faire,
      Ançois se mestent au repaire
      Vers l'ostel qui estoit bien pres[t].
132   Lors a cil mostré son conquest
      Qui gaaigna lo sorpeliz,
      S'an ont assez gabé et ris,
      Car li rires lor est randuz
136   Qui devant lor ert desfanduz.
      En petit d'ore Deus labore,
      Teus rit au main qui au soir plore.

il crut qu'on l'avait trahi. Il sauta du cou du fils qui
fut tout aussi effrayé et s'enfuit aussitôt. Le prêtre
sauta dans le sentier, mais son surplis s'accrocha à un
pieu où il le laissa, car il n'osa pas y rester assez longtemps pour le décrocher. Quant à celui qui avait
cueilli les choux, il ne fut pas moins ébahi que ceux
qui s'enfuyaient à cause de lui, car il ignorait qui ils
étaient. Néanmoins il alla prendre l'objet blanc qu'il
vit pendre au pieu ; il s'aperçut que c'était un surplis.
Cependant, son frère était sorti de la bergerie avec un
mouton, et il appela son compère dont le sac était
plein de choux. Les épaules lourdement chargées, ils
n'osèrent pas s'y attarder davantage, mais ils rega-
gnèrent leur maison qui était toute proche. Alors
celui qui avait récolté le surplis montra son butin. Ils
en plaisantèrent et rirent longuement, car ils avaient
retrouvé le rire qui, auparavant, leur était interdit.

En peu de temps Dieu fait son œuvre, et tel rit au
matin qui le soir pleure.

IX. — LE DIT DES PERDRIZ

Por ce que fabliaus dire sueil,
En lieu de fable dire vueil
Une aventure qui est vraie
4 D'un vilain qui delez sa haie
Prist deus pertris par avanture.
En l'atorner mist molt sa cure,
Sa fame les fist au feu metre.
8 Ele s'en sot bien entremetre :
Le feu a fet, la haste atorne
Et li vilains tantost s'en torne,
Por le prestre s'en va corant,
12 Mes au revenir tarda tant
Que cuites furent les pertris.
La dame a la haste jus mis
S'en pinça une peleüre,
16 Quar molt ama la lecheüre.
Quant Dieus li dona a avoir,
Ne beoit pas a grant avoir,
Mes a toz ses bons a acomplir.
20 L'une pertris cort envaïr,
Andeus les eles en menjue,
Puis est alee enmi la rue
Savoir si ses sires venoit.
24 Quant ele venir ne le voit,
Tantost arriere s'en retorne
Et le remanant tel atorne :
Mal du morsel qui remainsist !

IX. — LES PERDRIX

Puisque j'ai l'habitude de raconter des fabliaux, je veux relater, au lieu d'une fable, une aventure véridique, celle d'un paysan qui, près de sa haie, attrapa par hasard deux perdrix. Il mit tous ses soins à les préparer, et il demanda à sa femme de les faire cuire. Elle savait bien le faire : elle alluma le feu et plaça la broche, tandis que le paysan sortait aussitôt pour courir inviter le prêtre. Mais il tarda tant à revenir que les perdrix furent cuites.

14.   La dame déposa la broche et préleva un peu de peau, car elle raffolait des bonnes choses. Quand Dieu se montrait favorable, elle souhaitait non pas être très riche, mais plutôt satisfaire tous ses désirs... Elle s'attaqua à l'une des perdrix et en mangea les deux ailes ; puis elle sortit au milieu de la rue pour voir si son mari revenait. Ne le voyant pas, elle rentra aussitôt et fit subir le même sort au reste du volatile : malheur au morceau qui resterait !

28 Adonc s'apenssa et si dist
    Que l'autre encore mengera,
    Molt tres bien set qu'ele dira
    S'on li demande que devindrent :
32 Ele dira que li chat vindrent
    Quant ele les ot arrier tretes,
    Tost li orent des mains retretes
    Et chascuns la seue en porta.
36 Ainsi, ce dist, eschapera.
    Puis va en mi la rue ester
    Por son mari abeveter,
    Et quant ele nel voit venir,
40 La langue li prist a fremir
    Sus la pertris qu'ele ot lessie ;
    Ja ert toute vive enragie,
    S'encor n'en a un petitet.
44 Le col en tret tout souavet
    Si le menja par grant douçor,
    Ses dois en leche tout entor.
    « Lasse ! fet ele, que ferai ?
48 Se tout menjuë, que dirai ?
    Et comment le porrai lessier ?
    J'en ai molt tres grant desirrier.
    Or aviegne qu'avenir puet,
52 Quar toute mengier le m'estuet. »
    Tant dura cele demoree
    Que la dame fu saoulee ;
    Et li vilains ne tarda mie.
56 A l'ostel vint, en haut s'escrie :
    « Diva ! sont cuites les pertris ?
    — Sire, dist ele, ainçois va pis !
    Quar mengiés les a li chas. »
60 Li vilains saut isnel le pas,
    Seure li cort comme enragiez ;
    Ja li eüst les ieus sachiez
    Quant ele crie : « C'est gas ! c'est gas !
64 Fuiez, fet ele, Sathanas !
    Couvertes sont por tenir chaudes.
    — Ja vous chantaisse putes Laudes,
    Fet il, foi que je doi saint Ladre !

Elle se mit à réfléchir et se dit qu'elle mangerait bien l'autre. Elle savait très bien ce qu'elle répondrait si on lui demandait ce qu'elles étaient devenues ; elle répondrait que les chats étaient venus une fois qu'elle les avait retirées du feu, et qu'ils eurent tôt fait de les lui arracher des mains, chacun emportant la sienne. C'est ainsi, se dit-elle, qu'elle s'en tirerait.

37. Elle alla ensuite se planter dans la rue pour guetter son mari, et, comme elle ne le vit pas revenir, sa langue se mit à frémir à la pensée de la perdrix qu'elle avait laissée : elle deviendrait enragée si elle n'en prenait pas encore un petit morceau. Elle en détacha le cou doucettement et se délecta à le manger : elle s'en pourlécha les doigts.

« Hélas ! fit-elle, que faire ? Si je mange tout, que dirai-je ? Mais comment pourrai-je laisser le reste ? J'en ai une folle envie. Advienne donc que pourra ! il me faut la manger tout entière. »

L'attente dura si longtemps que la dame fut rassasiée. Mais le paysan ne tarda plus à revenir à la maison, et il s'écria à haute voix :

« Et alors ? Les perdrix sont-elles cuites ?

— Sire, dit-elle, quel grand malheur ! Le chat les a mangées. »

Le paysan bondit et se précipita sur elle comme un fou furieux. Il allait lui arracher les yeux quand elle cria :

« C'est une plaisanterie, oui, une plaisanterie ! Fuyez, espèce de Satan ! Je les ai couvertes pour les garder au chaud.

— Je vous aurais chanté une drôle de messe, fit-il, par la foi que je dois à saint Lazare !

68 Or ça, mon bon hanap de madre
    Et ma plus bele blanche nape
    Si l'estenderai sus ma chape
    Souz cele treille en cel praiel.
72 — Mes vous prenez votre coutel
    Qui grant mestier a d'aguisier,
    Si le fetes un pou trenchier
    A cele pierre en cele cort. »
76 Li vilains se despoille et cort,
    Le coutel tout nu en sa main.
    Atant ez vous le chapelain
    Qui leenz venoit por mengier ;
80 A la dame vint sanz targier
    Si l'acole molt doucement,
    Et cele li dist simplement :
    « Sire, dist el, fuiez ! fuiez !
84 Ja ne serai ou vous soiez
    Honiz ne malmis de vo cors.
    Mes sires est alez la fors
    Por son grant coutel aguisier
88 Et dist qu'il vous voudra trenchier
    Les coilles s'il vous puet tenir.
    — De Dieu te puist il souvenir !
    Dist li prestres, qu'est que tu dis ?
92 Nous devons mengier deus pertris
    Que tes sires prist hui matin. »
    Cele li dist : « Par saint Martin,
    Ceenz n'a pertris në oisel ;
96 De vo mengier me seroit bel
    Et moi peseroit de vo mal,
    Mes ore esgardez la aval
    Comme il aguise son coutel.
100 — Jel voi, dist il, par mon chapel !
    Je cuit bien que tu as voir dit. »
    Leenz demora molt petit,
    Ainz s'en fuï grant aleüre
104 Et cele crie : A bone eüre ;
    Venez vous en, sire Gombaut !
    — Qu'as tu ? dist il, se Dieus te saut !
    — Que j'ai ? tout a tens le savrez,

Allons, vite mon bon hanap de bois et ma plus belle
nappe blanche ! Je l'étendrai sur ma cape, là-bas sous
la treille, dans le pré.

— Mais prenez donc votre couteau qui a grand
besoin qu'on l'aiguise, et il faut l'affûter un peu, sur
cette pierre, là-bas dans la cour. »

76.   Le paysan enleva sa cape et courut, le couteau à la main. Or voici le chapelain qui venait pour
manger. Il vint tout droit à la dame et l'embrassa
avec beaucoup de douceur ; et elle se contenta de lui
dire :

« Sire, fuyez, fuyez vite ! Jamais je ne voudrai vous
voir déshonoré et mutilé. Mon mari est allé là-bas
dehors pour aiguiser son grand couteau, et il dit qu'il
veut vous trancher les couilles s'il peut vous attraper.

— Pense donc à Dieu, dit le prêtre. Qu'est-ce que
tu racontes ? Nous devons manger deux perdrix que
ton mari a prises ce matin.

— Par saint Martin, répondit-elle, il n'y a céans ni
perdrix ni oiseau. J'aurais plaisir à vous voir manger,
et je serais tout autant affligée qu'il vous arrive malheur. Mais regardez-le donc là-bas comme il aiguise
son couteau.

— Oui, je le vois, fit-il, par mon bonnet. Je crois
bien que tu as dit la vérité. »

102.   Il resta là très peu de temps et s'enfuit à
toutes jambes, tandis que la femme s'empressait de
crier :

« Venez vite, sire Gombaut !

— Qu'as-tu donc ! dit-il. Dieu te préserve !

— Ce que j'ai ? Vous le saurez bientôt.

108   Mes se tost corre ne poez,
     Perte i avrez si com je croi,
     Quar, par la foi que je vous doi,
     Li prestre en porte voz pertris. »

112   Li preudom fu toz aatis,
     Le coutel en porte en sa main
     S'en cort aprés le chapelain.
     Quant il le vit, se li escrie :

116   « Ainsi nes en porterez mie ! »
     Puis s'escrie a granz alenees :
     « Bien les en portez eschaufees !
     Ça les lerez se vous ataing !

120   Vos serïez mauvés compaing
     Se vous les mengiiez sanz moi ! »
     Li prestre esgarde derrier soi
     Et voit acorre le vilain ;

124   Quant voit le coutel en sa main,
     Mors cuide estre se il l'ataint ;
     De tost corre pas ne se faint,
     Et li vilains penssoit de corre

128   Qui les pertris cuidoit rescorre ;
     Mes li prestres de grant randon
     S'est enfermez en sa meson.
     A l'ostel li vilains retorne

132   Et lors sa fame en aresone :
     « Diva ! fet il, et quar me dis
     Comment tu perdis les pertris ? »
     Cele li dist : « Se Dieus m'aït,

136   Tantost que li prestres me vit,
     Si me pria, se tant l'amaisse,
     Que je les pertris li moustraisse,
     Quar molt volentiers les verroit,

140   Et je le menai la tout droit
     Ou je les avoie couvertes.
     Il ot tantost les mains ouvertes
     Si les prist et si s'en fuï ;

144   Mes je gueres ne le sivi,
     Ainz le vous fis molt tost savoir. »
     Cil respont : « Bien pués dire voir,
     Or le lessons a itant estre. »

Mais si vous n'êtes pas capable de courir très vite, vous y perdrez, à mon avis, car, par la foi que je vous dois, le prêtre emporte vos perdrix. »

Bouillant de fureur, le bonhomme, le couteau à la main, courut après le chapelain ; quand il l'aperçut, il lui cria :

« Vous n'allez pas les emporter ainsi. »

Puis, il ajouta, à en perdre haleine :

« Vous les emportez toutes chaudes. Mais vous les laisserez ici si je vous attrape ! Vous seriez un mauvais camarade si vous les mangiez sans moi ! »

122.   Le prêtre, regardant derrière lui, vit accourir le paysan : à la vue du couteau dans sa main, il se crut mort s'il l'attrapait. Il ne fit pas semblant de courir, tandis que le paysan ne pensait qu'à courir, tout à l'idée de reprendre les perdrix. Mais le prêtre, d'une seule traite, alla s'enfermer dans sa maison.

Le paysan revint chez lui et interrogea sa femme :

« Eh ! bien, dis-moi donc comment tu as perdu les perdrix ?

— Que Dieu m'aide ! répondit-elle. Aussitôt que le prêtre me vit, il me pria, si je l'aimais un tant soit peu, de lui montrer les perdrix, car il serait très heureux de les voir. Et je le conduisis à l'endroit où je les gardais au chaud. Ouvrant aussitôt les mains, il les attrapa et se sauva. Je ne le poursuivis pas longtemps, mais je vous avertis immédiatement.

— C'est peut-être la vérité, répliqua le mari. Pour le moment, laissons-le où il est. »

148 Ainsi fu engingniez le prestre
　　Et Gombaus qui les pertris prist.
　　Par essample cis fabliaus dist :
　　Fame est fete por decevoir,
152 Mençonge fet devenir voir
　　Et voir fet devenir mençonge.
　　Cil n'i vout metre plus d'alonge
　　Qui fist cest fablel et ces dis ;
156 Ci faut li fabliaus des pertris.

Explicit li fabliaus des pertris.

Ainsi furent embobelinés le prêtre et Gombaut qui avait attrapé les perdrix.

Ce fabliau démontre que la femme est faite pour tromper, transformant le mensonge en vérité et la vérité en mensonge. Celui qui a composé ce fabliau et ces dits n'a pas voulu l'allonger : c'est ici que se termine le fabliau des perdrix.

Fin du fabliau des perdrix.

X. — LA MALE HONTE

Hues de Cambrai conte et dist,
Qui de ceste œvre rime fist,
Qu'en l'eveschié de Cantorbile
4 Ot un Englés a une vile,
Riches hom estoit a grant force.
La mort qui toute rien esforce
Le prist un jor a son ostel.
8 Partir devoit a son chatel
Li rois qui d'Engleterre ert sire :
C'est la coustume de l'empire.
Li vilains dont je di le conte,
12 Avoit a non ou païs Honte,
De grant avoir ert assasez.
Mes ainçois qu'il fust devïez
Parti en deus pars son avoir :
16 Ce que li rois en dut avoir
Mist l'en en une seue male ;
Cil qui le vis ot taint et pale
Le charja a un sien compere,
20 Sor Dieu et sor l'ame son pere,
Que presenter l'alast au roi,
Que s'ame ne fust en esfroi.
Quant cil fu mors, il ne se targe :
24 La male prent et si l'encharge,
Dusques a Londres ne s'areste,
La ou li rois tenoit sa feste.
A mout grant paine entre en la sale :

X. — LA MAL(L)E HONTE,
par Huon de Cambrai

Huon de Cambrai, qui a rimé cette œuvre, raconte et dit que, dans l'évêché de Cantorbéry, un Anglais habitait une ville. C'était un homme extraordinairement riche. La mort, qui gouverne toute créature, le prit un jour en son hôtel. Une part de sa fortune devait revenir au roi qui régnait sur l'Angleterre : c'est la coutume du royaume. Le vilain qui est le héros de ce conte était appelé dans son pays Honte. Il disposait d'une immense richesse. Mais avant qu'il n'eût quitté la vie, il partagea en deux sa richesse : ce que le roi devait avoir, on le mit dans une de ses malles. Le visage déjà blême et livide, il chargea un compère à lui, par Dieu et par l'âme de son père, d'aller la présenter au roi, pour que son âme ne fût pas tourmentée.

23.   Une fois qu'il fut mort, son compère ne s'attarda pas : il prit la malle et s'en chargea. Aucun arrêt jusqu'à Londres où le roi donnait sa fête. Il eut beaucoup de peine à pénétrer dans la grand-salle :

28   A son col ot pendu la male
     Qui mout estoit granz et velue.
     Le roi et ses barons salue :
     « Sire, dist il, oiez mon conte :
32   Je vous aport la male Honte ;
     La male Honte recevez,
     Quar par droit avoir la devez ;
     Par saint Thomas le vrai martir,
36   Je la vous ai fet si partir
     Que je cuit que vous en aiez
     Le plus, or ne vous esmaiez. »
     Li rois s'aïre, si l'esgarde :
40   « Vilains, fet il, li maus feus t'arde
     Et Dieus te doinst mal encombrier,
     Ainz que j'aie nul destorbier !
     Doner me veus trop vilain mes,
44   Quant male honte me promés.
     Mar le penssas, par saint Climent ! »
     Vuidier li fet isnelement
     Le grant palais et la meson
48   Et puis doner sa livroison
     A deus serjanz, qui tant le batent
     Par poi qu'a terre ne l'abatent.
     Cil qui estoit pris a la trape
52   A mout grant paine s'en eschape.
     La male Honte a comparee
     Ou il avoit mainte denree,
     Maint anel d'or et mainte afiche.
56   Et li preudon tres bien s'afiche
     Et dist qu'arriere n'en ira
     De si que li rois avera
     La male Honte fet reçoivre,
60   Quar il ne veut mie deçoivre
     L'ame son compere frontel
     Qui li charja a son ostel,
     Sor Dieu et sor son comparage ;
64   Mes toz cels prie mal domage
     Qui tant li ont doné de cops
     Que tout li ont froissié les os.
     La nuit se herberge en la ville

il portait, suspendue à son cou, la malle, qui était énorme et recouverte de poils. Il salua le roi et ses barons :

« Sire, dit-il, écoutez mon histoire : je vous apporte la malle (de) Honte ; cette malle (de) Honte, recevez-la, car de plein droit, vous devez l'avoir. Par saint Thomas, le vrai martyr, je vous ai attribué la part que je crois être la meilleure, soyez sans inquiétude. »

39.   Le roi, furieux, le regarda :

« Vilain, fit-il, que le feu infernal te brûle et que Dieu t'accable de catastrophes avant que je ne subisse quelque épreuve ! Tu veux m'offrir un trop vilain plat en me promettant la male honte. Tu as tort d'y penser, par saint Clément. »

Il le fit promptement vider de la grand-salle et du palais, puis rouer de coups par deux serviteurs qui le battirent tant que pour un peu ils l'étendaient sur le sol. Notre homme, pris au piège, eut toutes les peines du monde à s'en échapper. Il a bien payé la mal(l)e (de) Honte qui contenait quantité de deniers, d'anneaux d'or et d'agrafes. Le bonhomme déclara solennellement qu'il ne repartirait pas avant que le roi n'eût accepté la mal(l)e (de) Honte, car il ne voulait pas manquer à l'âme de son compère et voisin qui lui en avait confié la charge par Dieu et son amitié de compère. Mais il souhaita bien des maux et des revers à ceux qui lui avait donné tant de coups qu'il en était tout rompu.

67.   Il passa la nuit dans la ville,

68 Cil qui ne quiert barat ne guile,
    Puis s'en vint a cort l'endemain,
    Si se commande a saint Germain.
    Aus fenestres du palais voit
72 Le roi qui entor lui avoit
    De chevaliers une grant masse ;
    Trestoute la cort s'i amasse.
    Li vilains hautement parole :
76 « Rois de Londres et de Nichole,
    Fai me escouter et si m'entent :
    La male Honte encor t'atent ;
    Je ne me vueil de ci movoir,
80 Si l'avrez fete recevoir.
    [La male Honte par raison
    Doit demourer en vo maison.
    — Oiés, seignor, ce dist li rois,
84 Con cis vilains me tient mes drois !
    Certes, vilains, trop ies hardiz
    Qui me laidenges et maudiz ;
    En t'estoutie doiz bien perdre. »
88 A deus serjans le fait aerdre
    Qui le traient fors de la court,
    Mais ains que li vilains s'en tourt,
    Li ont tieus trente cous donez
92 Dont mout a esté estonez ;
    N'iert jorz des mois qu'il ne s'en sente.
    Et li vilains mout se demente :
    « Mar vi, fait il, la male Honte,
96 Car mout en ai eü grant honte.
    Cis mauvais rois que me demande,
    Qui si laidengier me commande ?
    Or a en lui trop de malice ;
100 Mes, par saint Jaque de Galice,
    S'il ne reçoit demain la male,
    N'en orai mais parole male
    Ne plus ne l'en ferai proiiere,
104 Ains m'en retournerai arriere. »
    La nuit en la ville s'aaise,
    Mes des grans cols fu a malaise ;
    Et l'endemain se lieve au jor,

sans méditer de ruse ni de tromperie. Puis le lendemain il s'en revint à la cour, tout en se recomman-
dant à saint Germain. Aux fenêtres du palais, il vit le
roi qu'entourait une grande foule de chevaliers ;
toute la cour y était assemblée. Le vilain déclara à
voix haute :

« Roi de Londres et de Lincoln, ordonne qu'on
m'écoute et prête-moi attention : la mal(l)e (de)
Honte t'attend toujours ; je ne veux pas partir d'ici
avant que vous ne l'ayez acceptée. C'est à juste titre
que la mal(l)e (de) Honte doit demeurer dans votre
maison.

— Écoutez, seigneurs, dit le roi, comment ce
vilain me manifeste son respect ! Assurément, vilain,
tu pousses trop loin l'insolence, jusqu'à m'insulter et
à me maudire. Il est normal que ton orgueil te
perde. »

88.   Il le fit attraper par deux serviteurs qui le traî-
nèrent hors de la cour ; mais, avant que le vilain ne
leur échappât, ils lui eurent distribué une bonne tren-
taine de coups qui l'assommèrent : durant des mois,
il ne se passera pas de jour qu'il ne s'en ressente. Il
se répandit en lamentations :

« C'est pour mon malheur que j'ai vu la mal(l)e
(de) Honte, car j'en ai été couvert de honte. Ce mauvais roi, que veut-il de moi, à commander qu'on me
traite si mal ? Il est bien trop méchant. Mais, par
saint Jacques de Galice, s'il n'accepte pas la malle
demain, je ne l'entendrai plus m'insulter et je ne le
prierai pas davantage, mais je m'en retournerai. »

105.   Dans la ville, il passa une nuit confortable,
non sans souffrir des grands coups qu'il avait reçus.
Le lendemain, il se leva avec le jour,

108 Onques n'i fist plus lonc sejor.
     La male Honte a son col pent ;
     D'aler a court ne se repent.
     Des barons ert la sale plaine,
112 Et li vilains forment se painne ;
     Mes ainz que soit dedenz entrez
     A toz les barons encontrez
     Et le roi tout premierement,
116 Qui aloient communaument
     Messe escouter a un moustier.
     Et li vilains dist son mestier :
     « Je revieng, fait il, sire rois,
120 La tierce fie, c'est li drois,
     Si vous aport a bone estrine
     La male Honte », et puis l'encline,
     « Ne vœil vers vous de riens mesprendre :
124 Tost me feriés ardoir ou pendre
     Ou essillier tout mon linage.
     J'aim mieus assez en mon corage
     Que vous la male Honte aiiés
128 Que mors en fuisse ne plaiiés.]
     La male Honte vous remaingne,
     Si la partez a vo compaingne
     Et aus chevaliers de vo table.
132 — Oiez, fet li rois, del deable,
     Qu'il ne sera ja chastoiez !
     Gardez qu'il soit pris et loiez ;
     [Livrés doit estre a grant escil. »
136 De totes parz fu aers cil.]
     « Gardés, dist li rois, ne s'en aille. »
     Uns chevaliers de Cornuaille
     Le roi apela maintenant :
140 « Sire, fet il, trop malemant
     Fetes demener cel preudomme,
     Si n'avez pas oï la somme
     [De la raison ne de son dit,
144 Ne ne savez s'il a mesdit]
     Ne cuide rien vers vous mesdire.
     Lessiez li desresnier son dire :
     Se sa reson ne sa parole

et il ne s'attarda pas davantage. Il suspendit à son cou la mal(l)e (de) Honte. Il ne renonça pas à aller à la cour. La grand-salle était pleine de barons, et le vilain se donna bien de la peine. Mais, avant de pénétrer à l'intérieur, il rencontra tous les barons, et le roi tout le premier, qui s'en allaient ensemble écouter la messe dans une église. Le vilain accomplit sa mission :

« Je reviens, sire roi, dit-il, pour la troisième fois, comme il se doit, et je vous apporte en cadeau d'étrennes la mal(l)e (de) Honte. » Puis s'inclinant devant lui : « Je ne veux pas commettre de faute à votre égard : vous auriez tôt fait de me brûler ou de me pendre, ou de détruire tout mon lignage. Je préfère de beaucoup, en mon âme et conscience, que vous ayez la mal(l)e (de) Honte plutôt que je ne sois mis à mort ou couvert de plaies. Que la mal(l)e (de) Honte reste en votre possession, et partagez-la à vos compagnons et aux chevaliers de votre table.

— Écoutez-moi ce démon : il est incorrigible, fit le roi. Veillez à le prendre et à l'attacher : il mérite le pire des supplices. »

136.   De tous côtés, on se saisit de lui.

« Veillez, dit le roi, à ce qu'il ne s'en aille pas. »

Un chevalier de Cornouailles interpella aussitôt le roi :

« Sire, fit-il, c'est trop rudement que vous faites malmener ce brave homme, sans avoir entendu l'ensemble de son discours. Vous ne savez pas s'il a dit du mal de vous, ou s'il a l'intention d'en dire. Laissez-le expliquer ses propos : même si son discours et son langage

148 Est outrecuidie ne fole
       Qu'il ne sache reson moustrer,
       Lessiez li, s'il vous plest, entrer ;
       Quar n'afiert pas a roi d'empire,
152 S'uns fols se mesle de mesdire,
       Que por ce soit contralïeus,
       Ainz doit estre forment joieus.
       Par doner et par apaier
156 Fetes le vilain essaier :
       S'il set bien sa reson ouvrir
       Et sa parole descouvrir,
       Qu'il ait la chose por bien dite,
160 Si l'en rendez haute merite
       Et li amendez le mesfet
       Qu'en vostre cort li a l'en fet,
       Quar n'a pas chiere de larron. »
164 Li rois l'otroie et si baron.
       Et cil recommence son conte :
       « Sire, fet il, la male Honte
       Vous aport mout plaine d'avoir,
168 Si m'en devez bon gré savoir.
       A mout grant tort la refusastes
       Ersoir quant si vous corouçastes :
       La male Honte est granz et lee,
172 Que je vous ai ci aportee,
       Toute soit vostre, biaus douz sire ;
       Mon compere le m'a fet dire.
       [En la tere de Cantorbile
176 Mest uns vos hons a une ville ;
       Ja ne vous ert ses nons celés :
       Honte ert el paiis apelés.
       Quant il se vit au lit mortel,
180 Si me manda a son ostel]
       Por ce, biaus douz sire, que g'ere
       Et son ami et son compere.
       Partir fist son avoir par mi :
184 Vo part vous envoie par mi
       En une male qui fu siue.
       N'ai mes talent que vo cort siue ;
       Que tant m'i ont doné de cops

sont pleins d'effronterie et de sottise, au point de ne
pas montrer trace de raison, laissez-le, s'il vous plaît,
entrer, car il ne convient pas que le prince d'un
royaume, si un fou débite des sottises, se froisse de si
peu, mais il doit manifester beaucoup de joie. Par des
dons et des paroles d'apaisement, mettez le vilain à
l'épreuve : s'il sait bien expliquer son discours et
révéler le sens de ses paroles, si ses intentions sont
louables, récompensez-le à la hauteur de son mérite
et réparez les mauvais traitements qu'il a subis à
votre cour, car il n'a pas une tête de brigand. »
    164.   Le roi l'accepta, ainsi que ses barons. Et
notre homme de recommencer son histoire.
    « Sire, fit-il, la mal(l)e (de) Honte que je vous
apporte est remplie de richesses, et vous m'en devez
savoir bon gré. Vous avez eu bien grand tort de la
refuser hier soir quand vous vous êtes mis en colère.
La mal(l)e (de) Honte, que je vous ai apportée ici, est
grande et large : qu'elle soit toute à vous, mon bien
cher seigneur — mon compère m'a demandé de vous
le dire. Dans le pays de Cantorbéry, résidait dans une
ville un de vos hommes, et je ne vous cacherai pas
son nom : dans le pays on l'appelait Honte. Quand il
se vit sur son lit de mort, il me convoqua en son hôtel
pour la raison, mon très cher seigneur, que j'étais son
ami et son compère. Il me chargea de partager en
deux sa fortune : il vous envoie, par mes soins, votre
part dans une malle qu'il possédait. Je n'ai plus envie
de fréquenter votre cour : l'on m'y a tant distribué de
coups

188 Que tout m'i ont froissié les os.
    Mes toutes voies, sire rois,
    Puis que ce est resons et drois,
    Je vous rent ci la male Honte
192 Et si tenez de l'avoir conte. »
    Lors l'a de son col despendue ;
    Au roi l'a maintenant rendue.
    Sa reson li a descouverte ;
196 Et li rois a la male ouverte :
    Assez i ot or et argent.
    Li rois, voiant toute sa gent,
    La male Honte au vilain done
200 Et son mautalent li pardone.
    Et li vilains dist coiement :
    « La male praing je voirement
    A tout l'avoir qui est dedenz ;
204 Mes je pri Dieu entre mes denz
    Que male honte vous otroit,
    Si fera il, se il m'en croit,
    Autre que celi que je port,
208 Quar ledengié m'avez a tort. »
    Lors a li vilains reportee
    La male Honte en sa contree ;
    A mainte gent l'a departie,
212 Qui en orent mout grant partie.
    Mes ainz que li anz fust passez
    Ot li rois de la honte assez ;
    Sanz la male ot il trop de honte,
216 Et chascun jor li croist et monte.

               Explicit la male Honte.

que j'en ai les os tout rompus. Toutefois, messire roi, puisque c'est juste et équitable, je vous remets ici même la mal(l)e (de) Honte, et comptez-en le contenu. »

193.   Alors il la détacha de son cou et la remit aussitôt au roi. Ainsi lui expliqua-t-il ses propos. Le roi ouvrit la malle où il y avait beaucoup d'or et d'argent. Devant tous ses gens, il donna au vilain la mal(l)e (de) Honte et renonça à sa colère. Et le vilain dit tout bas :

« La malle, oui, je l'accepte, avec la fortune qui est dedans ; mais, entre mes dents, je prie Dieu qu'il vous donne la *male* honte, et il vous en donnera, s'il m'en croit, une tout autre que celle que je porte, car vous m'avez maltraité à tort. »

Alors le vilain a remporté dans son pays la malle de Honte, et en a distribué le contenu à beaucoup de gens qui en eurent une bonne partie. Mais avant que l'année fût passée, le roi fut couvert de honte : sans avoir la malle, il récolta beaucoup de honte, laquelle, chaque jour, croît et augmente.

Fin de la mal(l)e (de) Honte.

XI. — DU PRESTRE CRUCEFIÉ

Un example vueil conmencier
Qu'apris de monseigneur Rogier,
Un franc mestre de bon afere,
4 Qui bien savoit ymages fere
Et bien entaillier crucefis.
Il n'en estoit mie aprentis,
Ainz les fesoit et bel et bien.
8 Et sa fame, seur toute rien,
Avoit enamé un provoire.
Son seignor li ot fet acroire
Qu'a un marchié devoit aler,
12 Et une ymage o lui porter
Dont il avroit, ce dist, deniers ;
Et la dame bien volentiers
Li otria, et en fu lie.
16 Quant cil vit la chiere haucie,
Si se pot bien apercevoir
Qu'el le beoit a decevoir,
Si conme avoit acoustumé.
20 Lors a desus son col geté
Un crucefis par achoison,
Et se parti de la meson.
En la vile va, si demeure,
24 Et atent jusques a cele eure,
Qu'il cuida qu'il fussent ensamble.
De mautalent li cuers li tramble ;
A son ostel en est venuz,

XI. — LE PRÊTRE CRUCIFIÉ

Je veux commencer une histoire que j'ai apprise de monseigneur Roger, qui était passé maître dans l'art de sculpter des statues et de tailler des crucifix. Loin d'être un apprenti, il y excellait. Mais sa femme n'avait en tête que l'amour d'un prêtre. Son mari lui fit croire qu'il devait aller à un marché pour y porter une statue dont il tirerait, dit-il, de l'argent. La dame l'approuva bien volontiers, elle en fut toute joyeuse. À voir son visage s'éclairer, il comprit aisément qu'elle brûlait de le tromper, comme elle avait l'habitude. Pour cette raison, il chargea alors sur son cou un crucifix et il quitta la maison.

22. Il alla jusqu'à la ville où il resta pour attendre le moment où il croyait que les deux amants se retrouveraient. Le cœur frémissant de colère, il revint chez lui et,

28 Par un pertuis les a veüz :
   Assis estoient au mengier.
   Il apela, mes a dangier
   I ala l'en por l'uis ouvrir.
32 Li prestres n'ot par ou fuïr :
   « Diex ! dist li prestres, que ferai ? »
   Dist la dame : « Jel vous dirai :
   Despoilliez vous, et si alez
36 Leënz, et si vous estendez
   Avoec ces autres crucefis. »
   Ou volentiers ou a envis
   Le fist li prestres, ce sachiez.
40 Toz s'est li prestres despoilliez ;
   Entre les ymages de fust
   S'estent, ausi con s'il en fust.
   Quant li preudom ne l'a veü,
44 Erraument s'est aperceü
   Qu'alez est entre ses ymages ;
   Mes de ce fist il molt que sages,
   Qu'assez a mengié et beü
48 Par loisir, ainz qu'il soit meü.
   Quant il fu levez du mengier,
   Lors conmença a aguisier
   Son coutel a une grant kex.
52 Li preudom estoit fors et preus :
   « Dame, dist il, tost alumez
   Une chandoile, et si venez
   Leënz o moi, ou j'ai afere ! »
56 La dame ne s'osa retrere :
   Une chandoile a alumee,
   Et est o son seignor alee
   En l'ouvrëoir isnelement.
60 Et li preudom tout esraument
   Le provoire tout estendu
   Voit, si l'a bien aperçeü ;
   Voit la coille et le vit qui pent.
64 « Dame, dist il, vilainement
   Ai en ceste ymage mespris.
   J'estoie yvres, ce m'est avis,
   Quant je ceste chose i lessai.

par un trou, il les vit assis en train de manger. Il appela, mais ce fut à contrecœur qu'on alla lui ouvrir la porte. Le prêtre ne savait par où s'enfuir :

« Mon Dieu, dit le prêtre, que ferai-je ?

— Je vais vous le dire, fit la dame : déshabillez-vous et allez là-bas dans cette pièce, et étendez-vous parmi les autres crucifix. »

Bon gré mal gré, le prêtre obéit, soyez-en sûrs. Il eut tôt fait de se déshabiller et, parmi les statues de bois, il s'étendit comme s'il était l'une d'elles.

43. Le brave homme, ne le voyant pas, comprit vite qu'il s'était réfugié parmi les statues. Mais il fit preuve de beaucoup de sagesse : il mangea et but copieusement, en prenant son temps, avant de bouger. Une fois levé de table, il commença à aiguiser son couteau avec une grosse pierre. Le brave homme était fort et courageux.

« Madame, allumez vite une chandelle et venez avec moi là-bas où j'ai à faire. »

56. Elle n'osa refuser : elle alluma une chandelle et accompagna son mari dans l'atelier sans perdre une minute. Le brave homme, tout aussitôt, vit le prêtre étendu : il le reconnut parfaitement à voir les couilles et la bite qui pendait.

« J'ai fait un sale travail en sculptant cette statue. Ma foi, j'étais saoul pour y laisser ce machin.

68 Alumez, si l'amenderai. »
    Li prestres ne s'osa movoir ;
    Et ice vous di je por voir,
    Que vit et coilles li trencha,
72 Quë onques rien ne li lessa
    Quë il n'ait tout outre trenchié.
    Quant li prestres se sent blecié,
    Lors si s'en est tornez fuiant ;
76 Et li preudom demaintenant
    Si s'est escriez a hauz criz :
    « Seignor, prenez mon crucefiz
    Qui orendroit m'est eschapez ! »
80 Lors a li prestres encontrez
    Deus gars qui portent une jarle ;
    Lors li venist miex estre a Arle,
    Quar il i ot un pautonier
84 Qui en sa main tint un levier,
    Si le feri desus le col,
    Qu'il l'abati en un tai mol.
    Quant il l'ot a terre abatu,
88 Es vous le preudomme venu
    Qui l'enmena en sa meson :
    Quinze livres de raënçon
    Li fist isnelement baillier,
92 C'onques n'en i failli denier.
    Cest example nous moustre bien
    Que nus prestres por nule rien
    Ne devroit autrui fame amer,
96 N'entor li venir në aler,
    Quiconques fust en calengage,
    Qu'il n'i lest ou coille ou gage,
    Si con fist cil prestres Constans
    Qui i lessa les siens pendans.

Allumez, je vais arranger ça ! »

69.   Le prêtre n'osa pas bouger, et ce que je vous dis, c'est la vérité : il lui coupa la bite et les couilles sans rien lui laisser ; il lui coupa absolument tout. Quand le prêtre se sentit blessé, il prit la fuite, et notre brave homme, tout aussitôt, de crier à tue-tête :

« Seigneurs, arrêtez mon crucifix qui vient de m'échapper ! »

80.   Le prêtre rencontra alors deux gaillards qui portaient une cuve. Il aurait mieux valu pour lui être en Arles, car il y avait un voyou qui tenait en main un levier, et qui l'en frappa sur le cou, l'abattant dans un bourbier. Après qu'il l'eut abattu, voici que survint notre brave homme qui l'emmena dans sa maison : il lui fit payer aussitôt une rançon de quinze livres sans lui faire grâce d'un denier.

Cet exemple nous démontre qu'aucun prêtre, pour rien au monde, ne devrait aimer la femme d'autrui, ni rôder autour d'elle, quelle que soit la personne en cause, de peur d'y laisser les couilles ou un gage, comme ce fut le cas de ce prêtre Constant qui y laissa ses pendants.

Fin du prêtre crucifié.

XII. — DEL PRESTRE TAINT

Il est bien droiz que je retraie,
Puis que nus hons ne m'en deloie,
D'une aventure que je sai
4 Qu'avint en l'entree de mai
A Orliens la bone cité
Ou j'ai par meinte foiz esté.
L'aventure est et bone et bele
8 Et la rime fresche et novele,
Si con je la fis l'autre jour
A Orliens ou fui a sejour.
Tant i sejornai et tant fui
12 Que mon mantel menjai et bui
Et une cote et un sercot.
Molt i paié bien mon escot
Ne m'en doit riens demander l'oste
16 Qui volentiers nos gens acoste.
A l'entrer lor fet bele chiere,
A l'essir est d'autre maniere.
Bien set conter quant qu'il i met,
20 Neïs le sel qu'el pot remet ;
Les auz, le verjus et la leigne,
Ne let rien qu'a conter remaigne.
Einsi son escot rien ne couste.
24 Ne veil pas jusqu'a Pentecouste
Chés tel oste mon ostel prendre.
Sovent me feroit mes dras vendre.
[...]

XII. — LE PRÊTRE TEINT,
par Gautier Le Leu

Il est bien juste que je rapporte, puisque personne ne m'en empêche, une aventure que je connais, et qui arriva début mai dans la bonne cité d'Orléans où j'ai été mainte et mainte fois. L'aventure est bonne et belle, et les vers tout frais et nouveaux, étant donné que je les ai composés l'autre jour à Orléans où je fis un séjour. J'y ai séjourné et j'y ai été si longtemps que j'ai mangé et bu mon manteau, une tunique et un surcot. J'y ai très bien payé ma note, et je ne dois plus rien à l'aubergiste qui accueille volontiers les gens de notre espèce. Quand ils entrent, il leur fait de beaux sourires ; au départ, il est tout différent. Il sait bien compter tout ce qu'il offre, même le sel qu'il ajoute dans le pot ; les aulx, le verjus et le bois, il ne laisse rien qu'il oublie de compter. Ainsi son écot ne lui coûte-t-il rien. Jusqu'à la Pentecôte, je ne veux pas descendre chez un tel aubergiste. Il me ferait souvent vendre mes vêtements. [...]

28   Tel ostel a maufez conmant,
      Que james jor n'i enterrai,
      Que moi n'en chaut. Or vos diroi
      De cele aventure d'ouen,
32   Devant la feste seint Johan,
      Qu'avint en la cité d'Orliens,
      Chés un bourjois qui molt grant biens
      Fesoit un prestre son voisin.
36   Li borgeis n'eüst ja bon vin,
      Ne bon mengier dont il menjast,
      Que au prestre n'en envoiast,
      Mes li prestre molt poi prisoit
40   Quant que le borjois li fesoit :
      Miex vosist gesir o sa fame
      Qui molt estoit cortoise dame
      Et fresche et avenant et bele.
44   Le prestre chascun jor l'apele,
      De s'amour forment la requiert.
      La bone dame dist ja n'iert
      Qu'ele face a son mari tort,
48   S'el en devoit prendre la mort,
      Ne vilanie ne hontage.
      Et de ce a el cors grant rage
      Que le prestre l'en a tant dit.
52   Molt le ledenge et le maudit,
      Fors l'a geté de sa meson,
      Et si fort le fiert d'un tison
      Que pou s'en faut qu'el ne l'esfronte.
56   Li prestres o tote sa honte
      S'en vet fuiant a son ostel.
      Molt se porpense d'un et d'el,
      Par quel enging, par quel maniere,
60   Ou par avoir ou par proiere,
      Il porroit son deduit avoir
      De ce dont el le fet doloir,
      Ne por ce que l'avoit batu
64   (Tot ce ne prisë un festu
      Que la dame el chief le feri)
      Molt a de ce le cuer mari
      Que de s'amour l'a refusé.

Une telle auberge, je la voue aux diables. Je n'y entre-
rai plus jamais, je n'en ai nulle envie.

30.   Mais maintenant je veux vous raconter cette
aventure qui arriva cette année, avant la fête de saint
Jean, dans la cité d'Orléans, chez un bourgeois qui
était très généreux envers un prêtre son voisin. Le
bourgeois n'aurait jamais eu de bon vin ni de bonne
nourriture pour son repas sans en envoyer au prêtre.
Mais ce dernier faisait fi de toutes les générosités du
bourgeois : il aurait préféré coucher avec sa femme
qui était une dame fort courtoise, fraîche, gracieuse
et belle.

Chaque jour, le prêtre la sollicitait et la suppliait de
lui accorder son amour : la bonne dame lui répondait
qu'il n'arriverait jamais qu'elle fît à son mari tort,
outrage ou honte, dût-elle en mourir. Furieuse que le
prêtre lui eût tenu tous ces propos, elle le couvrit
d'injures et de malédictions, elle le mit à la porte et
le frappa si fort avec un bâton que pour un peu elle
lui brisait le front.

56.   Le prêtre, avec sa honte, s'enfuit chez lui. Il
fit le tour de la question pour savoir par quelle ruse,
par quel moyen, argent ou prière, il pourrait prendre
son plaisir de ce dont elle le tourmentait. Ce n'est pas
parce qu'elle l'avait battu (pour lui c'était sans
aucune importance qu'elle l'eût frappé à la tête) mais
ce qui lui brisait le cœur, c'est qu'elle eût refusé son
amour.

68 En li a mis tot son pensé.
    Devant son uis s'ala seoir,
    Savoir se il poïst veoir
    Ne vieille fame ne meschine
72 Cui peüst dire sa covine,
    Qui de ce li peüt edier.
    Devant le feu vit son andier,
    Si l'a rüé a la paroi.
76 Molt est le prestre en grant esfroi,
    Car nul ne set ce que il pense.
    Son corbeillon a pris par l'anse,
    Entre ses piez l'a depecié.
80 Onc mes un jor si corocié
    Ne vit nus hom celi provoire.
    Pardu a tote sa memoire,
    Sa sapïence et son savoir,
84 Quant il ne puet icele avoir,
    Qui li montre son grant orgeil.
    Lors vet seoir desus le sueil,
    Et regardë aval la rue,
88 Si a dame Hersent veüe,
    La marrugliere del mostier,
    Qui molt savoit de tel mestier.
    Il n'a el mont prestre ne moigne
92 Ne bon reclus ne bon chanoine,
    Se tant feïst qu'a li parlast,
    Que de s'angoise nel getast.
    Quant li prestres la vit venir,
96 A grant peine se pot tenir
    Que il ne l'apelast a soi.
    Lors l'a contenciee a son doi.
    Dame Hersent dont es[t] venue.
100 Li prestres de loins la salue,
    Puis dit : « Dont venez vos, conmere ?
    — Sire, d'aval ceste chariere ;
    O ma quoloigne vois filant. »
104 Li prestre dit : « J'ai grant talant
    C'un poi peüse a vos parler. »
    Lors si la prist a acoler,
    Mes il gardë aval la voie,

Elle occupait toutes ses pensées. Il alla s'asseoir devant sa porte, avec l'espoir d'apercevoir une vieille femme ou une jeune fille à qui il pourrait dévoiler ses sentiments et demander de l'aide. Voyant son landier devant le feu, il le jeta contre le mur. Il était dans tous ses états, car personne ne pouvait savoir ce qu'il avait dans le cœur. Il saisit son corbillon par l'anse et, le piétinant, il le mit en pièces. Jamais personne ne vit ce prêtre dans une telle colère. Le voici privé de sa mémoire, de sa sagesse et de son savoir, puisqu'il ne pouvait avoir celle qui lui montrait tant d'orgueil.

86.   Alors il alla s'asseoir sur le seuil et, regardant en bas de la rue, il aperçut dame Hersent, la marguillière de l'église, qui en savait long dans ce genre d'affaire. Il n'était au monde prêtre ni moine ni bon ermite ni bon chanoine qu'elle ne délivrât de sa détresse pour peu qu'on lui parlât. Quand le prêtre la vit venir, il eut grand-peine à se retenir de l'appeler : il lui fit signe du doigt. Dame Hersent s'approcha donc. Le prêtre la salua de loin et lui dit :

« D'où venez-vous, commère ?

— Sire, du bas de ce chemin où je file ma quenouille.

— Je meurs d'envie, dit le prêtre, de pouvoir vous parler un peu. »

Il se mit alors à la prendre par le cou, tout en regardant en bas de la rue,

108 Grant paour a que l'en nel voie ;
      En sa meson s'en sunt entré.
      Or a bien le prestre encontré,
      Quant celë a qui tant est sage,
112 A cui puet dire son corage.
      Lors s'en entrerent en sa chanbre.
      Adont li prestre li remembre
      Tot son anui et son co[n]trere
116 De ce dont ne puet a chief trere.
      A tant la vieille li fiance
      Que ja mar en ara doutance
      Qu'ele li aidera sanz faille.
120 Prent tost le prestre, si li baille
      Dis sous qu'il out en s'aumosniere.
      Lors se lieve la pautonniere
      Qui des deniers ot plein le poing,
124 Si li a dit : « A grant besoing
      Doit l'en bien son ami aidier. »
      Si s'an departi sans targier
      E li a congié demandé,
128 Et i[l] la conmanda a Dé ;
      Molt le prie de sa besoigne.
      La vieille gueres ne s'esloigne,
      Quant ele vint chés la bourjoise
132 Qui molt estoit preuz et courtoise.
      Quant la dame venir la voit,
      Salüé l'a, qu'el ne savoit
      Que el sa honte venist querre,
136 Ne la lessa seïr a terre,
      En un lit l'asist jouste li.
      A la vieille molt enbeli,
      Ele ne querroit autre chose,
140 Si li a dit a la parclose :
      « Dame, a vos m'estuet conseillier,
      Si ne vos devez merveillier
      Por quoi je sui a vos venue.
144 Li mieusdres [sire] vos salue,
      Qui soit en tote la cité.
      Ce sachiez vos de verité.
      — Et qui est ce ? — Sire Gerbaus

de peur qu'on ne le vît. Ils rentrèrent dans sa maison.
Quelle bonne rencontre pour le prêtre, puisqu'il était
avec cette femme si avisée à qui il pouvait ouvrir son
cœur ! Une fois qu'ils furent entrés dans sa chambre,
le prêtre lui confia qu'il était bien ennuyé et contrarié de ne pouvoir mener à bonne fin son affaire. La
vieille lui assura alors qu'il aurait tort de douter de
toute son aide. Le prêtre prit aussitôt et lui donna dix
sous qu'il avait dans sa bourse. L'entremetteuse, la
main remplie de deniers, se leva en lui disant :

« C'est dans un grand besoin qu'on doit bien aider
son ami. »

126.   Elle partit sans tarder après avoir pris congé.
Le prêtre la recommanda à Dieu et la pressa de
s'occuper de son affaire. La vieille ne s'était pas beaucoup éloignée quand elle arriva chez la bourgeoise
qui était très honnête et courtoise. La dame, la
voyant s'approcher, la salua, car elle ne savait pas que
l'autre venait pour la déshonorer. Sans la laisser
s'asseoir par terre, elle l'installa sur le lit à côté d'elle,
pour la plus grande joie de la vieille qui ne cherchait
rien d'autre et qui finit par lui dire :

« Madame, j'ai à m'entretenir avec vous, et vous ne
devez pas vous étonner que je sois venue vous voir :
le meilleur seigneur de toute la cité vous salue.
Sachez que c'est la stricte vérité.

— Et qui est-ce ?

— Sire Gerbaut,

148 Qui est por vos et liez et baus.
      Par moi vos mande drüerie,
      Prie vos que soiez s'amie. »
      Quant la dame ot tot escouté
152 Ce que Hersent li ot conté,
      Lors li a dit une parrole :
      « Dame Hersent, de vostre escole
      Ne veu ge mië encore estre.
156 Ja de ce ne seroiz mon mestre,
      Que je por vos face hontage.
      Se l'en nel tenist a hontage,
      Je vos donasse de mon poing
160 [...]
      Ou de ma paume ou d'un baston.
      — Dame, ce ne seroit pas bon.
      [...]
164 Il n'a bourjoise en tot Orliens
      Qui par moi son ami ne face. »
      Lors li done delés la face
      La bourjoise deus molt grans cous,
168 Et dit : « Dahez eit vostre cous,
      Quant vos ceanz venistes hui !
      Por poi que ne vos faz anui,
      Qui que le deüst amender. »
172 Hersent, sans congié demander,
      Est de la meson fors issue,
      De honte palist et tresue.
      Clamer s'en vet a son proverre :
176 Dite li a tote la voire,
      Conme la dame l'a menee ;
      Et quant Hersent se fu clamee,
      Le prestre ne fu mie a ese.
180 A Hersent dit qu'ele se tese,
      Que bien la cuidera vengier
      Et sans ferir et sanz touchier.
      Lors li afie et dit et jure
184 Que por iceste bateüre
      La dame esconmenïera ;
      Ja autrement n'en partira.
      A tant a Hersent congié pris.

que votre personne enflamme de joie et d'amour. Par mon entremise, il vous déclare son amour et vous prie d'être son amie. »

151.   Quand la dame eut écouté tout le discours d'Hersent, elle lui répondit en ces termes :

« Dame Hersent, je ne tiens pas à être votre élève. Jamais en ce domaine vous ne serez mon maître au point que, à cause de vous, je me déshonore. Si on ne le jugeait pas déshonorant, je vous donnerais (un bon coup) de mon poing, ou de ma paume, ou d'un bâton.

— Madame, ce ne serait pas malin. [...] Il n'y a pas, dans tout Orléans, de bourgeoise qui ne choisisse son ami par mon entremise. »

Alors la bourgeoise lui donna deux coups très violents à travers le visage et lui dit :

« Maudite soit votre personne pour être venue dans cette maison aujourd'hui ! Pour un peu je vous ferai des ennuis, et peu importent les conséquences ! »

172.   Hersent, sans demander congé, sortit de la maison, pâle de honte et suant à grosses gouttes. Elle alla se plaindre à son prêtre ; elle lui raconta sans rien cacher comment la dame l'avait traitée. Les plaintes d'Hersent ne remplirent pas le prêtre de joie. Il lui dit de se taire, car il saura bel et bien la venger sans avoir besoin de frapper ni même la toucher. Il lui promit, certifia et jura que, pour ces coups, il excommunierait la dame et que jamais elle ne s'en tirerait autrement.

Sur ce, Hersent prit congé.

188 Le prestrë est de rage espris,
    Si s'en vet tot droit a l'eglise
    Conme por fere son servise.
    L'esquele prent parmi la corde,
192 Et aprés l'autre s'i acorde,
    Et puis les sonnë une et une
    Tant que le pueplë i aüne.
    Quant venu sunt li parrochien,
196 Et cil de pres et cil de loing,
    Sire Picon l'ententuriers
    Et sa fame vint de detriers.
    Quant li prestre les a veüz,
200 De meintenant est conmeüz,
    Si lor a dit, voiant la gent :
    « Certes, moi n'est ne beau ne gent
    Que vos entrez en cest moustier.
204 Tant con je face mon mestier,
    Esconmenïez devez estre.
    — Dites moi dont por quoi, dant prestre,
    Dites le moi, savoir le veil.
208 — Vostre fame fist grant orgeil,
    Qui bati ier ma marregliere,
    Entre [li] et sa chanberiere.
    Clamee s'en est orendroit.
212 Se vos volez fere le droit
    De la hontë et du tort fet
    Que vostre fame li a fet,
    Ele le prendra volentiers.
216 — Or chantez dont endementiers,
    Car il vos sera amendez
    Le forfet que vos demandez. »
    Quant ot le prestre la promesse,
220 Inelement chante sa messe,
    Ne fist pas longue demoree.
    Puis la bourjoise a apelee
    Et la marregliere ensement,
224 Si en a fet l'acordement.
    Chascun s'en vet a sa meson.
    Dant Picons enquiert l'acheson
    A sa fame, qu'ele li die,

Le prêtre, enflammé de rage, s'en alla tout droit à l'église comme pour y célébrer l'office. Il prit la cloche par la corde, il lui accorda ensuite l'autre et il les sonna l'une après l'autre si bien que le peuple s'y réunit. Une fois venus les paroissiens, les uns de près et les autres de loin, survint maître Picon le teinturier, et, après lui, sa femme. À leur vue, le prêtre fut transporté de fureur et il leur dit devant tout le monde :

« Assurément, il ne me paraît ni bon ni convenable que vous entriez dans cette église : aussi longtemps que j'exercerai mon ministère, vous devez être excommunié.

— Dites-moi donc pourquoi, mon bon père, dites-le-moi, je veux le savoir !

— Votre femme a poussé l'audace jusqu'à battre hier ma marguillière, avec l'aide de sa servante. La victime est venue porter plainte. Si vous voulez réparer la honte et le tort que votre femme lui a faits, elle l'acceptera volontiers.

— Chantez donc maintenant la messe, car on vous dédommagera de la faute comme vous le demandez. »

219.   Quand le prêtre eut entendu la promesse, il se dépêcha de chanter sa messe, sans y passer beaucoup de temps. Puis il appela la bourgeoise ainsi que la marguillière, et il les réconcilia. Chacun retourna chez soi. Maître Picon s'enquit de l'affaire auprès de sa femme : qu'elle lui dise,

228 Et sanz mençonge et sans boisdie,
    Por que la clamour a esté ;
    Savoir en veut la verité.
    Cele respont : « Tost vos diré,
232 Ja de riens ne vos mentiré,
    Por quoi a esté la clamours. »
    Li prestre l'apeloit d'amours,
    « Si m'envoia sa pautonniere,
236 Ce sachiez vos de grant maniere,
    Qui de folie me requist.
    Tiex soudees [que] ele quist,
    Li rendi, car bien li dui rendre. »
240 Dant Picon, qui bien sot entendre
    Que sa fame a reson et droit,
    Dist que molt forment li pesoit
    Qu'el ne l'ot miex forment batue.
244 « Se li prestres plus vos argüe,
    Dites que vos ferez son bon,
    Mes largement vos doint du son,
    Et que il vos face savoir
248 Le jor que il voudra avoir
    De vos tote sa volenté. »
    Lors a la dame creanté
    Qu'ele fera sanz contredit
252 Tot ce que son mari li dit.
    A tant de sa meson depart,
    Et li prestre de l'autre part,
    Qui aloit chés sa marregliere,
256 Si l'encontra en la chariere.
    Quant la vit, salüee l'a
    Et tot enroment l'apela
    De ce dont il l'avoit requise.
260 La dame a dit : « Vostre servise
    Ferai tot, mes que miex m'en soit. »
    Le prestre qu'a el ne pensoit,
    Et qui por s'amour estoit ivres.
264 Li promet a doner dix livres.
    La dame respont : « C'est asez
    [...]
    — Car nos asemblon mein a mein.
268 — Ne puet estre jusqu'a demein,

sans mentir ni ruser, la raison de la plainte ; il veut
en savoir la vérité. Elle répondit :

« Je vais vous dire, sans mentir en rien du tout, la
raison de cette plainte. Comme le prêtre me sollicitait de son amour, il m'envoya son entremetteuse,
soyez-en sûr et certain, et elle m'incita à faire des
folies. Le salaire qu'elle demandait, je le lui ai bien
payé, car c'était mon devoir de le faire. »

240.   Maître Picon, comprenant que la raison et
le droit étaient du côté de sa femme, dit qu'il regrettait fort qu'elle ne l'eût pas plus rudement battue.

« Si le prêtre vous harcèle encore, dites que vous
ferez sa volonté, mais qu'il soit très généreux et qu'il
vous fasse savoir le jour où il voudra prendre tout son
plaisir de vous. »

La dame promit alors de faire sans rechigner tout
ce que son mari lui disait. Elle sortit de chez elle et,
comme le prêtre, de son côté, se rendait chez sa marguillière, il la rencontra en chemin. À sa vue, il la
salua et, tout aussitôt, il l'entreprit sur ce qu'il lui
avait demandé. La dame lui répondit :

« Je me mettrai entièrement à votre service, pourvu
que j'en tire un profit. »

262.   Le prêtre, qui n'avait que cela en tête et qui
était enivré d'amour pour elle, promit de lui donner
dix livres.

« C'est assez, fit la dame. [...]
— Retrouvons-nous donc tout de suite !
— Impossible avant demain

Que misire ira a la feire,
Et se vos ne me volez croire,
Bien i poez venir anuit.
272 — Diex, fet li prestre, ceste nuit,
Quant vendra ? Qu'a venir demore !
Je ne quit ja voer cele ore
Que je vos tiegne entre mes braz.
276 Meinte foiz par nuit vos enbraz,
Ce m'est avis, en mon dormant. »
La dame molt cortoisement
A du provoire pris congié.
280 Li prestre dit : « Quant iré gié ?
— Sire, demein aprés la mese,
Et si m'aportez ma pramese,
Ou autrement n'i venez pas ! »
284 De li se part inelepas,
Si est en sa meson entree ;
Et ses mariz l'a encontree,
Si li demande dont el vient.
288 « Sire, fet el, ne vos sovient
De sire Gerbaut le proverre ?
Dite m'a tote son afere,
Conme son afere a enpris.
292 Se vos volez, demein iert pris
Dant Gerbaut le prestre çaiens. »
De ces moz fu Picons joianz,
Quant set que li prestres vendra.
296 « Dame, fet il, il convendra,
Se bien le volez enginier,
Fetes un baing por li baignier
Et un bon mengier atorner,
300 Et je lors m'irai destorner
La defors parmi cel vergier.
Quant je savrai que le mengier
Sera bien et bel atornez,
304 Je vendré autresi delez,
Con de ce se rien n'en savoie,
Et vos l'amenez tote voie
En la cuvë entrer inel. »
308 A tant tenirent lor consoil.

où mon mari ira à la foire. Mais, si vous ne voulez pas me croire, vous pouvez bien y venir cette nuit.

— Mon Dieu, dit le prêtre, cette nuit... Quand viendra-t-elle ? Ce qu'elle tarde à venir ! Je ne pense jamais voir ce moment où je vous tiendrai dans mes bras. Mainte et mainte fois je vous prends dans mes bras la nuit dans mon sommeil, me semble-t-il. »

La dame, fort courtoisement, prit congé du prêtre qui lui dit :

« Quand viendrai-je ?

— Sire, demain après la messe, et apportez-moi ce que vous m'avez promis, ou autrement ne venez pas ! »

284.   Elle le quitta sur-le-champ et rentra chez elle où elle rencontra son mari qui lui demanda d'où elle venait.

« Sire, répondit-elle, vous ne vous souvenez pas de sire Gerbaut le prêtre ? Il m'a exposé son affaire et comment il compte la mener. Si vous le voulez, demain on prendra au piège ici même maître Gerbaut le prêtre. »

Ces propos remplirent de joie Picon quand il sut que le prêtre viendrait.

« Madame, fit-il, il vous faudra, si vous voulez bien le tromper, préparer un bain pour le baigner et apprêter un bon repas. Quant à moi, j'irai alors faire un tour dehors, là-bas, dans le verger. Dès que je penserai que le repas sera bel et bien préparé, je m'approcherai comme si je n'étais au courant de rien, et vous, tout de suite, amenez-le à se précipiter dans la cuve. »

308.   Sur ce, ils mirent fin à leur entretien.

Einsi fu l'uevre conpassee,
Et quant cele nuit fu passee,
Sire Picons s'est destornez.
312 Touz ses serjanz a apelez,
Si les a touz menez o soi,
Onc ne lor vot dire por quoi.
Le prestre qui est angoisous
316 Et de la dame corajous,
Ne fu pereceus ne laniers.
Dis livres prist de ses deniers
Que il avoit des ier nonbrez,
320 Si ne fu pas si enconbrez
Qu'i ne preïst une oue crase.
Tot meintenant la voie pase,
Si s'en entre chez la bourjoise.
324 A la dame gueres n'en poise :
Les deniers prent a bele chiere,
Puis a dit a sa chanberiere :
« Va, fet ele, si clo la porte,
328 Et si pren l'oe quë il porte. »
La chanberiere meintenant
A fet tot son conmandemant.
La porte ferme, l'oe a prise,
332 Que li prestres avoit ocise ;
Plumee l'a et enhastee.
Et la dame s'est molt hastee
Du baing chaufer et du feu fere.
336 Et li prestres ne tarja guere(s),
Deschauciez s'est et despoilliez ;
El baing qui fu apareilliez,
Voiant la dame, s'en saut nu.
340 A tant est dant Picons venu
A sa porte qui fermee iere ;
Puis apela sa chanberiere
Si haut que tuit l'ont entendu.
344 La chanberiere a respondu :
« Sire, je vois ! », et endementre
Le prestre saut du baing et entre
En autre cuve qui fu pleine
348 De teint de brasil et de greine,

Ainsi préparèrent-ils l'entreprise et, cette nuit-là passée, sire Picon s'en alla. Il appela tous ses serviteurs et les emmena tous avec lui : à aucun moment il ne voulut leur dire pourquoi.

Le prêtre, tout impatient et brûlant pour la dame, ne fut pas paresseux ni indolent. Il prit sur ses deniers dix livres qu'il avait comptées dès la veille, et il n'était pas si chargé qu'il n'emportât une oie grasse. Tout aussitôt il parcourut le chemin et entra chez la bourgeoise. Laquelle n'en fut guère fâchée : elle prit les deniers avec un beau sourire, puis elle dit à sa servante :

« Va, ferme la porte et prends l'oie qu'il apporte. »

329.   Et la servante d'exécuter aussitôt tous ses ordres : elle ferma la porte, prit l'oie que le prêtre avait tuée, la pluma et la mit sur la broche. La dame, elle, se dépêcha de chauffer le bain et de faire du feu. Quant au prêtre, sans guère tarder, il se déchaussa et se déshabilla ; dans le bain qui avait été préparé, il sauta nu, sous les yeux de la dame. C'est alors que maître Picon se présenta devant sa porte fermée. Il appela sa servante si haut que tous l'entendirent. « Seigneur, j'arrive », répondit-elle, tandis que le prêtre bondissait hors du bain et entrait dans une autre cuve, pleine de teinture de brésil et de cochenille,

Ou la dame le fist saillir.
Bien sera teint, n'i puet faillir,
Enceis qu'il ise de la cuve !
352 Or est li prestres en estuve,
Que la dame l'a bien covert.
La chanberiere a l'us overt,
A son seignor dit : « Bien veigniez !
356 Vos n'este[s] gueres engigniez,
Se vos estes ça retornez.
Le mengier est bien apretez,
S'il fust qui la sause feïst. »
360 De ce dant Picons s'esjoïst,
Qui est venuz a sa bone eure.
Le mortier prent, plus n'i demeure,
La sausse apareille et atourne.
364 Et la dame plus n'i sejourne :
Sus la table la nape a mise.
La danzele qui entremise
Si ot de la feste grant joie,
368 Dist au seignor que leu cele oie,
Qu'i la depiest, que tote est quite.
Cil la depiece sanz grant luite.
Tuit se sunt asis au mengier.
372 Dant Picons, qui se volt vengier,
[...]
De son proverre li sovient ;
« Alon garder ou est le teint,
376 Se mon crucefiz est bien teint,
Que l'en le m'a hui demandé.
Alon le trere, de par Dé !
Dansele, fetes cler le feu,
380 Si le metton en plus haut leu. »
Quant la parolle entent li prestre,
Dedenz le teint plunge sa teste,
Por ce que ne fust conneü.
384 A tant Picon s'est esmeü.
Vers sa cuve s'en est alez,
Sa fame et ses serjanz delez,
Qui le covercle sus leverent.
388 Le prestre estendu i troverent

où la dame le fit sauter. Il sera bien teint, c'est sûr,
avant de sortir de la cuve ! Voici donc le prêtre dans
l'étuve que la dame avait bien couverte. La servante
ouvrit la porte et dit à son maître :

« Soyez le bienvenu ! Vous avez eu du flair en revenant ici : le repas est tout prêt, il manque seulement
quelqu'un pour préparer la sauce. »

360.   Maître Picon se réjouit d'être venu au bon
moment. Il prit le mortier sans plus tarder, et prépara
et lia la sauce. De son côté, la dame ne perdit pas de
temps pour mettre la nappe sur la table. La servante,
qui se faisait une grande joie de la fête, dit au maître
de prendre et de découper l'oie, car elle était cuite à
point. Il n'eut aucune peine à le faire. Tous se mirent
à table. Maître Picon, qui voulait se venger, se souvint de son prêtre :

« Allons voir où en est la teinture, si mon crucifix
est bien teint, celui qu'on m'a commandé
aujourd'hui. Allons le retirer par le nom de Dieu. Ma
petite, ravivez le feu et plaçons-le un peu plus haut. »

381.   Quand le prêtre entendit ces paroles, il
plongea la tête dans la teinture de peur d'être
reconnu. Alors Picon s'avança et s'en alla vers sa
cuve, accompagné de sa femme et de ses serviteurs
qui soulevèrent le couvercle. Ils y trouvèrent le prêtre
étendu,

En tel maniere con s'il fust
Ouvré en pierrë ou en fust.
Par piez, par cuises et par braz
392 Lors le pranent de totes pars,
Sus le lievent plus d'une toise.
« Diex, fet dant Picons, con il poise !
Ne vi crucefiz tant pesast. »
396 Se le prestre parler osast,
I li deïst une reprouche,
Mes il tant a close la bouche
Qu'il n'en ist ne son ni aleine.
400 Fors l'en ont tret a molt grant peine.
Or oiez ja grant aventure :
Il est si pris en la teinture
Qu'il est plus teint et plus vermeil
404 Qu'au matinet n'est le soleil
Au jor quant il doit plus roier.
[...]
Onc nel semondrent de mengier,
408 Einz l'asitrent lés le foier,
Apoié l'ont, ce n'est pas fable,
Puis revont soër a la table,
Si se rasitrent au mengier,
412 Et reconmencent a mengier.
Li prestre fu et gros et cras,
Le chief tenoit un poi en bas,
N'ot vestu chemise ne braie.
416 Le cler feu, qui vers son dos raie,
Li fet son baudoïn drecier.
Or n'ot en li que corecier !
La dame o un oil le regarde,
420 Et dant Picons s'en est pris garde.
Sa mesnee vot fere rire,
A sa fame conmence a dire :
« Dame, fet il, je vos afi
424 Que mes tel crucefiz ne vi
Qui eüst ne coille ne vit,
Ne je ne autre mes nel vit. »
La dame dit : « Vos dites voir.
428 Cil n'ot mie trop grant savoir,

comme s'il avait été fabriqué en pierre ou en bois.
Par les pieds, par les cuisses et par les bras, ils le
prirent de tous les côtés et le soulevèrent de plus
d'une toise.

« Dieu, fit maître Picon, comme il est lourd ! Je
n'ai jamais vu de crucifix aussi pesant. »

Si le prêtre avait osé parler, il aurait riposté, mais il
avait la bouche si bien fermée qu'il n'en sortit ni son
ni souffle. On eut toutes les peines du monde à le
tirer de la cuve.

401.   Maintenant écoutez une drôle d'aventure. Il
était tellement imprégné de teinture qu'il était plus
coloré et plus vermeil que le soleil au petit matin du
jour où il doit le plus briller. Sans l'inviter à manger,
ils l'installèrent à côté du foyer et ils le calèrent — je
ne raconte pas d'histoires ! Puis ils revinrent se
mettre à table, ils se rassirent et recommencèrent à
manger.

Le prêtre était gros et gras, il baissait un peu la
tête, il ne portait ni chemise ni braies. Le feu clair qui
lui chauffait le dos lui fit dresser son outil. Jugez de
son embarras ! La dame le regarda du coin de l'œil,
et maître Picon le remarqua. Voulant faire rire ses
gens, il s'adressa à sa femme :

« Madame, fit-il, je vous assure que je n'ai jamais
vu un crucifix de ce genre, avec des couilles et une
pine. Ni personne ni moi n'en avons jamais vu.

— C'est la vérité, dit la dame. Il n'était pas très
malin, celui

Qui le tailla en tel maniere.
Je cuit qu'il est crevez derriere,
I l'a plus granz que vus n'avez
432 Et plus gros, que bien le savez. »
Lors a dans Picons apelee
Sa danzele qui fu senee :
« Va, fet il, detrés cele porte,
436 Ma trenchant coignïe m'aporte,
Si li couperé cele coille
Et cel vit qui trop bas pendoille. »
La danzele, qui bien sot l'uevre,
440 Vint a la porte, tote l'uevre.
Quant ele queroit la coignie,
Li prestre a la coille enpoignie,
Et vet fuiant aval la rue ;
444 Et dant Picons aprés li hue.
Sailli s'en est en son ostel.
Dant Picons ne demandoit el
Mes que du prestre fust vengié.
446 Or est de li bien estrangié.

Explicit.

qui le tailla de cette manière. Je crois qu'il a un trou par-derrière. Il l'a plus grande que vous, et plus grosse, c'est évident. »

433.   Alors maître Picon appela sa servante qui était une fine mouche :

« Va derrière cette porte, fit-il, et apporte-moi ma cognée tranchante : je lui couperai ces couilles et cette pine qui pendouille trop bas. »

La servante, qui avait compris, vint ouvrir toute grande la porte. Pendant qu'elle cherchait la cognée, le prêtre empoigna ses couilles et s'enfuit en descendant la rue. Et maître Picon de le poursuivre de ses huées. Le prêtre se précipita chez lui.

Maître Picon ne demandait rien d'autre que d'être vengé du prêtre. Il est maintenant bien débarrassé de lui.

Fin.

XIII. — DU SEGRETAIN MOINE

D'un moigne vos dirai la vie :
Segrestein fu d'une abeïe,
Si aama une bourgeise
4 Qui mout iert vaillant et cortoise ;
Idoine ot non, et son seignor
Dant Guillaume le changeor.
Idoine fu bien enseignie,
8 Simple, cortoise et afetie,
Et Guillaume sot bien changier ;
Mout s'entremist de gaaignier.
Il n'iert mie tavernerez,
12 Ses ostiex estoit beax et nez ;
La huche au pein n'iert pas fermee,
A touz estoit abandonnee.
S'un lechierres li demandast
16 Du sien, volentiers l'en donnast.
Riche gent furent a merveille.
Mes deables, qui tor joz veille,
S'entremist tant d'eus enginier
20 Que i les fist apovrïer.
A Guillaume estut enprunter :
Ne pot plus au change arester.
A la foire ala a Provinz
24 Et si i porta .iiii. vinz
Livres de bons provenoisiens.
Aprés s'en revint par Amiens,
Dras achatoit, si s'en venoit.

XIII. — LE MOINE SACRISTAIN

Je vais vous dire la vie d'un moine qui était sacristain d'une abbaye et qui aimait tendrement une bourgeoise très vaillante et courtoise. Elle s'appelait Idoine et son mari maître Guillaume le banquier. Idoine était bien élevée, modeste, courtoise et fine ; Guillaume était habile dans son métier. Tout appliqué à faire des bénéfices, il ne fréquentait pas les tavernes, et sa demeure était belle et bien entretenue. Sa huche à pain n'était pas fermée, mais elle était ouverte à tous. S'il était arrivé qu'un noceur lui demandât de son bien, il lui en aurait donné volontiers. Ils étaient extraordinairement riches, mais le diable, qui ne dort jamais, entreprit si fort de les tromper qu'il les fit tomber dans la pauvreté. Guillaume fut contraint d'emprunter : il ne put plus rester derrière sa table de change. Il alla à la foire de Provins où il porta quatre-vingts livres en monnaie de la ville ; puis, revenant par Amiens, il acheta des étoffes et il s'en retourna.

28 Por ce que bon marchié avoit,
   Fesoit Guillaume mout grant joie.
   Mes larrons guetoient la voie,
   Et le trespas et le chemin.
32 Venuz s'en erent si voisin,
   Et il remest .ii. jors aprés
   Por ce que il menoit grant fés.
   Mes n'orent pas grantment erré
36 Quant en la forest sunt entré,
   Iluec ou li laron estoient,
   Qui les marchaans desroboient.
   Quant Guillaume virent venir
40 De totes pars le vont saisir,
   Jus le trebuchent du cheval.
   Ne li firent point autre mal
   Mes qu'il li tolent sa coroie.
44 Puis ont veü en mi la voie
   Son serjant qui aprés venoit
   Et qui le sommier amenoit.
   Li mau larron seure li queurent,
48 A lor costeaus tot le deveurent.
   Quant Guillaume le vit morir
   A pié s'en commence a fuïr.
   Guillaume s'en fuï a pié.
52 Or n'a il gueres gaaignié,
   Car cil qui baillié li avoient
   Lor avoir, que ravoir devoient
   Quant il revendroit de la foire,
56 Dient : « Ci a mavés afere.
   Qu'avez vos fet de nostre argent ?
   Rendez le nos delivrement. »
   Guillaume dit a ses voisins :
60 « Seignor, j'ai encor. ii. molins
   Qui de farine muelent mout.
   Or ne soiez pas si estout,
   Prenez les, en pés me lessiez
64 Tant que me soie porchaciez. »
   I lor livra, et cil s'en vont,
   Car tuit a lor gré paié sunt,
   Et il remest avec sa fame,

Comme il avait fait de bonnes affaires, il rayonnait de
joie. Mais des brigands étaient aux aguets sur la
route, le passage et le chemin. Ses voisins l'avaient
quitté, et Guillaume était resté en arrière, à deux
journées, parce qu'il transportait un gros chargement. Ils n'avaient pas beaucoup marché quand ils
entrèrent dans la forêt où se tenaient les brigands qui
détroussaient les marchands. Quand ils virent venir
Guillaume, ils se précipitèrent sur lui de tous côtés et
le renversèrent de son cheval, sans lui faire d'autre
mal que de lui arracher sa bourse. Puis ils aperçurent
sur le chemin son serviteur qui le suivait et condui-
sait la bête de somme. Les mauvais brigands l'atta-
quèrent et le criblèrent de coups de couteau. Quand
Guillaume le vit agoniser, il se prit à s'enfuir à pied.
    51.   Il s'enfuit donc à pied sans avoir fait beau-
coup de bénéfice, car ses créanciers, qu'il devait rem-
bourser à son retour de la foire, lui dirent :
    « C'est une mauvaise affaire. Qu'avez-vous fait de
notre argent ? Rendez-le-nous sur-le-champ. »
    Guillaume répondit à ses voisins :
    « Messieurs, j'ai encore deux moulins qui pro-
duisent beaucoup de farine. Ne soyez donc pas si
arrogants. Prenez-les et laissez-moi en paix jusqu'à ce
que j'aie recouvré ma fortune. »
    Il les leur remit, et les autres s'en allèrent, car ils
avaient été remboursés à leur gré, tandis que lui resta
avec sa femme

68   Qui mout estoit cortoise dame.
     Belement l'avoit aresnie
     Por ce qu'i la vit corocie :
     « Idoine, fet il, bele amie,
72   Por Dieu, ne vos esmaiez mie :
     Se nostre Sire a consentu
     Que j'aie mon avoir perdu,
     Encor est il la ou il seut ;
76   Il nos edera bien s'il veut. »
     Ele respont : « Certes, beau sire,
     Si m'aït Diex, ne sai que dire.
     Mout me poise de vostre perte,
80   Et mout a fet male deserte
     Li serjant qui en est ocis.
     Mes moi ne chaut quant estes vis,
     Car perte puet l'en recovrer,
84   Mes mort ne puet nul restorer. »
     Icele nuit furent einsi.
     A l'endemein, devant midi,
     Ala Idoine a l'abaïe
88   Proer le fiuz seinte Marie
     De qui l'iglise estoit fondee,
     Une chandele out alumee,
     Que Damlediex la conseillast,
92   A son seignor gaïn donast.
     Desus l'autel mist la chandele,
     De ses eulz, qui semblent estoile,
     Plora et de son cuer soupire
96   Que s'oraison ne li lut dire.
     Li sougrestein l'a escoutee,
     Qui longuement l'avoit amee.
     Il vint avant, si la salue :
100 « Dame, bien soiez vos venue,
     Dist li moignes, et bien trovee ! »
     Cele ne fu pas enpruntee,
     Einz tert ses euz, si li respont :
104 « Sire, dist el, Diex bien vos dont !
     — Bien, dame ? dist le segresteins,
     Je ne demant ne plus ne meins
     De bien avoir fors c'avec moi

qui était une dame fort courtoise. Il lui tint ce beau
discours, en la voyant affligée :

« Idoine, fit-il, ma chère amie, par Dieu, ne vous
inquiétez pas. Si Notre-Seigneur a permis que je
perde mes richesses, il est toujours là où il a coutume
d'être ; il nous aidera bien s'il le veut.

— Oui, cher seigneur, répondit-elle, que Dieu
m'aide ! Je ne sais que dire. Je suis accablée par votre
perte, et on a bien mal récompensé le serviteur qui a
été tué dans l'affaire. Mais cela ne m'affecte pas vraiment puisque vous êtes vivant, car, si l'on peut
recouvrer une perte, on ne peut ressusciter un mort. »

85.   Cette nuit-là se passa ainsi. Le lendemain,
avant midi, Idoine alla à l'abbaye prier le fils de sainte
Marie en l'honneur de qui l'église avait été bâtie. Elle
alluma un cierge pour que Notre-Seigneur Dieu lui
vînt en aide et permît à son mari de faire du profit.
Elle mit le cierge sur l'autel. De ses yeux qui ressem-
blaient à des étoiles, elle pleurait et, du fond du cœur,
elle soupirait si fort qu'elle fut incapable de dire sa
prière. Le sacristain, qui l'aimait depuis longtemps,
l'écouta. Il s'avança et la salua :

« Madame, dit-il, soyez la bienvenue et la bien
rencontrée ! »

Celle-ci ne fut pas embarrassée, mais elle essuya
ses yeux et lui répondit :

« Sire, que Dieu vous donne du bien !

— Du bien, madame ? dit le sacristain. Je ne
demande ni plus ni moins, en fait de bien, que de
vous tenir

108   Vos tenisse en .i. [leu] requoi.
      Adonques avroie achevé
      Ce que lonc tens ai desiré.
      Je sui de ceanz tresorier,
112   Si vos donré mout bon loier :
      Vos avrez .c. livres du mien,
      Dont vos porrez vivre mout bien
      Et aquiter d'une partie.
116   J'ai bien vostre compleinte oïe. »
      Idoine ot .c. livres nommer,
      Commença soi a porpenser
      Savoir se les prendroit ou non,
120   Car en .c. livres a beau don.
      Mes ele amoit de grant amour
      Dant Guillaume le changeour.
      Puis dist a soi me[ï]sme en bas :
124   « Sanz congié nes prendré ge pas. »
      Le moine autre foiz l'aresonne :
      « Dame, fet il, par nostre gonne,
      Je ai de vos mout grant pitié,
128   Longuement m'avez travaillié :
      Bien a .iii. anz que je vos aim.
      Certes, ainz n'atocha ma mein
      A vos, mes or i touchera. »
132   Lors l'acole, si la besa,
      Du besier li a force fete.
      Idoine s'est ariere trete,
      Et dist : « Beau sire, en cest moustier
136   Ne deüsiez pas dornoier.
      Je m'en irai a ma meson,
      S'en parlerai a mon baron
      Et l'en demanderé conseil.
140   — Dame, dist il, mout me merveil
      S'a li conseil en querïez. »
      Dist ele : « Ne vos esmaiez :
      L'en fet asez por gaagnier.
144   Mon seignor cuit si losengier
      Que je feré vostre proiere. »
      Dont tret le moine une aumosniere.
      .X. sols i ot, et puis li tent.

avec moi en un lieu discret. J'aurais alors réalisé ce que j'ai désiré depuis longtemps. Je suis le trésorier de cette demeure, et je vous donnerai une très bonne récompense : vous aurez cent livres de mon bien dont vous pourrez vivre largement et acquitter une partie de votre dette : j'ai bien entendu votre plainte. »

117.   Idoine, quand elle entendit parler de cent livres, commença à s'interroger pour savoir si elle les prendrait ou non : cent livres représentaient un beau cadeau, mais elle aimait d'un amour véritable maître Guillaume le banquier. Puis elle se dit tout bas à elle-même :

« Sans sa permission je ne les prendrai pas. »

Le moine lui adressa de nouveau la parole :

« Madame, fit-il, je le dis par notre habit de moine, j'éprouve pour vous beaucoup de pitié. Pendant longtemps vous m'avez tourmenté. Il y a bien trois ans que je vous aime. Assurément, jamais je ne vous ai touchée de ma main, mais maintenant je le ferai. »

Alors il la prit dans ses bras et l'embrassa ; il l'a embrassée de force. Idoine se recula.

« Cher seigneur, dit-elle, vous ne devriez pas courtiser une femme dans cette église. Je retournerai chez moi, et j'en parlerai à mon mari : je lui en demanderai conseil.

— Madame, fit-il, je suis vraiment surpris que vous lui en demandiez conseil.

— Ne vous inquiétez pas, répondit-elle. Que ne fait-on pas pour de l'argent ! Je pense si bien flatter mon mari que j'accéderai à votre prière. »

147.   Et le moine de tirer une bourse : il y avait dix sous qu'il lui tendit

148 Idoine volentiers les prent,
     A Deu la commande, et el lui.
     Einsi departirent andui.
     Idoine vint a son ostel,
152 Ou il n'avoit ne pein ne sel,
     Que Poverté les destreignoit,
     Et la perte que fet avoit
     Sire Guillaume en la forest.
156 Ele parla, et il se test.
     « Sire, dist ele, entendez moi,
     Tel conseil vos dirai, ce croi,
     Dont vos serez riche clamé,
160 Ja ne verrez .ii. anz passé.
     — Dame, dist il, en quel maniere ? »
     Dont tret Idoine l'aumoniere
     Que li moigne li ot donnee,
164 Hastivement l'a desfermee ;
     Les deniers prist qu'il y trouva :
     .X. sols i ot, bien les conta,
     Et puis dist a Guillaume : « Sire,
168 Por Deu, nel tenez pas a ire
     Se je vos di ma priveté. »
     De chief en chief li a conté
     Comment li moigne la pria
172 El moustier quant il la trova,
     Et com .c. livres li promist.
     Guillaume l'entent, si s'en rist
     Et dist que por tot le tresor
176 Ostevïen et Nabugor
     Ne souferroit il c'ome nez
     Fust de li charnelment privez.
     Il vodroit miex querre son pein
180 Et par terre morir de fein.
     Quant Idoine l'a entendu
     Mout belement a respondu :
     « Sire, fet ele, qui seüst
184 Enging querre que l'en peüst
     Le sougrestein si decevoir
     C'on peüst les deniers avoir,
     Il m'est avis ce seroit bien.

et qu'Idoine prit volontiers. Il la recommanda à Dieu
et elle lui. C'est ainsi qu'ils se séparèrent. Idoine vint
à son hôtel où il n'y avait ni pain ni sel, car Pauvreté
les accablait, à cause de la perte que messire Guillaume avait subie dans la forêt. Elle lui parla tandis
qu'il se taisait :

« Sire, écoutez-moi. Je vais vous donner un conseil
qui, je crois, vous vaudra la réputation d'être riche
avant deux ans.

— Madame, répondit-il, de quelle manière ? »

Idoine tira l'aumônière que le moine lui avait donnée, et qu'il s'empressa d'ouvrir. Il y prit les deniers
qu'elle contenait : il y avait dix sous, et il les compta
un à un. Puis elle dit à Guillaume :

« Sire, par Dieu, ne vous fâchez pas si je vous dis
mon secret. »

170.   De bout en bout, elle lui a raconté comment
le moine l'avait priée à l'église quand il l'avait
rencontrée, et comment il lui avait promis cent livres.
Quand Guillaume l'entendit, il sourit et affirma que,
pour tout le trésor d'Octovien et de Nabuchodonosor, il ne souffrirait pas qu'un homme couchât
avec elle : il préférerait mendier son pain et mourir de
faim sur le sol. Quand Idoine l'eut entendu, elle lui
fit une réponse fort habile :

« Sire, fit-elle, si l'on pouvait trouver une ruse qui
permît de tromper le sacristain si bien qu'on pût
prendre les deniers, je pense que ce serait une bonne
solution :

188 Il ne s'en clameroit por rien,
    Ne a prior ne a abé. »
    Il respont : « N'avez pas gabé.
    Ce vodroie je volentiers
192 Que nos eüson les deniers
    Par covent qu'il n'en eüst mie
    A vos charnelment compaignie.
    Il s'en feroit bon entremetre :
196 Quel conseil i porrons nos metre ?
    — Sire, dist el, je l'i metrai.
    Or escoutez que je dirai.
    G'irai au moustier le matin,
200 Droit a l'autel de seint Martin
    M'irai soër et arester.
    Se puis au segrestein parler,
    Je li dirai que o moi vieigne
204 Et que le couvenant me tiegne
    Qu'il me pramist (i le tendra,
    Bien sai volentiers i vendra).
    Et aport o soi la coroie
208 Trestote pleine de monnoie.
    — Dame, fet il, or i parra.
    Maloest soit qui s'en faudra !
    — Voire, fet ele, de ma part.
212 — Dame, dist il, il est mout tart.
    Dés or deüson bien penser
    Que nos mengeron a souper.
    — Sire, dist el, vos avez droit.
216 Alez acheter orendroit
    Tel vïande con vos plera. »
    Tantost les .x. sols li bailla.
    Guillaume est as estaus alez,
220 Pein et char acheta assez,
    Puis s'en revint a sa meson.
    Idoine apela .i. garçon,
    Qu'el avoit envoié au vin
224 Et au poivre et au commin ;
    Li meïsmes fist la savour ;
    Et puis sunt asis par amour.
    Il menjuent priveement,

pour rien au monde, il ne se plaindrait ni au prieur ni à l'abbé.

— Ce n'est donc pas une plaisanterie, répondit-il. J'accepterais volontiers que nous eussions les deniers, à la condition qu'il ne couchât pas avec vous. Il serait bon de s'en occuper. Quel plan pourrons-nous trouver ?

— Sire, fit-elle, je le trouverai. Écoutez donc ce que je dirai. J'irai à l'église dès le matin ; tout droit à l'autel de saint Martin j'irai m'asseoir et m'attarder. Si je puis parler au sacristain, je lui dirai de venir avec moi et de me tenir la promesse qu'il m'a faite : il la tiendra. Je sais bien qu'il viendra volontiers, sans oublier d'apporter avec lui la bourse toute pleine de monnaie.

— Madame, dit-il, on verra bien. Maudit soit celui qui s'y dérobera !

— Oui, vraiment, dit-elle, en ce qui me concerne.

— Madame, dit-il, il est bien tard. Il serait temps pour nous de réfléchir à ce que nous mangerons au souper.

— Sire, c'est juste. Allez acheter maintenant la nourriture qui vous plaira. »

218.   Elle lui donna aussitôt les dix sous et Guillaume se rendit chez les marchands où il acheta du pain et de la viande à profusion, puis il revint à sa maison. Idoine appela un serviteur qu'elle avait envoyé chercher du vin, du poivre et du cumin. Elle-même prépara la sauce. Ensuite, ils s'assirent, pleins de tendresse, et mangèrent en tête à tête

228   Eus et li garchon seulement.
     Quant orent mengié et beü,
     Puis se coucherent quant tens fu,
     Et beserent et acolerent.
232   Onques cele nuit ne parlerent
     De povreté ne de mesese,
     Qu'il sunt braz a braz mout a ese.
     Au matin, quant il ajorna,
236   Idoine se vest et chauça.
     Quant ele fu apareilliee,
     Bien afulee et bien lïee
     D'une bele guimple de soie,
240   Droit au moustier a pris sa voie.
     Mes ençois qu'el i fust entre[e]
     Estoit ja la messe chantee,
     Et du moutier la gent issoient
244   Qui la messe escouté avoient,
     Et Idoine passa avant.
     Droit a seint Martin meintenant
     S'est arestee pour orer.
248   Le moigne vint abooster,
     Pour savoir quant ele vendroit.
     Mout par fu liez quant i la voit.
     Il vint avant, si li a dit :
252   « Mout me grieve vostre respit.
     Or me direz vostre corage,
     Car por vos ai el cors la rage
     Que je ne bui ne ne menjai
256   Des ier matin qu'a vos parlai. »
     El respont : « Ne vos esmaiez,
     Mes tot asseür en soiez,
     Car enquenuit dedenz mon lit
260   Ferez de moi vostre delit,
     Se vos me tenez covenant. »
     Li moigne respont meintenant :
     « Dame, dist il, n'en doutez plus
264   Que .c. livres n'i port ou plus.
     Bien est reson que ges i port,
     Car se de vos ai le deport,
     Je ne quier riens plus ne demant,

avec seulement leur serviteur. Une fois qu'ils eurent mangé et bu, ils se couchèrent le moment venu ; ils s'embrassèrent et s'étreignirent. À aucun moment de cette nuit-là, ils ne parlèrent de pauvreté ni de difficultés, tant ils avaient d'aise dans les bras l'un de l'autre.

Le matin, au lever du jour, Idoine se vêtit et se chaussa. Quand elle fut préparée, bien habillée et bien coiffée d'une belle guimpe de soie, elle se mit en route en direction de l'église ; mais avant qu'elle ne fût entrée, la messe était déjà chantée et les gens sortaient après avoir écouté l'office. Idoine s'avança et tout aussitôt s'arrêta devant saint Martin pour le prier. Le moine vint jeter un coup d'œil pour savoir quand elle viendrait. À sa vue, il fut au comble de la joie. Il vint vers elle :

« Je suis affligé, dit-il, du délai que vous m'imposez. Dites-moi donc vos intentions, car à cause de vous j'ai la rage au corps : je n'ai pas bu ni mangé depuis hier matin que je vous ai parlé.

— Ne vous tourmentez pas, répondit-elle, mais soyez tout à fait rassuré, car cette nuit, dans mon lit, vous pourrez prendre votre plaisir avec moi, si vous me tenez votre promesse.

— Madame, répondit aussitôt le moine, ne doutez plus que je n'y apporte cent livres ou plus. Il est bien normal que je les apporte car, si j'obtiens mon plaisir de vous, je ne cherche ni ne demande rien de plus,

268　Foi que doi Deu omnipotant. »
　　　De ses deniers asez li baille
　　　Por acheter de la vitaille ;
　　　Puis prent congié, si s'en repere.
272　Et cil pense de son afere
　　　De cerchier boites et aumoires,
　　　Et les escrins as saintuaires,
　　　Ou la gent ont l'ofrende mise
276　Qui orent oï le servise.
　　　Une coroie en a enplie,
　　　Et de ce ne menti il mie
　　　Que bien .c. livres n'i eüst ;
280　Et se encor en i peüst,
　　　Encore en i eüst il mis.
　　　Mout a grant joie li chaitis
　　　Encontre sa male aventure.
284　Idoine plus ne s'aseüre
　　　Qu'ele n'apareut a mengier.
　　　Guillaume menja tot premier,
　　　Qui en son lit s'ala couchier
288　Por le moigne desbareter,
　　　Et porte en sa mein .i. gibet
　　　Qu'il ot enprunté .i. vallet.
　　　Quant li moigne de l'abeïe
292　Orent chanté et dit complie,
　　　El dortor s'alerent couchier.
　　　Li moigne remest el moustier.
　　　Sachiez qu'il ne se coucha mie,
296　Einz li remembre de s'amie.
　　　Dont s'en issi priveement
　　　Par .i. postiz tot coiement.
　　　Droit a l'ostel Guillaume vet,
300　Ou il avoit basti son plet.
　　　Il vint a l'us, si apela,
　　　Et Idoine li desferma,
　　　Puis le referma aprés lui.
304　Or sunt en la meson andui,
　　　Et Guillaumes el lit se jut ;
　　　Et li moignes menja et but
　　　Priveement avec sa drue

par la foi que je dois à Dieu le tout-puissant. »

269.   De ses deniers il lui donna une bonne quantité pour acheter de la nourriture ; puis il prit congé
et s'en retourna. Il se préoccupa de visiter les boîtes
et les armoires ainsi que les écrins des reliquaires où
les gens avaient déposé leur offrande après avoir
entendu le service religieux. Il en remplit une bourse.
Il n'avait pas menti car il y eut bien cent livres, et si
elle avait pu en contenir davantage, il en aurait mis
encore plus. Le malheureux était tout joyeux de marcher vers son infortune.

Idoine ne tarda plus à préparer à manger. Guillaume mangea d'abord avant d'aller coucher dans
son lit pour tromper le moine, emportant dans sa
main un bâton qu'il avait emprunté à un serviteur.

291.   Quand les moines de l'abbaye eurent chanté
et dit les complies, ils allèrent se coucher au dortoir.
Le sacristain resta dans l'église. Sachez qu'il ne se
coucha pas, mais il pensait à son amie. Par une porte
dérobée, il sortit en catimini. Il alla tout droit à
l'hôtel de Guillaume où il avait placé ses espoirs.
Venu à la porte, il appela et Idoine lui ouvrit, puis
elle la referma sur lui. Les voici tous deux dans la
maison, tandis que Guillaume était couché dans le
lit. Le moine mangea et but en tête à tête avec sa
bienaimée

308 Qui mout li sera chier vendue.
    Ele li dist : « Beaus douz amis,
    Ou est ce que m'avez pramis ? »
    Le moigne li respont : « Tenez
312 Ceste coroie et la gardez :
    Il i a .c. livres mout bien,
    Je n'en mentiroie por rien. »
    Idoine les va estuier,
316 Puis a veü les le foier
    Les clés que cil i ot ruees,
    Desus le banc les ot gitees.
    Idoine fu et bele et gente,
320 Sa beauté le moigne tormente.
    Il se leva, croitre la volt
    Dejouste le foier en roust,
    Quant ele dit : « Por Deu, merci !
324 Ambedui serion honi,
    Que je crien que la gent nos voie
    Qui trespassent par mi la voie.
    En cele chambre me mettez,
328 La si ferez vos volentez. »
    Quant li moignes l'ot, si se lieve,
    Et sachiez bien que mout li grieve
    Qu'ele le va si deleant.
332 En la chambre entre meintenant,
    Desor .i. lit la giete enverse.
    Guillaume saut a la traverse
    Et li dist : « Moigne, par seint Pol,
336 Sachiez que je vos tieng por fol
    Qui ma fame honir volez.
    Mout seroie maleürez
    Se ainsi le vos consentoie ;
340 Ja puis Damledeu ne le voie
    Qui ja le vos consentira ! »
    Le moigne l'ot, si se leva,
    Prendre le volt, mes cil li done
344 Tel coup du gibet qu'i l'estone.
    Et quant i l'ot si estoné
    Guillaume a son coup recovré,
    Et le refiert el haterel

qu'il payera au prix fort.

« Bien cher ami, lui dit-elle, où est ce que vous m'avez promis ?

— Tenez cette bourse, lui répondit le moine, et gardez-la : elle contient ses cent livres, sans mentir. »

315.   Elle alla les ranger, puis elle vit près du foyer les clés qu'il y avait lancées et jetées sur le banc. Idoine était belle et gracieuse, et sa beauté excitait le moine qui se leva avec l'intention de la prendre à côté du feu du foyer lorsqu'elle s'écria :

« Par Dieu, je vous en prie. Nous serions tous les deux couverts de honte, car je crains que nous ne soyons vus par les gens qui passent dans la rue. Emportez-moi dans cette chambre, et là-bas vous ferez ce que vous voulez. »

Quand le moine l'entendit, il se leva, et sachez qu'il était exaspéré qu'elle le fît tant attendre. Il entra aussitôt dans la chambre et il la renversa sur un lit. Guillaume se mit en travers :

« Moine, lui dit-il, par saint Paul, oui, je vous tiens pour fou de vouloir déshonorer ma femme. Je serais vraiment un misérable si je vous le permettais : que jamais Notre-Seigneur ne regarde celui qui vous le permettra ! »

342.   Le moine, en l'entendant, se leva et voulut le saisir, mais l'autre lui donna un tel coup de bâton qu'il l'étourdit, après quoi, redoublant son coup, il le frappa de nouveau sur la nuque si fort

348 Si qu'il li espant le cervel,
     Et li moigne chaï a tant.
     Isi va fol sa mort querant.
     Quant Idoine le vit morir,
352 Du cuer a jeté .i. soupir :
     « Lasse, chetive, fet Idoine,
     Car fuse je en Babiloine,
     Doulereuse, maleüree !
356 Mar fuse je de mere nee,
     Quant por moi est basti tel plet !
     Guillaume, pour qu'as tu ce fet ?
     — Dame, dist il, je le doutoie
360 Por ce que si grant le veoie,
     Que il ne me preïst as braz.
     Amïez vos dont son soulaz
     Entre vos jambes a sentir ?
364 Or n'i a mes que du fuïr
     Et d'aler en estrange terre,
     Si loinz c'on ne nos sache ou querre.
     — Sire, dist el, nos ne poon,
368 Si vos dirai par quel reson :
     Les portes du bourc sunt fermees,
     Et les gaites en haut montees. »
     Cele pleure, Guillaume pense,
372 Mout remeint de ce que fol pense.
     Quant Guillaume ot .i. poi pensé,
     Son chief drece, si a parlé,
     Et dit : « Idoine, bele amie,
376 Par ou vint il de l'abeïe ?
     — Sire, dist el, par le postiz
     Qui est devers le roilleïz :
     Je vi or les clés sor le banc. »
380 Guillaume a pris .i. drapel blanc,
     S'a au moigne le chief bendé,
     Et puis l'a a son col levé.
     A tot le moigne s'en torna,
384 Et dame Idoine aprés ala :
     Qui li deüst couper la gueule,
     Ne remeinsist ilueques seule,
     Einz s'asist sor une fenestre.

qu'il fit gicler sa cervelle. Le moine s'écroula. C'est ainsi que le fou recherche sa mort. Quand Idoine le vit trépasser, elle soupira du fond du cœur :

« Malheureuse que je suis, fit-elle, plût au ciel que je fusse à Babylone ! Pauvre misérable, quel malheur que je sois née, puisque je suis la cause de cette aventure ! Guillaume, pourquoi as-tu fait cela ?

— Madame, dit-il, je craignais, à le voir si grand, qu'il ne me saisît par les bras. Aimiez-vous donc le sentir prendre son plaisir entre vos jambes ? Maintenant, il ne nous reste plus qu'à fuir et à aller à l'étranger, si loin qu'on ne sache pas où nous chercher.

— Sire, dit-elle, c'est impossible, et je vous dirai pourquoi : les portes du bourg sont fermées, et les veilleurs montés sur les murailles. »

371.   Elle pleurait tandis que Guillaume réfléchissait. Il ne reste pas grand-chose des pensées d'un fou. Quand Guillaume eut un peu réfléchi, il redressa la tête et parla :

« Idoine, ma belle amie, par où est-il venu de l'abbaye ?

— Sire, dit-elle, par la petite porte du côté de la palissade. Je viens de voir les clés sur le banc. »

Guillaume prit un drap blanc dont il banda la tête du moine, puis il le chargea sur son cou. Avec le moine il s'éloigna, suivi de dame Idoine qui, dût-on lui couper le cou, ne serait pas restée ici toute seule ; mais elle s'assit dans l'embrasure d'une fenêtre.

388 De ce fu Guillaume bon mestre
     Qu'il est droit au postiz venuz
     Par ou li moignes fu issuz ;
     I le mist jus, puis desferma
392 Le postiz, puis le recharja.
     Guillaumes entre en .i. sentier
     Par ou li moigne vont pissier,
     Tout droit a la chambre s'en entre
396 Ou l'en garist du mal du ventre,
     Puis l'asist au premier pertus,
     Et puis a regardé vers l'us ;
     .i. fes de fein i vit gesir
400 De quoi li moigne au departir
     De la chambre terdent lor reins.
     Guillaume ne fu pas vileins :
     .i. torchon fist, si li bouta
404 Dedenz son poing, puis s'en torna
     Par mi le funz d'une viez rue.
     Tel poor a que tot tressue.
     Idoine sa fame a trovee,
408 Qui forment est espoentee.
     Andui en lor ostel entrerent
     Et durement se conforterent,
     Bien cuident estre delivré
412 Du moigne qu'il orent tué.
     Li moigne siet geule baee
     Qui ot reçu male colee,
     Et li autre sunt en dortour.
416 En .i. lit lés le refretour
     Jut le priour de l'abeïe.
     Trop ot mengié, si ne pot mie
     Plus demorer que il n'alast
420 En aucun leu ou se vuidast.
     A tant en la chambre en entra,
     Au premier pertus qu'il trova
     S'est aresté por lui vuidier.
424 Lors se commence a escourcier,
     Son chief drece, si a veü
     Le sougrestein qui tué fu,
     Qui ne movoit ne pié ne mein.

Fort habilement, Guillaume vint droit à la porte par laquelle le moine était sorti. Il le déposa, ouvrit la porte, puis le rechargea. Il prit un sentier par où les moines allaient pisser et entra directement dans la pièce où l'on soulage son mal de ventre. Il l'assit sur la première lunette, puis, regardant vers la porte, vit un fagot de foin dont les moines, en quittant la pièce, se torchaient le derrière. Guillaume ne fut pas grossier : il en fit un bouchon qu'il lui fourra dans le poing, et il s'en retourna par le fond d'une vieille rue. Il avait si peur qu'il était tout en sueur. Il retrouva sa femme au comble de l'épouvante. Ils rentrèrent tous deux dans leur maison et s'abandonnèrent à la joie, persuadés d'être débarrassés du moine qu'ils avaient tué.

413. Tandis que le moine était assis, la gueule ouverte pour avoir reçu un mauvais coup, les autres étaient dans le dortoir et, dans un lit près du réfectoire, dormait le prieur de l'abbaye. Comme il avait trop mangé, il ne put se retenir davantage d'aller en un lieu où il se viderait. Il entra alors dans la pièce et, à la première lunette qu'il trouva, il s'arrêta pour se vider. Il commença à se retrousser et, redressant la tête, il vit le sacristain qui avait été tué, et qui ne remuait ni pied ni main.

428 « Ahi, dist il, com est vilein
       Li sougrestein qui ci se dort !
       S'i le compere, n'est pas tort,
       Demein quant seron en chapistre.
432 S'il eüst failli a l'ipistre,
       N'eüst il mie plus mesfet. »
       Por esveillier signe li fet :
       « Dant sougrestein, dist li priour,
436 Miex vos venist or en dortour
       Dormir que en ceste longaigne.
       Honie soit vostre gaaigne
       Qui si vos a grant honte fete !
440 Ençois me fust la cuise frete
       Et le cors ars en .i. chaut feu
       Que je dormise en si vil lieu ! »
       Quant il ot fet ce que il quist,
444 Par le sougrestein vient, si dist :
       « Dant sougrestein, esveilliez vos. »
       Et cil qui fu morz a estrous
       Si est chaü tot a travers
448 Seur l'es de la privee envers.
       Quant li prïeur chaer le vit :
       « Qu'est ce, por le seint Esperit ?
       Fet il, est dont cest moigne mort ?
452 Or avoie ge mout grant tort
       Quant je de lui m'entremetoie ;
       Mar venisse je hui ceste voie !
       Diex, com me porrai conseillier ?
456 Il tença mout a moi l'autre ier
       Et je a lui, c'est verité :
       Or dira l'en devant l'abé
       Qu'en trahison l'avrai murdri. »
460 Touz fu li prïeur esbahi,
       Porpensa soi, ne set que fere,
       Comment en porroit a chief trere.
       Dont dist que il le porteroit
464 Dedenz le bourc et le leroit
       A l'us a aucune bourjoise,
       La plus bele, la plus courtoise
       Qui soit en tot le tenement,

« Pouah ! dit-il, comme il est répugnant, le sacristain qui dort ici ! S'il le paie demain au chapitre, ce n'est pas à tort. S'il avait manqué l'épître, il n'aurait pas commis faute plus grave. »

434.   Pour le réveiller, il lui fit signe :

« Maître sacristain, dit le prieur, il eût mieux valu pour vous dormir dans le dortoir que dans ces latrines. Maudit soit votre butin qui vous a causé une si grande honte ! J'aimerais mieux avoir la cuisse brisée et le corps brûlé sur un bûcher plutôt que de dormir en un lieu si dégoûtant ! »

Quand il eut fait ce qu'il voulait, il vint du côté du sacristain et lui dit :

« Maître sacristain, réveillez-vous ! »

Et celui qui était bel et bien mort tomba à la renverse en travers de la planche de la fosse. Quand le prieur le vit tomber,

« Qu'est-ce que c'est, par le Saint Esprit ? fit-il. Ce moine est-il donc mort ? J'ai eu grand tort de m'occuper de lui. Quel malheur que d'être venu aujourd'hui par ici ! Mon Dieu, comment pourrai-je m'en sortir ? Il s'est violemment querellé avec moi l'autre jour, et moi avec lui : c'est vrai. Maintenant on va dire devant l'abbé que je l'ai tué par traîtrise. »

460.   Le prieur était désemparé. Il se mit à réfléchir, sans savoir que faire : comment pourrait-il s'en tirer ? Il conclut qu'il le porterait dans le bourg et le laisserait à la porte d'une bourgeoise, la plus belle, la plus courtoise qui soit dans tout le territoire,

468   Si diront au matin la gent
Qu'ilueques l'avra l'on tué.
Dont a le moigne remué,
A son col le lieve tot droit,
472   Et en aprés si s'en tornoit,
Sel porte droit a la meson
Ou li moigne prist la poison
Dont il garra ja més a tart.
476   Or pri Guillaume qu'il se gart,
Que, s'en l'i trueve le matin,
Je quit qu'il iert prés de sa fin.
Guillaume et Idoine se jurent,
480   Qui forment espouventé furent,
Et se confortent bonement,
Quant une boufee de vent
S'est es dras le moigne ferue,
484   Qui tot se soulieve et remue ;
A la porte le fet hurter.
Dist Idoine : « Par seint Omer,
Sire Guillaume, levez sus,
488   Il a ne sé qui a nostre us,
Mout nos a anuit aguetiez. »
A tant s'est Guillaume dreciez,
Son gibet prent inellement,
492   A l'us s'en vient hastivement.
Mout vistement fu desfermez,
Et li moignes qui fu tuez
Li est cheü sus la poitrine,
496   Et Guillaume chiet sor l'eschine.
Quant Guillaume se sent cheü
Mout se merveille qui ce fu.
A haute voiz sa fame escrie :
500   « Idoine, fet il, car m'aïe !
Ne sai qui est sor moi chaest.
De Dieu soe ge maloest,
Se ce est hons, se je nel tue ! »
504   Idoine saut trestote nue,
Au feu corut, si l'aluma.
Le moigne vit et regarda :
« Guillaume, nos sommes traï :

« et au matin les gens diront que c'est là qu'on l'aura tué ». Il bougea donc le moine et le mit aussitôt sur son cou, puis, s'en retournant, il l'emporta tout droit à la maison où le moine avait bu le poison dont il sera garanti trop tard. Maintenant, je prie Guillaume de faire attention, car, si l'on trouve le cadavre au matin, je crois que sa fin sera proche.

479.   Guillaume et Idoine étaient couchés : ils se remettaient de leur grande épouvante, quand une bouffée de vent s'abattit sur les vêtements du moine qui se souleva et remua au point de heurter la porte. Idoine dit :

« Par saint Omer, sire Guillaume, levez-vous. Il y a je ne sais qui à notre porte, il nous a épiés toute la nuit. »

Guillaume se redressa, saisit son gourdin et se hâta vers la porte qu'il eut vite fait d'ouvrir ; et le mort lui tomba sur la poitrine, le renversant sur le dos. Quand Guillaume s'en rendit compte, il fut stupéfait de ce qui lui arrivait. À haute voix, il cria à sa femme :

« Idoine, fit-il, à mon secours ! Je ne sais ce qui m'est tombé dessus. Que je sois maudit de Dieu si c'est un homme et que je ne le tue pas ! »

504.   Idoine sauta du lit toute nue et courut au feu qu'elle alluma. Elle vit et examina le moine :

« Guillaume, nous sommes trahis :

508 C'est li sougresteins qui gist ci.
    — Dame, dist il, vos dites voir.
    Maloest soit mavés avoir
    Et covoitise et traïson,
512 Qu'il n'en puet venir se mal non !
    — Dont est il mort ? — Certes oïl. »
    Mout se merveille cele et cil,
    Et dient bien que c'est maufé
516 Qu'ilueques le ront aporté.
    Guillaume le prent de rechief,
    Et Idoine li baille .i. brief
    Ou li non Dieu furent escrit,
520 Et il mout volentiers les prit,
    Car mout durement s'i fia.
    A tout le moigne s'en tourna,
    Tant que il vint sour le femier
524 Sire Tibout le moitoier
    Qui les blés as moignes gardot,
    Et des deniers avoit plein pot
    Et d'autre richesce plenté.
528 .i. grant bacon avoit tué
    D'un porc qu'il ot en sa meson
    Encressié tote la seson,
    Si l'ot pendu pour essuier.
532 Emblé li ot .i. pautonnier
    Le soir devant, et mucié l'ot
    Dedenz le femier dant Tibot :
    Encor n'en savoit autre essoigne.
536 Guillaume, qui portoit le moigne,
    S'est sour le femier aresté.
    Sachoiz que mout estoit lassé
    De lui porter par mi la vile.
540 Il se porpense par quel guile
    Il s'en porra miex delivrer.
    El femier le vout enterrer
    Dedenz le fiens, et le lera.
544 Atant le moigne mis jus a.
    .i. grant trues i fet a sa mein
    Por enfoïr le sougrestein.
    Le bacon sent, si s'esbahi,

c'est le sacristain qui est couché ici.

— Madame, dit-il, c'est vrai. Maudits soient le bien mal acquis, la convoitise et la trahison ! Il ne peut en résulter que du mal.

— Est-ce qu'il est mort ?

— Assurément, oui. »

Tous les deux étaient frappés d'étonnement ; ils affirmèrent que c'étaient les diables qui l'avaient rapporté ici. Guillaume le prit derechef, et Idoine lui donna un écrit qui comportait les noms de Dieu, et qu'il accepta très volontiers, car il leur faisait une entière confiance.

522.   Il repartit avec le moine tant et si bien qu'il parvint au fumier de messire Thibaud le métayer qui gardait les blés des moines et avait un pot tout rempli de deniers et quantité d'autres richesses. Il avait un gros cochon fumé qu'il avait engraissé dans sa ferme pendant toute la saison et qu'il avait pendu pour le faire sécher. Mais un vagabond le lui avait volé le soir précédent et l'avait caché dans le fumier de maître Thibaud. Il ne voyait pas d'autre solution. Guillaume, qui portait le moine, s'arrêta sur le fumier. Sachez qu'il était exténué de le porter à travers la ville. Il réfléchit à la ruse par laquelle il pourrait le mieux s'en débarrasser. Il décida de l'enterrer dans le tas de fumier et de l'y laisser. Alors il déposa à terre le moine et, de sa main, il creusa un grand trou pour l'y enfouir. À son grand étonnement, il sentit le cochon

548 Que li larron ot enfoï.
     La coanne vit nerçoier,
     Puis le commence a deslïer.
     Ce dit Guillaume : « Tot por voir,
552 Ci a .i. autre moigne noir
     Qui mout nercie, ce me semble.
     Or les metrai andui ensemble. »
     Fere le vot, mes il ne pot :
556 « Qu'est ce, par le baron seint Lot ? »
     Fet Guillaume, si n'i porra.
     Lors se porpense qu'il verra
     Quel moigne c'est qui est tué.
560 Dont a le bacon remué :
     « Diex aïe, fet il, c'est char !
     Or n'ai pas perdu tot mon char
     Qu'en la forest me fu emblez.
564 Or ai char et deniers assez. »
     Le moigne dedenz le sac met,
     Et du covrir mout s'entremet
     Autresi com il fu devant.
568 O le bacon s'en va corant,
     Vers son ostel est retorné.
     Quant sa fame l'a regardé,
     Si dist : « Rest ce le sougrestein ?
572 — Nenil, dame, par seint Germein,
     Einz est .i. bacon gras et gros.
     Nos avon char, querez des chos. »
     Celi qui le bacon ot pris
576 Chés dant Tibout, si con je dis,
     En une taverne jou[o]ut.
     Vin ot asez, boivre ne pout ;
     Puis a dit a ses compaignons :
580 « Seignors, dist il, quel la ferons ?
     Je croi bien se nos eüson
     Charbonee d'un cras bacon,
     Que nos en beüsion mout miex. »
584 Chascun li respont : « Par mes iex,
     Beaus douz frere, vos dites voir.
     Mes nos n'en poons point avoir,
     Car couchié se sunt li bouchier,

que le voleur avait enfoui. Il vit la couenne qui était noire, et il commença à le détacher.

« En vérité, dit Guillaume, il y a un autre moine noir qui est vraiment noir, me semble-t-il : je vais les mettre tous les deux ensemble. »

555.   Il voulut le faire, mais en vain.

« Qu'est-ce que c'est, par le grand saint Loth ? », fit Guillaume (mais il n'y pourra rien). Il se dit alors qu'il verrait le moine qui avait été tué. Il remua donc le cochon :

« Grand Dieu, dit-il, c'est de la viande ! Je n'ai donc pas perdu tout le chargement qui me fut volé dans la forêt. Voici que j'ai de la viande et des deniers en quantité. »

Il mit donc le moine dans le sac et s'affaira à recouvrir le trou comme il l'était auparavant. Il partit en courant avec le cochon et retourna à son hôtel. Quand sa femme l'eut regardé, elle lui dit :

« Est-ce encore le sacristain ?

— Non, madame, par saint Germain. Mais c'est un cochon gros et gras. Nous avons de la viande, allez chercher des choux. »

575.   Celui qui avait dérobé le cochon chez maître Thibaud, comme j'ai dit, jouait dans une taverne. Il y avait du vin en quantité, et bientôt il ne put plus boire ; il dit alors à ses compagnons :

« Messieurs, dit-il, que pourrons-nous faire ? Je crois bien que, si nous avions une grillade de cochon bien gras, nous pourrions boire beaucoup mieux.

— Par mes yeux, répondit chacun, mon bien cher frère, vous dites vrai, mais impossible de s'en procurer, car les bouchers se sont couchés,

588   Par foi, si n'avon nul denier.
      — Seignors, dist [il], je en ai .i.
      Que je vos metrai en commun.
      Gras est et gros, et si l'emblai,
592   Mout lieement le vos donrai,
      Chés dant Tibout le monnoier,
      Mes jel muçai en .i. fumier.
      — Va le querre, font il, esploite. »
596   Cil qui meinte chose ot toleite
      S'en est droit au femier alé
      Ou il ot le bacon bouté.
      A son col le moigne leva,
600   En la taverne le porta.
      Chascun li crie : « Wilecomme ! »
      Et cil a jeté jus sa somme,
      Puis leur a dit : « Seignors, mout poise. »
604   A tant ont apelé Cortoise,
      La chamberiere de l'ostel :
      « Di va, font il, ou a nul pel ?
      Nos volon fere charbonees.
608   Sont tes escuielles lavees ?
      Esploite tost, et nos iron
      Querre buche ci environ. »
      Ele fet lour commandement,
612   Et cil s'en vont inelement,
      Tot droitement a .i. paliz
      Ou il avoit grant piex fentiz.
      Chascun a le sien esraché,
616   Puis sunt ariere reperé,
      S'ont demandé une coignie.
      Ele lour fu mout tost baillie.
      Cele ot sa paelle lavee,
620   Au sac estoit corant alee,
      Puis le deslie comme sote.
      Le moigne sesi par la bote.
      Trenchier en volt, mes el ne puet.
624   « Vez con cele garce se muet,
      Font li larron, el ne fet rien. »
      La beaisce les entent bien,
      Dont respont : « Par seint Lïenart,

par ma foi, et nous n'avons pas un denier.

— Messieurs, j'en ai un de cochon, que je parta-
gerai avec vous. Il est gros et gras, je vous le donnerai de bon cœur, je l'ai volé chez maître Thibaud le
métayer, et je l'ai caché dans un fumier.

— Va le chercher, firent-ils, dépêche-toi. »

596.   Celui qui n'en était pas à son premier vol,
alla tout droit au fumier où il avait fourré le cochon.
Il chargea le moine sur son cou et l'emporta à la
taverne où chacun lui cria : « Bienvenue ! » Il jeta bas
son chargement, puis leur dit :

« Messieurs, ce qu'il pèse lourd ! »

Ils appelèrent alors Courtoise, la servante de
l'auberge :

« Dis donc, firent-ils, où y a-t-il des piquets ? Nous
voulons faire des grillades. Tes écuelles sont-elles
lavées ? Fais vite, et nous irons chercher du bois dans
les environs. »

Elle fit ce qu'ils avaient commandé, tandis qu'eux
s'en allèrent promptement à une clôture faite de
grands pieux fendus. Chacun arracha le sien, puis, de
retour, ils demandèrent une cognée qui leur fut donnée sur-le-champ. La servante, après avoir lavé sa
poêle, courut jusqu'au sac qu'elle délia précipitamment. Elle attrapa le moine par la botte ; elle voulut
la trancher, mais elle n'y parvint pas.

« Voyez comme cette bonniche s'agite, firent les
voleurs, elle n'est bonne à rien. »

La petite bonne les entendit nettement :

« Par saint Léonard, répondit-elle,

628 Cest bacons est plus dur que hart,
    Si est chauciez, ce m'est avis. »
    Chascun s'en est en piez saillis :
    « Chaucié ? font il, et il comment ? »
632 Cele lor moustre apertement
    Le moigne qui el sac estoit.
    Et cil qui aporté l'avoit
    S'est ne sai quantes fois saigniés.
636 « Garnot, ce dit le taverniers,
    Porquoi as tu cel moigne mort ?
    — Sire, dist il, vos avez tort :
    Onques, par touz seins, nel touchai.
640 Mes c'est deable, bien le sai,
    Qui est en guise de bacon,
    Se Dex me doint confession.
    Ce fu .i. bacon que je pris ;
644 Or s'est deable en guise mis
    Du moigne por nos encombrer.
    Mes bien nos en quit delivrer :
    Jel porteré chés dant Tibout.
648 — Va dont, funt il, esploite tost,
    Et si le pen droit au chevron
    La ou tu ostas le bacon.
    — Si ferai ge, par seint Denis. »
652 Adonques ra le moigne pris,
    Desor son col li ont levé ;
    Ez le vos el chemin entré.
    Puis a veü en un cortil
656 Jesir .i. grant vieil charetil :
    Encontre la meson le drece.
    Et Garnot a monter s'adrece,
    Droit au pertuis qu'il avoit fet,
660 Par la ou ot le bacon tret ;
    Puis l'a bien droit par mi bouté
    Et a la hart l'a bien noé
    Par mi le col et fermement.
664 A terre s'en vient vistement.
    En la taverne est retorné,
    A ses compaignons a conté
    Com il a le moigne pendu

ce cochon est plus dur que de la corde ; je crois qu'il a des chausses. »

Chacun de se redresser :

« Il a des chausses ? dirent-ils, et comment donc ? »

632.   La servante leur découvrit le moine qui était dans le sac. Celui qui l'avait apporté se signa je ne sais combien de fois.

« Garnot, dit l'aubergiste, pourquoi as-tu tué ce moine ?

— Sire, fit-il, vous vous trompez : jamais, par tous les saints, je n'y ai touché. Mais c'est un diable, je le sais bien, qui a pris la forme d'un cochon, aussi vrai que je demande à Dieu de m'accorder la confession. C'est bien un cochon que j'ai pris ; maintenant, le diable a revêtu la forme d'un cochon pour nous créer des embarras. Mais je pense bien nous en délivrer : je le porterai chez maître Thibaud.

— Va donc, dépêche-toi et pends-le exactement au chevron où tu enlevas le cochon.

— C'est ce que je ferai, par saint Denis. »

652.   Alors il reprit le moine qu'ils lui chargèrent sur le cou. Le voici en route. Ensuite, il vit dans un jardin une vieille charrette de grande taille, il l'appliqua contre la maison, et Garnot de se mettre à monter tout droit vers le trou qu'il avait fait pour dérober le cochon. Puis il poussa le moine par l'ouverture et lui attacha très solidement la corde autour du cou. Il redescendit en vitesse et regagna la taverne où il raconta à ses compagnons comment il avait pendu le moine

668   A la hart ou le bacon fu.
      Des larrons vos lerai ester,
      Du vilain vos vorrai conter
      Qui gisoit avec sa moillier.
672   E[l] le commence a esveillier :
      « Sire, dist el, ja iert matin
      Et bien tens d'aler au molin,
      Que nos n'avons mes que .ii. peins.
676   — Dame, ce respont li vileins,
      Je suis malade tier jor a.
      Esveilliez Martin, si ira,
      Et si li prametez tortel.
680   — Sire, dist ele, ce m'est bel.
      Martinet, dist el, lieve toi.
      — Dame, dist il, et je por quoi ?
      — Au molin te covient aler.
684   — Dame, fist il, or du gaber !
      Quant tuastes vostre porcel,
      De fressure ne de bouel
      Ne m'esforchastes de mengier.
688   Sui ge ore en vostre dangier
      Por ce se gis en vostre estrain ?
      En cest païs n'a pas vilein
      Qui assez plus ne m'en prestast
692   Et volentiers ne m'en donast
      Tot autresi c'on ceanz fet.
      — Martin, fet el, or ne fei plet.
      Se je te don de mon bacon
696   Charbonnee sor le charbon
      Et du pein a desgeüner,
      Porroie je vers toi trover
      Que tu feïses ma proiere ?
700   — Dame, fet il, a bele chiere
      Ferai lors quant que vos vodrois.
      — Martin, fet ele, c'est bien drois
      Que en aies, si aras tu. »
704   Du coute a son mari feru :
      « Sire, fet ele, sus levez,
      Alez au bacon, si coupez
      Une charbonee a Martin,

à la corde du cochon.

Je vous laisserai tranquilles avec les voleurs pour vous parler du paysan qui était couché avec sa femme. Elle commença à le réveiller :

« Sire, dit-elle, ce sera bientôt le matin et grand temps d'aller au moulin, car nous n'avons plus que deux pains.

— Madame, répondit le paysan, je suis malade depuis trois jours. Réveillez Martin, il ira et promettez-lui une galette.

— Sire, fit-elle, je veux bien. Mon petit Martin, ajouta-t-elle, lève-toi.

— Madame, dit-il, moi, et pourquoi donc ?

— Il faut que tu ailles au moulin.

684.   — Madame, allez-y, plaisantez ! Quand vous avez tué votre cochon, vous ne m'avez pas invité à manger de la tripaille ou des boyaux. Suis-je donc à votre disposition pour la raison que je suis couché sur votre paille ? En ce pays il n'est pas de paysan qui ne m'en prêtât beaucoup plus et qui volontiers ne m'en donnât tout autrement qu'on fait dans cette maison.

— Martin, dit-elle, ne fais donc pas d'histoires. Si je te donne de mon cochon, une grillade et du pain pour le déjeuner, pourrais-je obtenir de toi que tu fasses ce que je te demande ?

— Madame, fit-il, c'est avec le sourire que je ferai alors tout ce que vous voudrez.

— Martin, dit-elle, il est bien normal que tu en aies, et tu en auras. »

Du coude elle poussa son mari :

« Sire, levez-vous, allez au cochon et coupez une grillade pour Martin,

708   Et puis si ira au molin. »
       Li vilein monte en son cenail :
       « Par ou veus tu que je t'en tail ?
       — Sire, par la ou bon vos ert.
712   Fous est qui de ce conseil quiert :
       Plus est il vostre qu'il n'est mien.
       — Par foi, dist Tibout, tu dis bien.
       Esclere le feu, si verré.
716   — Par ma foi, sire, non feré,
       Que vos savez bien ou il pent. »
       Et li vileins sa mein i tent,
       Qui cuida prendre son bacon,
720   Le moigne prent par le talon.
       Prendre en volt une charbonnee.
       La hart fu seiche et enfumee,
       Quant ele ront, si est cheü.
724   Mes dant Tibout a si feru
       Desor le chief qu'i le trebuche
       Desus le fonz d'une viez huche.
       Quant dant Tibout cheü s'i sent,
728   Martinet escrie forment :
       « Martinet, fet il, lieve toi,
       Le bacon est cheü sor moi. »
       A tant Martinet se leva,
732   Au feu corut, si l'aluma.
       Le moigne voit tot requigniez,
       Plus de .xxx. foiz s'est seigniez :
       « Sire, sire, ce dist Martin,
736   Par la foi que doi seint Martin,
       N'est pas bacon, einz est maufez
       Qui semble moigne coronnez,
       Si est chaucié, si Dex me saut !
740   Li bacon qui pendoit en haut
       N'i est mie, perdu l'avon :
       Nos avon moigne por bacon.
       — Las, dist Tibout, or sui ge mort !
744   Demein serai pendu a tort,
       Que tot le mont dira demein
       Que j'avrai mort le sougrestein.
       — Sire, sire, dist Martinet,

et ensuite il ira au moulin. »

709.   Le paysan monta dans son grenier :

« Dans quelle partie veux-tu que je t'en taille un morceau ?

— Sire, là où bon vous semblera. Il faut être fou pour en discuter. Il est plus à vous qu'à moi.

— Ma foi, répondit Thibaud, tu parles bien. Allume le feu et je pourrai voir.

— Non, par ma foi, je ne le ferai pas, car vous savez bien où il pend. »

Le paysan tendit la main en croyant prendre son cochon ; mais c'est le moine qu'il prit par le talon. Il voulait en couper une grillade. La corde qui était sèche et tout enfumée se rompit, et le moine tomba en frappant si fort maître Thibaud sur la tête qu'il le renversa au fond d'un vieux coffre. Quand maître Thibaud s'y sentit tomber, il appela Martin de toutes ses forces :

« Mon petit Martin, lève-toi : le cochon m'est tombé dessus. »

731.   Et Martin de se lever, de courir au feu et de l'allumer. Il vit le moine tout grimaçant. Plus de trente fois, il fit le signe de la croix.

« Sire, sire, dit-il, par la foi que je dois à saint Martin, ce n'est pas un cochon, mais un diable qui a l'air d'un moine tonsuré, et il porte des chausses, que Dieu me sauve ! Le cochon qui pendait au plafond, n'y est plus, nous l'avons perdu ; nous avons un moine à la place du cochon.

— Hélas ! dit Thibaud, maintenant je suis mort. Demain on me pendra injustement, car tout le monde dira demain que j'ai tué le sacristain.

— Sire, sire, dit Martin,

748 Dementer n'i vaut .i. poret.
     Porpensez vos en quel maniere
     Le moigne soit portez ariere
     En l'abeïe dont il mut.
752 Penduz fust il or a .i. fust,
     Ou la defors a .i. booul,
     Qui nos a mis en tel triboul !
     — Martinet, ce dit le vilein,
756 Va, si ameine mon polein.
     Se j'ai le moigne dont lïer
     Je quit j'en ferais chevalier. »
     Martinet le polein ameine,
760 De lui lïer mout bien s'i peine
     Es arçons mout estroitement.
     Ce dit Martin : « Par seint Climent,
     Je vois une lance aporter,
764 Et puis si ira bohorder
     Laïs aval en cele court,
     Et vos crïez, quel part qu'il tourt :
     « Harou, harou, le sougrestein
768 En meine a force mon polein ! »
     Dont est le polein fors boutez,
     Et le vilein s'est escrïez
     « Harou, harou » mout hautement.
772 Aprés le moigne en vont tiex cent,
     Qu'il quident bien qu'il soit desvé,
     Et li poleins a tant alé
     Que il est entrez en la porte.
776 Le sougrestein, qui l'escu porte,
     A le soupriour encontré,
     Qui estoit trop matin levé,
     Puis le feri si de la lance
780 Que jus du palefroi le lance,
     Que il s'en merveillerent tuit
     Et escrïent tuit a .i. bruit :
     « Maleürez, fuiez, fuiez !
784 Li sougrestein est forsenez,
     Qui l'atendra ja sera mort. »
     Onques n'i ot foible ne fort
     Qui luecques vosist demorer.

il ne sert strictement à rien de se lamenter. Réfléchissez à la manière dont le moine sera reporté à l'abbaye d'où il est venu. Plût au ciel que fût pendu à une poutre ou là-bas dehors à un bouleau celui qui nous a mis dans cette panade !

— Mon petit Martin, dit le paysan, va me chercher mon poulain. Si j'ai de quoi attacher le moine, je crois que j'en ferai un chevalier. »

759.   Une fois que Martinet eut amené le poulain, il s'appliqua à attacher très solidement le moine dans les arçons.

« Par saint Clément, dit Martin, je vais apporter une lance, et il ira tournoyer là-bas dans cette cour. Quant à vous, criez, de quelque côté qu'il se dirige : "Haro, haro ! le sacristain emmène de force mon poulain." »

Le paysan cria de toutes ses forces « Haro, haro ! », et ils furent bien cent à poursuivre le moine, s'imaginant qu'il était fou furieux. Le poulain courut tant qu'il entra par la porte. Le sacristain, portant le bouclier, rencontra le sous-prieur qui s'était levé de grand matin, et il le frappa si fort de la lance qu'il le précipita de son palefroi, à la stupéfaction générale, et tous s'écrièrent d'une seule voix :

« Malheureux, fuyez, fuyez ! Le sacristain a perdu la raison : qui l'attendra sera bientôt mort. »

786.   Il n'y eut ni faible ni fort pour vouloir s'attarder.

788 El moustier se vont enserrer,
    Et li poleins saut es cuisines,
    Depeçant va ces ofecines,
    Ces escuielles, ces mortiers
792 Et ces plateaus et ces doubliers.
    L'escu fet hurter as parois
    En .i. randon plus de .c. foiz,
    Tant que la lance est peçoïe.
796 Tote la noise est abessie,
    Et li poleins a tant alé
    Qu'il est venus a .i. fossé,
    Puis se force par tel aïr
800 Por le grant fossé tressaillir
    Que totes les cengles deront.
    Ambedui chieent en .i. mont
    Enz el fonz du fossé aval,
804 Et li moignes et li cheval.
    A cros de fer l'en ont fors tret.
    Le moigne ne crie ne bret,
    Que piech'a que tuez estoit.
808 Einsi ot Guillaume son droit
    Du moigne qui par son avoir
    Cuida sa fame decevoir :
    Le bacon ot et les .c. livres.
812 Ensi fu du moigne delivres,
    Que onques puis blasmé n'en fu.
    Mes dant Tibout i ot perdu
    Et son bacon et son polein.
816 Einsi fu mort le sougrestein.

                        Explicit.

Ils allèrent s'enfermer dans l'église, tandis que le poulain sautait dans les cuisines, mettant en pièces dépendances, écuelles, mortiers, plateaux et grands plats, heurtant le bouclier aux parois plus de cent fois à la suite, tant et si bien que la lance se brisa. Le vacarme cessa. Le poulain finit par parvenir à un fossé et il fit un effort si violent pour le franchir qu'il rompit toutes ses sangles. Ils tombèrent tous deux en un tas au fond du fossé, le moine et le cheval. À l'aide de crocs de fer on les en retira, sans que le moine criât ni ne braillât, car il y avait longtemps qu'il avait été tué.

808.   Ainsi Guillaume obtint-il justice du moine qui, par son argent, croyait séduire sa femme : il eut le cochon et les cent livres. Il fut ainsi débarrassé du moine sans en être jamais blâmé. Mais maître Thibaud perdit dans l'affaire son cochon et son poulain. Telle fut la mort du sacristain.

Fin.

XIV. — DE BOIVIN DE PROVINS

Mout bons lechierres fu Boivins !
Porpenssa soi que a Prouvins
A la foire voudra aler,
4 Et si fera de lui parler.
Ainsi le fet com l'a empris.
Vestuz se fu d'un burel gris,
Cote et sorcot et chape ensamble,
8 Qui tout fu d'un, si com moi samble,
Et si ot coiffe de borras ;
Ses sollers ne sont mie a las,
Ainz sont de vache dur et fort.
12 Et cil qui mout de barat sot
(Un mois et plus estoit remese
Sa barbe qu'ele ne fu rese)
Un aguillon prist en sa main,
16 Por ce que mieus samblast vilain.
Une borse grant acheta,
Douze deniers dedenz mis a,
Que il n'avoit ne plus ne mains.
20 Et vint en la rue aus putains,
Tout droit devant l'ostel Mabile,
Qui plus savoit barat et guile
Que fame nule qui i fust.
24 Iluec s'assist desus un fust
Qui estoit delez sa meson ;
Delez lui mist son aguillon,
Un poi torna son dos vers l'uis.

XIV. — BOIVIN DE PROVINS,
par Boivin

C'était un joyeux drille que Boivin. Il décida un
jour d'aller à la foire de Provins et de faire parler de
lui. Réalisant aussitôt son projet, il s'habilla de bure
grise : tunique, surcot et cape étaient de la même
étoffe, à ce qu'il me semble ; il mit une coiffe en
bourre de laine ; ses souliers qui n'avaient pas de
lacets étaient en cuir de vache dur et solide. En
homme fort rusé (un mois et plus il avait laissé pousser sa barbe sans la raser) il prit en main un aiguillon
pour avoir mieux l'air d'un paysan. Il acheta une
grande bourse où il mit douze deniers : c'était tout ce
qu'il possédait.

20.   Il vint dans la rue aux putes, juste devant la
maison de Mabile qui se connaissait en ruse et tromperie plus qu'aucune femme de l'endroit. Là, il s'assit
sur un tronc qui était tout près de la maison. À côté
de lui, il posa son aiguillon et tourna un peu le dos à
la porte.

28 Huimés orrez que il fist puis :
    « Par foi, fet il, ce est la voire !
    Puis que je sui hors de la foire,
    Et en bon leu et loing de gent,
32 Deüsse bien de mon argent
    Tout seul par moi savoir la somme.
    Ainsi le font tuit li sage homme.
    J'oi de Rouget trente et nuef saus ;
36 Douze deniers en ot Giraus,
    Qui mes deus bués m'aida a vendre.
    A males forches puist il pendre
    Por ce qu'il retint mes deniers !
40 Douze en retint li pautoniers,
    Et se li ai je fet maint bien !
    Or est ainsi : ce ne vaut rien.
    Il me vendra mes bués requerre,
44 Quant il voudra arer sa terre
    Et il devra semer son orge.
    Mal dehez ait toute ma gorge
    S'il a ja mes de moi nul preu !
48 Je li cuit mout bien metre en leu !
    Honiz soit il et toute s'aire !
    Or parlerai de mon afaire.
    J'oi de Sorin dis et nuef saus ;
52 De ceus ne fui je mie faus,
    Quar mon compere, dans Gautiers,
    Ne m'en donast pas tant deniers
    Com j'ai eü de tout le mendre.
56 Por ce fet bon au marchié vendre !
    Il vousist ja creance avoir,
    Et j'ai assemblé mon avoir :
    Dis et nuef sous et trente et nuef,
60 Itant furent vendu mi buef.
    Dieus, c'or ne sai que tout ce monte !
    S'i meïsse tout en un conte,
    Je ne le savroie sommer.
64 Qui me devroit tout assommer,
    Ne le savroie je des mois
    Se n'avoie feves ou pois,
    Que chascuns pois feïst un sout :

Écoutez ce qu'il fit ensuite.

« Par ma foi, fit-il, oui vraiment, puisque me voici hors de la foire, en un lieu sûr, loin des gens, je devrais bien, étant tout seul, compter mon argent. C'est ce que font les gens sensés. J'ai tiré de Rouget trente-neuf sous ; douze deniers sont revenus à Giraud qui m'a aidé à vendre mes deux bœufs. Puisse-t-il pendre au gibet, lui qui a retenu mes deniers ! Il en a retenu douze, le salaud, et pourtant je lui en ai fait du bien ! Mais c'est comme ça : rien d'autre à faire ! Il viendra me demander mes bœufs quand il voudra labourer sa terre et qu'il devra semer son orge. Maudite soit ma gorge s'il reçoit jamais de moi un service ! Je pense bien lui rendre la pareille. Honte sur lui et toute sa famille ! Mais j'en reviens à mon affaire. J'ai tiré de Sorin dix-neuf sous : pour ceux-ci je n'ai pas été idiot, car mon compère maître Gautier ne m'en aurait pas donné autant de deniers que j'en ai eu du moins bon. C'est pourquoi il fait bon vendre au marché. Il aurait voulu aussi que je lui fasse crédit. Voilà tout ce que j'ai : dix-neuf sous et trente-neuf, c'est ce que j'ai vendu mes bœufs. Mais, mon Dieu, je ne sais pas combien tout cela fait ! Si j'additionnais le tout, je ne saurais faire le total. Quand bien même on devrait m'assommer, je n'y arriverais pas d'ici des mois, à moins d'avoir des fèves ou des pois, chaque pois valant un sou :

68 Ainsi le savroie je tout.
    Et neporquant me dist Sirous
    Que j'oi des bués cinquante sous,
    Qui les conta si les reçut...
72 Mes je ne sai s'il m'en deçut
    Ne s'il m'en a neant emblé,
    Qu'entre deus sestiere de blé,
    Et ma jument et mes porciaus,
76 Et la laine de mes aigniaus,
    Me rendirent tout autrestant.
    Deus foiz cinquante, ce sont cent,
    Ce dist uns gars qui fist mon conte ;
80 Cinc livres dist que tout ce monte.
    Or ne lerai por nule paine
    Que ma borse, qu'est toute plaine,
    Ne soit vuidie en mon giron. »
84 Et li houlier de la meson
    Dient : « Ça vien, Mabile, escoute !
    Cil denier sont nostre, sanz doute,
    Se tu mes ceenz ce vilain :
88 Il ne sont mie a son oés sain ! »
    Dist Mabile : « Lessiez le en pes,
    [...]
92 Qu'il ne me puet eschaper mes.
    Toz les deniers, je les vous doi.
    Les ieus me crevez, je l'otroi,
    Se il en est a dire uns seus ! »
96 Mes autrement ira li geus
    Qu'ele ne cuide, ce me samble.
    Quar li vilains conte et assamble
    Douze deniers sanz plus qu'il a.
100 Tant va contant et ça et la
    Qu'il dist : « Or est vint sous cinc foiz.
    Des ore mes est il bien droiz
    Que je les gart, ce sera sens.
104 Mes d'une chose me porpens :
    S'or eüsse ma douce niece,
    Qui fu fille de ma suer Tiece,
    Dame fust or de mon avoir.
108 El s'en ala par fol savoir

ainsi je connaîtrais le total. Et pourtant Sirou m'a dit
que j'ai eu pour les bœufs cinquante sous : il les a
comptés, il les a reçus. Mais je ne sais pas s'il m'a
trompé et s'il m'en a volé une partie, car deux setiers
de blé, ma jument, mes cochons et la laine de mes
agneaux m'ont rapporté tout autant. Deux fois cinquante, ça fait cent : c'est ce que m'a dit un garçon
qui a fait mon compte ; cinq livres, voilà à quoi se
monte le total. Maintenant je n'aurai de cesse, pour
aucune peine au monde, que ma bourse qui est bien
pleine ne soit vidée dans les replis de mon giron. »

84.   Et les marlous de la maison de dire :

« Viens par ici, Mabile, écoute ! Ces deniers sont à
nous sans aucun doute, si tu fais entrer ce péquenot :
ils ne sont pas à leur place dans sa poche !

— Laissez-le tranquille, répondit Mabile, car il ne
peut plus m'échapper. Tous ces deniers, je vous les
dois. Crevez-moi les yeux, je l'accepte, s'il en
manque un seul. »

Mais la partie tournera autrement qu'elle ne le
croit, à mon avis, car le paysan ne comptait et ne ras-
semblait que les douze deniers qu'il possédait. Il
compta et recompta tant et si bien qu'il dit :

« Il y a bien cinq fois vingt sous. Désormais, il est
bien normal que je veille sur eux, c'est la sagesse
même. Mais je pense à une chose : si j'avais maintenant ma chère nièce, la fille de ma sœur Tièce, elle
disposerait de mon argent. Elle a commis la folie de
s'en aller

Hors du païs, en autre terre,
Et je l'ai fete maint jor querre
En maint païs, en mainte vile.
112 Ahi ! douce niece Mabile,
Tant estiiez de bon lingnage !
Dont vous vint ore cel corage ?
Or sont tuit troi mort mi enfant
116 Et ma fame, dame Siersant.
Jamés en mon cuer n'avrai joie
Devant cele eure que je voie
Ma douce niece, en aucun tans !
120 Lors me rendisse moines blans :
Dame fust or de mon avoir,
Riche mari peüst avoir. »
Ainsi la plaint, ainsi la pleure.
124 Et Mabile saut en cele eure,
Lez lui s'assist et dist : « Preudon,
Dont estes vous ? Et vostre non ?
— Je ai non Fouchier de la Brouce.
128 Mes vous samblez ma niece douce
Plus que nule fame qui fust ! »
Cele se pasme sor le fust.
Quant se redrece, si dist tant :
132 « Or ai je ce que je demant ! »
Puis si l'acole et si l'embrace,
Et puis li bese bouche et face,
Que ja n'en samble estre saoule.
136 Et celui qui mout sot de boule,
Estraint les denz et puis souspire :
« Bele niece, ne vous puis dire
La grant joie que j'ai au cuer !
140 Estes vous fille de ma suer ?
— Oïl, sire, de dame Tiece.
— Mout ai esté por vous grant piece,
Fet li vilains, sanz avoir aise. »
144 Estroitement l'acole et baise ;
Ainsi aus deus mainent grant joie.
Et deus houliers en mi la voie
Issirent fors de la meson
148 Font li houlier : « Icist preudon,

hors du pays, dans une autre région, et je l'ai fait
rechercher des jours et des nuits, en maint pays, en
mainte ville. Ah ! chère nièce Mabile, vous étiez d'un
si bon lignage ! D'où a pu vous venir cette idée ?
Maintenant, ils sont tous morts, mes trois enfants et
ma femme, dame Siersant. Jamais mon cœur ne
connaîtra la joie avant que je ne revoie ma chère
nièce, à aucun moment. Alors je me ferais moine
blanc, elle disposerait de ma richesse et pourrait faire
un riche mariage. »

123.   C'est ainsi qu'il la regrettait et qu'il la pleurait.

Et Mabile sortit à ce moment pour s'asseoir à côté
de lui :

« Brave homme, dit-elle, d'où êtes-vous ? Quel est
votre nom ?

— Je me nomme Fouchier de la Brousse. Mais
vous, vous ressemblez à ma chère nièce plus
qu'aucune femme au monde. »

Elle s'évanouit sur le tronc. Quand elle se releva,
elle dit seulement :

« Maintenant j'ai tout ce que je désire. »

Elle lui sauta au cou, le prit dans ses bras, puis elle
lui embrassa la bouche et le visage, sans paraître s'en
rassasier. Et notre homme, qui était passé maître en
fourberie, serrait les dents, puis soupirait :

« Chère nièce, je ne puis vous dire la grande joie
que j'ai au cœur. Êtes-vous la fille de ma sœur ?

— Oui, sire, de dame Tièce.

— Pendant longtemps, à cause de vous, fit le paysan, j'ai été privé de joie. »

Il la serra contre lui et la couvrit de baisers. Ainsi
tous deux s'abandonnaient-ils à la joie.

146.   Deux marlous sortirent alors de la maison et
s'avancèrent dans la rue :

« Ce brave homme, firent-ils,

Est il or nez de vostre vile ?
— Voir, c'est mon oncle, dist Mabile,
Dont vous avoie tant bien dit. »
152   Vers aus se retorne un petit,
Et tret la langue et tuert la joe,
Et li houlier refont la moe.
« Est il donc vostre oncle ? — Oïl, voir !
156   — Grant honor i poez avoir,
Et il en vous, sanz nul redout.
Et vous, preudom, du tout en tout,
Font li houlier, sommes tuit vostre !
160   Par saint Piere, le bon apostre,
L'ostel avrez saint Julien !
Il n'a homme jusqu'a Gien
Que plus de vous eüssons chier. »
164   Par les braz prenent dant Fouchier,
Si l'ont dedenz lor ostel mis.
« Or tost, ce dist Mabile, amis,
Achatez oes et chapons !
168   — Dame, font il, venez ça dons :
Ja n'avons nous goute d'argent.
— Tesiez, fet el, mauvese gent !
Metez houces, metez sorcos,
172   Sor le vilain ert li escos !
Cis escos vous sera bien saus :
Sempres avrez plus de cent saus. »
Que vous iroie je contant ?
176   Li dui houlier demaintenant,
Comment qu'il aient fet chevance,
Deus cras chapons, sanz demorance,
Ont aporté avoec deux oes.
180   Et Boivin lor a fet les moes
En tant comme il se sont tornez.
Mabile lor dist : « Or soiez
Preus et vistes d'appareiller ! »
184   Qui donc veïst com li houlier
Plument chapons et plument oies !
Et Ysane fist toutes voies
Le feu et ce qu'ele ot a fere.
188   Et Mabile ne se pot tere

est-il natif de votre ville ?

— Oui, dit Mabile, c'est mon oncle dont je vous avais dit tant de bien. »

Et, se tournant un peu vers eux, elle tira la langue et fit la moue, à quoi les marlous répondirent par une grimace :

« Est-ce bien votre oncle ?

— Oui, vraiment.

— Vous pouvez en être très fière, et lui de vous, sans aucun doute. Et vous, brave homme, dirent les marlous, en tout et pour tout, nous sommes tout à vous. Par saint Pierre, le bon apôtre, vous aurez un hôtel digne de saint Julien. Il n'y a nul homme jusqu'à Gien qui nous soit plus cher que vous. »

164.   Prenant par les bras maître Fouchier, ils l'emmenèrent dans leur maison.

« Maintenant, mes amis, dit Mabile, dépêchez-vous d'acheter oies et chapons.

— Madame, firent-ils, approchez donc. De vrai, nous n'avons pas un sou.

— Taisez-vous, canailles, fit-elle ! Mettez en gages manteaux et tuniques : ce sera au péquenot de régler l'écot, lequel vous sera bel et bien payé. Bientôt, vous aurez plus de cent sous. »

Que vous raconterai-je de plus ? Les deux marlous tout aussitôt rapportèrent — peu importe par quels moyens — deux gras chapons, sans perdre une minute, ainsi que deux oies. Boivin leur fit des grimaces tandis qu'ils tournaient le dos.

« Maintenant, dit Mabile, dépêchez-vous de tout préparer. »

184.   Ah ! il aurait fallu voir comment les marlous plumaient les chapons et comment ils plumaient les oies, tandis qu'Ysane préparait le feu et tout le nécessaire. Mabile ne put s'empêcher

Qu'el ne parlast a son vilain :
« Biaus oncles, sont ore tuit sain
Vostre fame et mi dui neveu ?
192 Je cuit qu'il sont ore mout preu. »
Et li vilains si li respont :
« Bele niece, tuit troi mort sont ;
Par pou de duel n'ai esté mors.
196 Or serez vous toz mes confors
En mon païs, en nostre vile.
— Ahi, lasse ! ce dist Mabile,
Bien deüsse or vive enragier !
200 Lasse ! s'il fust aprés mengier
Il n'alast pas si malement !
Lasse ! je vi en mon dormant
Ceste aventure en ceste nuit !
204 — Dame, li chapon sont tout cuit
Et les deus oies en un haste,
Ce dist Ysane, qui les haste.
Ma douce dame, alez laver,
208 Et si lessiez vostre plorer ! »
Adonc font au vilain le lorgne ;
Et cil voit bien, qui n'ert pas borgne,
Qu'i le moquent en la meson.
212 Font li houlier : « Sire preudom,
N'estes pas sages, ce m'est vis !
Lessons les mors, prenons les vis ! »
Adonc sont assis a la table,
216 Mes du mengier ne fu pas fable,
Assez en orent a plenté.
De bons vins n'orent pas chierté :
Assez en font au vilain boivre
220 Por enyvrer et por deçoivre,
Mes il ne les crient ne ne doute.
Desouz sa chape sa main boute
Et fet samblant de trere argent.
224 Dist Mabile : « Qu'alez querant,
Biaus douz oncles ? Dites le moi !
— Bele niece, bien sai et voi
Que mout vous couste cis mengiers ;
228 Je metrai ci douze deniers. »

de parler à son péquenot :

« Cher oncle, est-ce qu'ils sont en bonne santé, votre femme et mes deux neveux ? Je les imagine en pleine forme.

— Chère nièce, répondit le paysan, tous trois sont morts : j'ai failli en mourir de chagrin. Maintenant vous serez tout mon réconfort dans mon pays, dans notre ville.

— Hélas ! pauvre de moi, dit Mabile, je devrais devenir folle de rage ! Pauvre de moi ! Si c'était après manger, ça n'irait pas aussi mal ! Pauvre de moi ! j'ai vu en rêve cette aventure la nuit dernière.

— Madame, les chapons sont cuits à point, ainsi que les deux oies sur la broche, fit Ysane qui les pressait. Ma chère dame, allez vous laver les mains et séchez vos larmes. »

209.   Ils firent alors des grimaces au paysan, mais, comme il n'était pas borgne, il vit bien qu'ils se moquaient de lui.

« Monseigneur, firent les marlous, vous n'êtes pas raisonnable, nous semble-t-il. Laissons les morts, pensons aux vivants. »

Alors ils s'attablèrent, mais pour le repas on ne se moqua pas d'eux : ils eurent à manger à gogo. On ne lésina pas sur le vin dont on fit boire au paysan jusqu'à plus soif pour l'enivrer et pour le duper. Mais il ne les craignait ni ne les redoutait. Sous sa cape il fourra sa main et fit mine de retirer de l'argent.

« Que cherchez-vous, dit Mabile, mon bien cher oncle ? Dites-le-moi.

— Chère nièce, je me rends bien compte que ce repas vous coûte une fortune. Je participerai pour douze deniers. »

Mabile jure et li houlier
Que il ja n'i metra denier.
La table ostent quant ont mengié,
232 Et Mabile a doné congié
Aus deus houliers d'aler la hors :
« Si vous sera bons li essors,
Que bien avez eü disner.
236 Or prenez garde du souper ! »
Li dui houlier s'en sont torné ;
Aprés aus sont li huis fermé.
Mabile prist a demander :
240 « Biaus douz oncles, ne me celer
S'eüstes pieça compaignie
A fame, nel me celez mie,
Puis que vostre fame fu morte.
244 Il est mout fols qui trop sorporte
Talent de fame : c'est folie
Autressi comme de famie.
— Niece, il a bien set anz toz plains.
248 — Tant a il bien ? — A tout le mains !
Ne de ce n'ai je nul talant.
— Tesiez, oncles, Dieus vous avant !
Mes regardez ceste meschine ! »
252 Adonc bat trois foiz sa poitrine :
« Oncles, je ai mout fort pechié
Qu'a ses parenz l'ai fortrait gié.
Por seul son pucelage avoir,
256 Eüsse je mout grant avoir.
Mes vous l'avrez, que je le vueil ! »
A Ysane cluingne de l'ueil
Que la borse li soit copee.
260 Li vilains ot bien en penssee
De coper la avant qu'Ysane.
La borse prent et si la trenche
Dans Fouchier, et puis si l'estuie :
264 En son sain pres de sa char nue
La mist, et puis si s'en retorne.
Vers Ysane sa chiere torne,
Et s'en vindrent li uns vers l'autre ;
268 Andui se vont couchier el piautre.

229.   Mabile et les deux marlous jurèrent qu'il ne
débourserait pas un denier. On enleva la table, le
repas terminé, et Mabile permit aux deux marlous de
sortir :

« Ce sera bon pour vous de prendre l'air après
avoir bien mangé. Pensez donc au dîner ! »

Les deux hommes partis, on ferma les portes derrière eux. Mabile se mit à demander :

« Mon bien cher oncle, dites-moi s'il y a longtemps
que vous avez eu des relations avec une femme, soyez
franc, après la mort de votre épouse. Il faut être
complètement fou pour résister longtemps au désir
d'avoir une femme : c'est folie aussi grande que de
supporter la faim.

— Ma nièce, il y a bien sept ans tout entiers.

— Autant que cela ?

— Oui, au moins, et je n'en ai aucune envie.

— Taisez-vous, mon oncle, et que Dieu vous
aide ! Mais regardez donc cette fille ! »

252.   Elle se frappa alors trois fois la poitrine :

« Mon oncle, j'ai commis un très grave péché : je
l'ai enlevée à ses parents. Contre son pucelage on
m'aurait donné une fortune ; mais c'est vous qui
l'aurez, je le veux. »

À Ysane, d'un clin d'œil, elle fit signe de lui couper la bourse. Mais le paysan eut l'idée de le faire
avant elle. Maître Fouchier prit la bourse, en coupa
les cordons, puis il la cacha en la mettant contre son
sein, à même la chair ; et il se retourna. Il jeta les
yeux sur Ysane, ils s'approchèrent l'un de l'autre, et
tous deux allèrent se coucher sur la paillasse.

Ysane va avant couchier,
Et mout pria a dant Fouchier
Por Dieu que il ne la bleçast.
272 Adonc covint que il ostast
La coiffe au cul por fere l'uevre.
De sa chemise la descuevre,
Puis si commence a arecier,
276 Et cele la borse a cerchier.
Que qu'ele cerche, et cil l'estraint,
De la pointe du vit la point,
El con li met jusqu'a la coille,
280 Dont li bat le cul et rooille
Tant, ce m'est vis, qu'il ot foutu.
Ses braies monte, s'a veü
De sa borse les deus pendanz.
284 « Hai las ! fet il, chetiz dolanz !
Tant ai hui fet male jornee !
Niece, ma borse m'est copee,
Ceste fame le m'a trenchie ! »
288 Mabile l'ot, s'en fu mout lie,
Qui bien cuide que ce soit voir,
Qu'ele covoitoit mout l'avoir.
Maintenant a son huis desclos :
292 « Dant vilain, fet ele, alez hors !
— Dont me fetes ma borse rendre !
— Je vous baudrai la hart a pendre !
Alez tost hors de ma meson,
296 Ainçois que je praingne un baston ! »
Cele un tison prent a deus mains :
Adonc s'en va hors li vilains,
Qui n'ot cure d'avoir des cops.
300 Aprés lui fu tost li huis clos.
Tout entor lui chascuns assamble,
Et il lor moustre a toz ensamble
Que sa borse li ont copee.
304 Et Mabile l'a demandee
A Ysane : « Baille ça tost,
Que li vilains va au provost.
— Foi que je doi saint Nicholas,
308 Dist Ysane, je ne l'ai pas,

Ysane s'étendit la première en suppliant maître
Fouchier de ne pas lui faire de mal pour l'amour de
Dieu. Il dut alors lui découvrir le cul pour faire la
chose. Il lui souleva la chemise, puis commença à
bander, tandis que l'autre cherchait la bourse. Pendant qu'elle cherchait, lui la tringlait ; il la piqua de
la pointe de sa queue qu'il lui enfourna dans le con
jusqu'aux couilles. Il lui battit et frappa le cul tant et
tant, me semble-t-il, qu'il l'a bien baisée. Il remonta
ses braies et vit les deux cordons de sa bourse qui
pendaient :

« Hélas, fit-il, pauvre de moi, quelle mauvaise journée j'ai faite aujourd'hui ! Ma nièce, on m'a coupé
ma bourse : c'est cette femme qui me l'a tranchée ! »

288.   Mabile, quand elle l'entendit, en fut toute
joyeuse, car elle s'imaginait que c'était la vérité, tellement elle guignait le magot ! Ouvrant aussitôt la
porte,

« Monsieur le péquenot, dit-elle, dehors, ouste !

— Faites-moi donc rendre ma bourse !

— Je vous donnerai une corde pour vous pendre.
Ouste, sortez de chez moi, avant que je ne prenne un
bâton. »

Comme elle prenait un tison des deux mains, le
paysan sortit : il n'avait pas envie de recevoir des
coups. On lui claqua la porte au cul. Les gens
s'attroupèrent autour de notre homme qui montra à
tout un chacun qu'on lui avait coupé sa bourse.
Quant à Mabile, elle demanda à Ysane :

« Donne-la-moi vite, car le péquenot va chez le
prévôt.

— Par la foi que je dois à saint Nicolas, répondit
Ysane, je ne l'ai pas ;

Si l'ai je mout cerchie et quise.
— Par un poi que je ne te brise,
Pute orde vieus, toutes les danz !
312 Enne vi je les deux pendanz
Que tu copas ? Jel sai de voir !
Cuides les tu par toi avoir ?
Se tu m'en fez plus dire mot... !
316 Pute vielle, baille ça tost !
— Dame, comment vous baillerai,
Dist Ysane, ce que je n'ai ? »
Et Mabile aus cheveus li cort,
320 Qui n'estoient mie trop cort,
Que jusqu'a la terre l'abat ;
Aus piez et aus poins la debat,
Qu'ele le fet poirre et chier.
324 « Par Dieu, pute, ce n'a mestier !
— Dame, or lessiez ! Je les querrai
Tant, se puis, que les troverai,
Se de ci me lessiez torner.
328 — Va, fet ele, sanz demorer ! »
Mes Mabile l'estrain reborse,
Qu'ele cuide trover la borse.
« Dame, or entent, ce dist Ysane,
332 Perdre puisse je cors et ame
S'onques la borse soi ne vi !
Or me poez tuer ici !
— Par Dieu, pute, tu i morras ! »
336 Par les cheveus et par les dras
L'a tiree jusqu'a ses piez,
Et ele crie : « Aidiez, aidiez ! »
Quant son houlier dehors l'entent,
340 Cele part cort isnelement ;
L'uis fiert du pié sanz demorer,
Si qu'il le fet des gons voler.
Mabile prist par la chevece,
344 Si qu'il la deront par destrece ;
Tant est la robe derompue
Que dusqu'au cul en remest nue.
Puis l'a prise par les chevols :
348 Du poing li done de granz cops

ce n'est pas faute de l'avoir cherchée.

— J'ai une sacrée envie de te briser toutes les
dents, sale vieille putain. Est-ce que je n'ai pas vu
pendre les deux cordons que tu as coupés ? J'en suis
sûre et certaine. Tu t'imagines les garder pour toi ?
Si tu me forces à dire un mot de plus... Vieille putain,
donne-moi ça, et vite !

— Madame, comment vous donner, dit Ysane, ce
que je n'ai pas ? »

319.   Et Mabile de se précipiter sur ses cheveux
qui étaient loin d'être courts, et de la jeter par terre,
et de la battre à coups de pied et de poing au point
de la faire péter et chier

« Par Dieu, putain, rien à faire !

— Madame, je vous en prie, arrêtez ! Je les cher-
cherai si bien que je les trouverai, si vous me laissez
aller.

— Va, fit-elle, ne perds pas de temps. »

Mais Mabile tournait et retournait la litière, car
elle s'imaginait y trouver la bourse.

« Madame, écoutez-moi donc, dit Ysane, puissé-je
perdre le corps et l'âme si jamais j'ai su ou vu où était
la bourse ! Vous pouvez me tuer sur place.

— Par Dieu, putain, tu en mourras ! »

336.   Par les cheveux et les vêtements, elle la
traîna à ses pieds.

« À l'aide, à l'aide ! » cria Ysane.

Quand au-dehors son marlou l'entendit, il fonça
de ce côté-là, il frappa du pied la porte sans attendre
et la fit voler de ses gonds. Il saisit Mabile par le col
de sa robe si bien qu'il le lui déchira sans douceur.
Toute sa robe mise en pièces, elle se retrouva nue
jusqu'au cul. Puis il l'attrapa par les cheveux et lui
donna de si grands coups de poing

Parmi le vis, en mi les joes,
Si qu'eles sont perses et bloes.
Mes ele avra par tens secors,
352 Que son ami i vient le cors,
Qui au crier l'a entendue.
Tout maintenant, sanz atendue,
S'entreprenent li dui glouton.
356 Lors veïssiez emplir meson
Et de houliers et de putains !
Chascuns i mist adonc les mains.
Lors veïssiez cheveus tirer,
360 Tisons voler, dras deschirer,
Et l'un desouz l'autre cheïr !
Li marcheant corent veïr
Ceus qui orent rouge testee,
364 Que mout i ot dure meslee ;
Et se s'i mistrent de tel gent
Qui ne s'en partirent pas gent :
Teus i entra a robe vaire
368 Qui la trest rouge et a refaire.
Boivin s'en vint droit au provost,
Se li a conté mot a mot,
De chief en chief, la verité ;
372 Et li provos l'a escouté,
Qui mout ama la lecherie.
Sovent li fist conter sa vie
A ses parens, a ses amis,
376 Qui mout s'en sont joué et ris.
Boivin remest trois jors entiers,
Se li dona de ses deniers
Li provos dis sous à Boivins,
380 Qui cest fablel fist a Provins.

Explicit le fablel de Boivin.

sur le visage, sur les joues qu'elles furent couvertes de
bleus. Mais la voici bientôt secourue, car son ami
survint au pas de course, l'ayant entendue crier. Aussitôt, sans attendre une minute, les deux chenapans
en vinrent aux mains. Ah ! si vous aviez vu la maison
s'emplir de marlous et de putains ! Chacun alors d'y
prêter la main. Ah ! si vous aviez vu tirer les cheveux,
balancer les tisons, déchirer les vêtements, tomber
l'un sur l'autre ! Les marchands coururent les voir la
tête en sang, car ce fut une rude mêlée, et certains
s'en mêlèrent qui, en repartant, n'étaient pas beaux à
voir, et tel rentra dans la bagarre avec une robe four-
rée de vair qu'il remporta rouge et à refaire.

369.   Boivin alla tout droit chez le prévôt à qui il
raconta dans tous les détails, d'un bout à l'autre,
toute la vérité. Le prévôt l'écouta et apprécia fort la
plaisanterie. Souvent il lui demanda de raconter sa
vie à ses parents et à ses amis qui s'en amusèrent et
s'en divertirent beaucoup. Boivin resta trois jours
entiers, et le prévôt donna dix sous de ses deniers à
Boivin qui écrivit ce fabliau à Provins.

Fin du fabliau de Boivin.

XV. — D'ESTOURMI

Por ce que je vous ai molt chier,
Vous vueil un fablel commencier
D'une aventure qui avint ;
4   C'est d'un preudomme qui devint
Povres entre lui et sa fame.
Non ot Jehans et ele, Yfame.
Riches genz avoient esté,
8   Puis revindrent en povreté,
Mes je ne sai par quoi ce fu,
Quar onques conté ne me fu ;
Por ce ne le doi pas savoir.
12   Troi prestre par lor mal savoir
Covoitierent dame Yfamain ;
Bien la cuidierent a la main
Avoir prise por la poverte
16   Qui la feroit a descouverte.
De folie se porpensserent,
Quar par mi la mort en passerent
Issi com vous m'orrez conter,
20   Se vous me volez escouter,
Et la matere le devine
Qui nous raconte la couvine
De la dame et des trois prelaz.
24   Chascuns desirre le solaz
De dame Yfamain a avoir.
Por ce li promistrent avoir,
Je cuit plus de quatre vinz livres,

XV. — ESTORMI,
par Huon Piaucele

Parce que je vous aime bien, je veux commencer pour vous un fabliau à partir d'une authentique aventure. C'est celle d'un brave homme qui devint pauvre ainsi que sa femme. Il avait pour nom Jean et elle, Yfame. Après avoir été riches, ils retombèrent dans la pauvreté, mais j'en ignore la raison, car on ne me l'a jamais rapportée : il m'est donc impossible de le savoir.

12. Trois prêtres commirent la folie de convoiter dame Yfame. Ils s'imaginèrent qu'ils pourraient mettre la main sur elle à cause de la pauvreté qui la frappait de plein fouet. Ce fut pour eux folie que d'y songer, car ils y trouvèrent la mort comme vous m'entendrez le raconter si vous voulez m'écouter, et comme l'apprend l'histoire qui nous rapporte l'aventure de la dame et des trois prélats.

Chacun désirait jouir des faveurs de dame Yfame. Aussi lui promirent-ils, je crois, plus de quatre-vingts livres.

28 Ainsi le tesmoingne li livres,
   Et la matere le raconte
   Si com cil furent a grant honte
   Livré par lor maleürtez,
32 Mes ce fist lor deslëautez
   De lor crupes et de lor rains ;
   Bien l'orrez dire au daarrains,
   Por que vous vueilliez tant atendre.
36 Ainz Yfame ne vout entendre
   Lor parole ne lor reson,
   Ainz a tout conté son baron
   L'afere, tout si comme il va.
40 Jehans li respondi : « Diva !
   Bele suer, me contes tu voir ?
   Te prometent il tant d'avoir
   Com tu me vas ci acontant ?
44 — Oïl, biaus frere, plus que tant,
   Mes que je vueille lor bons fere.
   — Dehez ait qui en a que fere,
   Fet Jehans, en itel maniere !
48 Mieus ameroie en une biere
   Estre mors et ensevelis
   Que ja eüssent lor delis
   De vous a nul jor de ma vie.
52 — Sire, ne vous esmaiez mie,
   Fet Yfame, qui molt fu sage ;
   Povretez qui molt est sauvage
   Nous a mis en molt mal trepeil.
56 Or feroit bon croire conseil
   Par quoi nous en fussons geté.
   Li prestre sont riche renté
   S'ont trop dont nous avons petit.
60 Se vous volez croire mon dit,
   De povreté vous geterai
   Et a grant honte meterai
   Ceus qui me cuident engingnier.
64 — Va donc, pensse du hamoingnier,
   Fet Jehans, bele douce suer,
   Mes je ne voudroie a nul fuer
   Qu'il fussent de vous au desus.

C'est ce qu'attestent le livre et l'histoire qui raconte comment ils furent couverts de honte par leur malheureuse méchanceté. En fait, la cause en fut la perfidie de leurs fesses et de leurs reins. Vous l'entendrez à la fin de l'histoire, pourvu que vous acceptiez d'attendre jusque-là.

36.   Quoi qu'il en soit, Yfame ne voulut écouter leurs paroles ni leurs discours, mais elle raconta à son mari toute l'affaire, dans les détails. Jean lui répondit :

« Allons donc ! Chère sœur, me dis-tu la vérité ? Te promettent-ils autant d'argent que tu es en train de me raconter ?

— Oui, cher frère, et encore plus, à condition que je veuille faire leurs volontés.

— Maudit soit celui qui utilise un tel procédé ! dit Jean. J'aimerais mieux être mort et mis en bière plutôt qu'ils prennent leur plaisir avec vous un seul jour de ma vie.

— Sire, ne vous inquiétez pas, fit Yfame qui était très sage. Pauvreté qui est féroce nous a plongés dans une terrible misère. Il serait bon de trouver maintenant un moyen qui nous en sortît. Les prêtres jouissent de gros revenus ; ils ont trop de ce dont nous n'avons pas assez. Si vous voulez me croire, je vous sortirai de la pauvreté et je couvrirai de honte ceux qui croient m'enjôler.

— Pensez donc, répondit Jean, à bien les appâter, ma belle et douce sœur, mais je ne voudrais à aucun prix que vous vous fassiez posséder.

68 — Tesiez ! vous monterez la sus
    En cel solier tout coiement,
    Si garderez apertement
    M'onor et la vostre et mon cors.
72 Les prestres meterons la fors
    Et li avoirs nous remaindra.
    Tout issi la chose avendra
    Se vous le volez otrïer.
76 — Alez tantost sanz detrïer,
    Fet Jehans, bele douce amie,
    Mes por Dieu ne demorez mie. »
    Au moustier s'en ala Yfame
80 Qui molt par estoit bone fame.
    Ainz que la messe fust chantee
    Fu assez tost amonestee
    De ceus qui quierent lor anui.
84 Yfame chascun a par lui,
    Tout belement, l'un aprés l'autre,
    Qu'ainc n'en sot mot li uns de l'autre,
    Mist lieu de venir a son estre.
88 Tout avant au premerain prestre
    A mis la bone dame leu
    Que il viengne entre chien et leu
    Et si aport toz ses deniers.
92 « Dame, fel cil, molt volentiers, »
    Qui molt est pres de son torment ;
    Neporquant va s'en lïement.
    Estes vous venu le secon
96 Qui voloit avoir du bacon :
    Molt par avoit chaude la croupe !
    Devant dame Yfame s'acroupe,
    Puis li descuevre sa penssee ;
100 Et cele qui s'est porpenssee
    De sa grande male aventure
    Li a mis leu par couverture
    Qu'il venist quant la cloche sone.
104 « Dame, ja n'avrai tant d'essoine,
    Fet li prestres, par saint Amant,
    Que je ne viegne a vo commant,
    Que pieç'a que je vous couvoite.

— Taisez-vous ! Vous monterez là-haut, dans ce grenier, en catimini, et ainsi vous veillerez adroitement sur mon honneur et le vôtre et sur ma personne. Nous mettrons dehors les prêtres, et l'argent nous restera. C'est ainsi que les choses se passeront si vous le voulez bien.

— Partez vite sans perdre de temps, ma belle et douce amie, dit Jean, mais, pour Dieu, ne vous attardez pas. »

79.   Yfame, qui était une excellente épouse, s'en alla à l'église. Avant que la messe ne fût chantée, elle fut très rapidement sollicitée par ceux qui cherchaient leur malheur. Yfame les prit chacun à part, et avec beaucoup de gentillesse, successivement, sans que les autres en sachent rien, elle leur fixa un rendez-vous chez elle.

Tout d'abord, au premier prêtre la bonne dame demanda de venir entre chien et loup en apportant tous ses deniers.

« Madame, bien volontiers », répondit celui qui était tout près de son martyre, ce qui ne l'empêcha pas de partir au comble de la joie.

Mais voici le deuxième qui voulait avoir sa part du jambon, tellement il avait le croupion brûlant ! Il se fit tout petit devant la dame, puis lui découvrit ses intentions ; et elle, qui avait combiné pour lui une terrible mésaventure, lui fixa un rendez-vous trompeur au moment où la cloche sonnerait.

« Madame, jamais rien, dit le prêtre, ne pourra m'empêcher, par saint Amant, de venir à votre commandement, car il y a longtemps que j'ai envie de vous.

108   — Aportez moi donc la queilloite
     Que vous me devez aporter.
     — Volentiers, je les vois conter »
     Fet cil qui de joie tressaut.
112   Et li autres prestres resaut,
     Puis li demande de rechief :
     « Dame, vendrai je ja a chief
     De ce dont je vous ai requise ? »
116   Et la dame qui fu porquise
     De sa grant honte et de son mal
     Li dist : « Biaus sire, il n'i a al ;
     Vostre parole m'a atainte,
120   Et Povretez qui m'a destrainte
     Me font otroier vo voloir.
     Or venez sempres a prinsoir
     Trestout belement a mon huis,
124   Et si ne venez mie vuis
     Que vous n'aportez ma promesse.
     — Ja ne puisse je chanter messe,
     Dame, se vous n'avez vostre offre !
128   Je les vois metre hors du coffre,
     Et les deniers et le cuiret. »
     Atant a la voie se met
     Cil qui est molt liez de l'otroi.
132   Or se gardent bien de lor roi,
     Qu'il ont porchacié laidement
     Lor mort et lor definement !
     Oublïé avoie une chose
136   Qu'a chascun prestre a la parclose
     Fist Yfame entendre par guile
     Que Jehans n'ert pas en la vile,
     Si s'en refist chascuns plus jois,
140   Mes cele nuit a granz conjois
     Jurent, ce sachiez vraiement.
     Et dame Yfame isnelement
     Est revenue a sa meson ;
144   Son baron conte la reson.
     Jehans l'oï, molt liez en fu.
     A sa niecete a fet le fu
     Alumer et la table metre.

— Apportez-moi donc la redevance que vous me devez.

— Volontiers, je vais faire les comptes », reprit l'autre qui sautait de joie.

112.   Mais le troisième prêtre surgit de son côté ; puis, à son tour, il lui demanda :

« Madame, obtiendrai-je ce que j'ai sollicité de vous ? »

Et la dame, qu'il pourchassait pour son déshonneur et son malheur, lui répondit :

« Cher seigneur, il n'y a rien d'autre à faire. Vos paroles qui m'ont touchée et Pauvreté qui m'étreint me conduisent à faire votre volonté. Venez donc à la tombée de la nuit, sans attirer l'attention, jusqu'à ma porte, et ne venez pas les mains vides en oubliant ce que vous m'avez promis.

— Puissé-je ne plus jamais chanter la messe si vous n'avez pas votre offrande ! Je vais les retirer de mon coffre, les deniers et la bourse. »

Il se mit alors en route, tout joyeux qu'elle eût accepté. Maintenant, qu'ils se gardent bien du piège qu'on leur a tendu, car ils ont honteusement cherché leur mort et leur fin !

135.   Mais j'ai oublié un point : à chaque prêtre, pour finir, Yfame fit entendre par tromperie que Jean n'était pas en ville : chacun en fut d'autant plus joyeux, et cette nuit-là, c'est au comble du bonheur qu'ils se couchèrent, soyez-en sûrs et certains.

Quant à dame Yfame, rapidement elle revint chez elle et raconta l'histoire à son mari. Jean, à l'entendre, fut tout heureux. Il fit allumer le feu et dresser la table à sa petite nièce

148 Cele qui ne se vout demetre
    Qu'ele ne face son commant
    A mis la table maintenant,
    Qu'ele savoit bien son usage.
152 Et Yfame qui fu molt sage
    Li dist : « Biaus sire, la nuit vient,
    Or sai je bien qu'il vous covient
    Repondre, qu'il en est bien poins. »
156 Et Jehans qui ot deus porpoins
    En avoit le meillor vestu.
    Biaus hom fu et de grant vertu.
    En sa main a pris sa coingnie ;
160 Une maçue a empoingnie,
    Qui molt ert grosse, de pommier.
    Estes vous venu le premier
    Tout carchié de deniers qu'il porte ;
164 Tout belement hurte a la porte :
    Il ne veut mie c'on l'i sache.
    Et dame Yfame arriere sache
    Le veroil et l'uis li desfarme.
168 Quant cil a veü dame Yfame,
    Si la cuide avoir deceüe.
    Et Jehans, qui tint la maçue
    Qui molt ot grosse la cibole,
172 Felonessement le rebole
    Si que li prestres n'en sot mot.
    Tout coiement sanz dire mot
    Avala Jehans le degré
176 Et cil qui cuide avoir son gré
    De la dame, tout a estor
    Vint a li, se li fet un tor
    Si qu'en mi la meson l'abat,
180 Et Jehans, qui sor eus s'embat
    Tout belement et sanz moleste,
    Le fiert a deus mains en la teste
    Si durement de la coingnie
184 La teste li a si coingnie,
    Li sans et la cervele en vole ;
    Cil chiet mors, si pert la parole.
    Yfame en fu molt esmarie ;

qui, sans renâcler à lui obéir, mit aussitôt la table, car elle s'entendait à le faire. Yfame, qui était très sage, lui dit :

« Cher seigneur, la nuit vient : je pense qu'il faut maintenant vous cacher, c'est le moment. »

156.   Jean, qui possédait deux pourpoints, revêtit le meilleur. C'était un bel homme, d'une grande robustesse. Il prit en main sa cognée et empoigna une énorme massue en bois de pommier.

Or voici qu'arriva le premier, tout chargé des deniers qu'il apportait. Discrètement, il frappa à la porte, ne voulant pas qu'on le sût ici. Dame Yfame retira le verrou et lui ouvrit. Le prêtre, à sa vue, s'imagina qu'il l'avait séduite. Jean, qui tenait la massue à la tête volumineuse, lui jetait des regards furieux, sans que l'autre se rendît compte de rien. Tout doucement, sans dire un mot, Jean descendit l'escalier, tandis que le prêtre, croyant disposer de la dame, se précipita d'emblée sur elle, l'attaqua et la renversa au milieu de la pièce. Mais Jean, se jetant sur eux sans faire le moindre bruit, le frappa des deux mains avec la cognée sur la tête, et il tapa si fort que le sang et la cervelle giclèrent. Le prêtre tomba mort, perdant la parole. Yfame en fut tout effrayée,

188 Jehans jure sainte Marie,
    Se sa fame noise fesoit,
    De sa maçue la ferroit ;
    Cele se test et cil embrace
192 Celui qui gist mors en la place,
    En sa cort l'en porta errant,
    Si l'a drecié tout maintenant
    A la paroi de son bercil,
196 Et puis repere du cortil ;
    Dame Yfame reconforta.
    Et li autres prestres hurta,
    Qui queroit son mal et sa honte,
200 Et Jehanz el solier remonte.
    Et dame Yfame l'uis li oevre,
    Qui molt fu dolente de l'uevre,
    Mes fere li estuet par force.
204 Et cil entre carchiez el porce,
    Les deniers mist jus qu'il portoit.
    Et Jehans, qui lasus estoit,
    Par la treillie le porlingne,
208 Felonessement le rechingne,
    Aval descent tout coiement.
    Et cil embraça esraument
    Celi por avoir son delit,
212 Si l'abati en un biau lit.
    Jehans le vit, molt l'en pesa :
    De la maçue qui pesa
    Le fiert tel cop en la caboce
216 Ce ne fu pas por lever boce,
    Ainz esmie quanqu'il ataint.
    Cil fu mors, la face li taint,
    Quar la mort l'angoisse et sousprent.
220 Et sire Jehans le reprent,
    Si le va porter avec l'autre,
    Puis a dit : « Or estes vous autre ;
    Je ne sai s'il vous apartient,
224 Mes mieus vaut compaignon que nient ! »
    Quant ot ce fet, si s'en retorne,
    Son afere molt bien atorne :
    Les deniers a mis en la huche.

mais Jean jura par sainte Marie que, si sa femme faisait du bruit, il la frapperait de sa massue. Elle se tut,
et lui prit dans ses bras le mort qui était étendu sur
le carreau. Il l'emporta aussitôt dans sa cour où il le
dressa sur-le-champ contre la paroi de sa bergerie ;
puis il revint de l'enclos et réconforta dame Yfame.

198.   Le deuxième prêtre heurta la porte, en
quête de son malheur et de sa honte. Jean remonta
au grenier, tandis que dame Yfame lui ouvrait. Elle
était désolée de l'aventure, mais elle était obligée de
le faire. Le prêtre passa le seuil avec sa charge, et il
posa les deniers qu'il portait. Jean, de là-haut, le lor-
gnait par la claire-voie et, de fureur, grinçait des
dents. Il se mit à descendre tout doucement. L'autre,
aussitôt, étreignit la femme pour prendre son plaisir,
et il la renversa sur un beau lit. Jean, quand il le vit,
en fut vraiment contrarié. De sa pesante massue, il
lui assena sur la caboche un tel coup que ce n'était
pas seulement pour lui faire une bosse, mais il mit en
miettes tout ce qu'il toucha. Le prêtre perdit la vie,
le visage blême, car la mort le pressa et le prit. Sire
Jean l'attrapa à son tour et alla le porter avec l'autre.

« Et de deux ! dit-il. Je ne sais s'il vous est appa-
renté, mais mieux vaut un compagnon que rien du
tout. »

Cela fait, il revint, remit tout en ordre et déposa les
deniers dans la huche.

228 Ez vous le tiers prestre qui huche
     Tout belement et tout souef.
     Et Yfame reprent la clef,
     Maintenant l'uis li desferma ;
232 Et cil qui folement ama
     Entra en la meson carchiez.
     Et sire Jehans est muciez
     Souz le degré et esconssez.
236 Et cil qui cuide avoir son sez
     De la dame, l'a embrachie
     Et sus un biau lit l'a couchie.
     Jehans le vit, molt s'en corece ;
240 La maçue qu'il tint adrece,
     Tel cop li done lez la temple
     Que toute la bouche li emple
     De sanc et de cervele ensamble.
244 Cil cheï mors, li cors li tramble,
     Quar la mort l'angoisse et destraint.
     Et sire Jehans le restraint,
     Maintenant le prestre remporte,
248 Si le dreça delez la porte.
     Quant ce ot fet, si s'en revient.
     Or sai je bien qu'il me covient
     Dire par quel reson Jehans
252 Qui molt ot cele nuit d'ahans
     Remist les deus prestres ensamble ;
     Se ne vous le di, ce me samble,
     Li fabliaus seroit corrompus.
256 Jehans fust a mal cul apus
     Ne fust uns siens niez, Estormis,
     Qui adonc li fu bons amis,
     Si com vous orrez el fablel.
260 Yfame ne fu mie bel
     De l'afere, mes molt dolante.
     « Se je savoie ou mes niez hante,
     Fet Jehans, je l'iroie querre ;
264 Il m'aideroit bien a conquerre
     A delivrer de cest fardel,
     Mes je cuit qu'il est au bordel.
     — Non est, biaus sire, fet sa niece ;
268 Encor n'a mie molt grant piece

228.   Et voici le troisième prêtre qui appela tout bas, tout doucement. Yfame reprit la clé et aussitôt lui ouvrit la porte. L'autre, en proie à son fol amour, entra dans la maison tout chargé, tandis que messire Jean, pour se cacher, se blottit sous l'escalier. Le prêtre, croyant prendre son plaisir avec la dame, la serra dans ses bras et la coucha sur le lit. À cette vue, Jean entra dans une violente colère : il souleva la massue qu'il tenait et lui donna un tel coup sur la tempe qu'il lui remplit toute la bouche de sang et de cervelle mêlés, et qu'il tomba sans vie, le corps saisi de tremblements, car la mort le pressait et l'étreignait. Messire Jean le prit à son tour dans ses bras ; il l'emporta aussitôt et le mit debout à côté de la porte. Après quoi, il s'en revint.

250.   Maintenant je sais bien qu'il me faut dire pourquoi Jean qui eut tant de tracas cette nuit-là, mit ensemble les deux prêtres l'un après l'autre. Si je ne vous le dis pas, il me semble que le fabliau serait gâché. Jean aurait été en fâcheuse posture sans un neveu à lui, Estormi, qui, en la circonstance, fut pour lui un précieux ami, comme vous allez l'entendre dans le fabliau. Yfame, loin d'être heureuse de cette affaire, en était très affligée.

« Si je savais où mon neveu se trouve, dit Jean, j'irais le chercher. Il m'aiderait bien à découvrir un moyen pour me délivrer de ce fardeau ; mais je crois qu'il est au bordel.

— Non, il n'y est pas, cher seigneur, fit sa nièce, il n'y a pas encore très longtemps

Que je le vi en la taverne
La devant, chiés dame (H)odïerne.
— Ha ! fet Jehans, por saint Grigore,
272 Va savoir s'il i est encore. »
Cele s'en torne molt corcie ;
Por mieus corre s'est escorcie.
A l'ostel vient, si escoutoit
276 Se son frere leenz estoit.
Quant el l'ot, les degrez monta,
Delez son frere s'acosta,
Qui getoit les dez desouz main.
280 Ne li vint mie bien a main
La cheance, quar il perdi.
A poi que tout ne porfendi
De son poing trestoute la table.
284 Voirs est, c'est chose veritable
(Qui ne m'en croit demant autrui)
Que cil a sovent grant anui
Qui jeu de dez veut maintenir.
288 Mais ne vueil mie plus tenir
Ceste parole, ainçois vueil dire
De celi qui son frere tire
Qui de li ne se donoit garde.
292 Estormis sa seror regarde,
Puis li demande dont el vient.
« Frere, fet ele, il vous covient
Parler a moi par ça desouz.
296 — Par foi, je n'irai mie sous,
Que je doi ja ceenz cinc saus.
— Tesiez vous, que bien seront saus,
Que je les paierai molt bien.
300 Biaus ostes, dites moi combien
Mes freres doit ceenz par tout.
— Cinc saus. — Vez ci gage por tout,
Je vous en lerai mon sorcot ;
304 A il bien paié son escot ?
— Oïl, bien avez dit reson. »
Atant issent de la meson.
Li vallés a non Estormis.

que je l'ai vu à la taverne, là-bas, chez dame
Hodierne.

— Ah ! dit Jean, par saint Grégoire, va voir s'il y
est toujours. »

273. La nièce partit tout émue, et, pour mieux
courir, elle retroussa son jupon. Une fois à l'auberge,
elle écouta pour savoir si son frère était dedans. Dès
qu'elle l'entendit, elle gravit les marches et se plaça à
côté de lui, qui était en train de jeter les dés tout en
les cachant. Mais il n'eut pas la main heureuse, car il
perdit : il s'en fallut de peu que de son poing il ne
fendît toute la table. C'est la pure vérité, et si l'on ne
me croit pas, qu'on demande aux autres : on a souvent de gros ennuis quand on s'adonne au jeu de dés.
Mais je ne veux plus m'attarder sur ce point, pour
parler plutôt de celle qui tirait par la manche son
frère, sans qu'il prît garde à elle. Estormi finit par
regarder sa sœur, puis il lui demanda d'où elle venait.

« Frère, dit-elle, il faudrait que vous veniez me parler par ici en bas.

— Par ma foi, je ne saurai y aller sans caution, car
ici je dois déjà cinq sous.

— Taisez-vous : ils seront bientôt remboursés, je
les paierai jusqu'au dernier. Cher patron, dites-moi
combien mon frère doit ici en tout.

— Cinq sous.

— Voici un gage pour le tout : je vous laisserai
mon surcot. Est-ce assez pour payer son écot ?

— Oui, vous avez parlé comme il faut. »

306. Ils sortirent de la maison. Le jeune homme,
qui s'appelait Estormi,

308   Atant s'est a la voie mis.
      Estormis sa seror demande
      Se c'est ses oncles qui le mande.
      « Oïl, biaus frere, a grant besoing. »
312   Li osteus ne fu mie loing,
      A l'uis vienent, enz sont entré
      Et quant Jehans a encontré
      Son neveu, molt grant joie en fet.
316   « Dites moi qui vous a mesfet,
      Por le cul Dieu, fet Estormis.
      — Je te conterai, biaus amis,
      Fet sire Jehans, tout le voir.
320   Uns prestres par son mal savoir
      Vint dame Yfamain engingnier ;
      Et je le cuidai mehaingnier,
      Si l'ai ocis, ce poise mi.
324   Se cil le sevent d'entor mi,
      Je serai mors isnel le pas.
      — Ja ne me mandiiez vous pas,
      Fet Estormis, en vo richece ;
328   Mes ja ne lerai por perece,
      Par le cul Dieu, fet Estormis,
      Puis que tant m'en sui entremis,
      Que vous n'en soiez delivrez.
332   Fetes tost, un sac m'aportez,
      Quar il en est huimés bien eure. »
      Et sire Jehans ne demeure,
      Ainz li a le sac aporté ;
336   Au prestre qu'il ot acosté
      D'une part, son neveu en maine,
      Mes ainçois orent molt grant paine
      Qu'il li fust levez sor le col.
340   Estormis en jure saint Pol
      Qu'ainz ne tint si pesant fardel.
      Ses oncles li baille un havel
      Et une pele por couvrir.
344   Cil s'en vait, s'a fet l'uis ouvrir,
      Qui ne demanda pas lanterne.
      Par mi une fausse posterne
      Vait Estormis qui le fais porte ;

se mit en route et demanda à sa sœur si c'était son
oncle qui le demandait.

« Oui, cher frère, il a bien besoin de vous. »

Le logis n'étant pas loin, les voici à la porte, et ils
pénétrèrent à l'intérieur. Quand Jean rencontra son
neveu, il laissa éclater sa joie.

« Dites-moi qui vous a causé du tort, cul de Dieu,
dit Estormi.

— Je vais te dire, cher ami, toute la vérité, dit messire Jean. Un prêtre a eu la mauvaise idée de venir
séduire dame Yfame. Je croyais seulement le blesser,
mais je l'ai tué, et cela m'ennuie. Si mes voisins
l'apprennent, je serai tout aussitôt un homme mort.

— Vous ne me demandiez jamais, fit Estormi,
quand vous étiez riche ; mais je ne serai pas assez
paresseux, cul de Dieu, puisque me voici embarqué,
pour ne pas vous en débarrasser. Dépêchez-vous,
apportez-moi un sac, car il est grand temps. »

334.   Et messire Jean, sans tarder, lui apporta le
sac. Vers le prêtre qu'il avait dressé contre le mur à
côté, il emmena son neveu. Mais quelle peine ils
eurent à le hisser sur le cou d'Estormi qui jura par
saint Paul qu'il n'avait jamais porté de si pesant fardeau ! Son oncle lui donna un pic et une pelle pour
le recouvrir de terre. Et Estormi de s'en aller après
avoir fait ouvrir la porte, sans demander de lanterne.
Par une fausse poterne, il s'éloigna, chargé de son
fardeau :

348   Ne veut pas aler par la porte.
      Et quant il est aus chans venus,
      Si a le prestre geté jus ;
      El fons d'un fossé fet la fosse.
352   Celui qui ot la pance grosse
      Enfuet, et puis si l'a couvert.
      Son pic et sa pele rahert
      Et son sac ; atant s'en repere.
356   Et Jehans ot si son afere
      Atiré qu'il ot l'autre prestre
      Remis et el lieu et en l'estre
      Dont cil avoit esté getez
360   Qui enfouir estoit portez ;
      Bien fu parfont en terre mis.
      Atant est venuz Estormis
      A l'uis, et il li est ouvers.
364   « Bien est enfouiz et couvers,
      Fet Estormis, li dans prelas.
      — Biaus niez, ainz me puis clamer las,
      Fet Jehans, qu'il est revenuz !
368   Jamés ne serai secoruz
      Que je ne soie pris et mors.
      — Dont a il le deable el cors,
      Qu'i l'ont raporté ça dedenz !
372   Et s'il en i avoit deus cenz,
      Si les enforrai je ainz le jor. »
      A cest mot a pris son retor,
      Son pic et son sac et sa pele,
376   Puis a dit : « Ainz mes n'avint tele
      Aventure en trestout cest monde !
      A foi, Damedieus me confonde,
      Se j'enfouir ne le revois !
380   Je seroie coars renois,
      Se mon oncle honir lessoie ! »
      Atant vers le prestre s'avoie
      Qui molt estoit lais et hideus,
384   Et cil qui n'ert pas peüreus
      Nient plus que s'il ert toz de fer,
      Li dist : « De par toz ceus d'Enfer
      Soiez vous ore revenuz !

il ne tenait à passer par la grand-porte. Une fois en pleine campagne, il jeta le prêtre par terre et creusa la fosse au fond d'un fossé ; il enterra l'homme avec sa grosse panse et le recouvrit de terre. Il reprit son pic et sa pelle, et alors il s'en retourna. Jean, quant à lui, s'était arrangé pour mettre l'autre prêtre à la place et à l'endroit de celui qui en avait été enlevé pour être enterré. Ah ! oui, il avait bel et bien été mis en terre !

362. Or voici qu'Estormi était parvenu à la porte, et on lui ouvrit.

« Il est bel et bien enfoui, fit-il, et recouvert de terre, notre monseigneur.

— Cher neveu, je peux proclamer que je joue de malchance, répondit Jean, car il est revenu. Aucun secours ne m'empêchera d'être pris et mis à mort.

— Il faut qu'il ait le diable au corps, car ce sont eux qui l'ont rapporté ici même. Eh bien ! même s'il y en avait deux cents, je les enterrerai avant le jour. »

À ces mots, il repartit avec son pic, son sac et sa pelle, puis il dit :

« Jamais il n'est arrivé une telle aventure dans le monde entier. Par ma foi, que Dieu m'anéantisse si je ne vais pas l'enterrer de nouveau ! Je serais un infâme poltron si je laissais déshonorer mon oncle. »

382. Il se dirigea alors vers le prêtre qui était affreusement laid et, en homme qui n'était pas plus poltron que s'il était tout entier de fer, il lui dit :

« Par tous ceux de l'enfer, vous voilà revenu !

388 Bien estes en Enfer connuz
     Quant il vous ont ci raporté. »
     Atant a le prestre acosté,
     Si l'en porte ; atout lui s'en cort
392 Par mi le sentier de la cort ;
     Ne le veut mie metre el sac.
     Estormis sovent en somac
     Le regarde, si le ramposne :
396 « Restiiez ore por la dosne
     Revenuz si novelement ?
     Ja por nul espoentement
     Ne lerai que ne vous enfueche. »
400 Atant de la haie s'aprueche ;
     Celui qu'il portoit i apuie ;
     Sovent garde qu'il ne s'en fuie.
     La fosse a fete molt parfonde ;
404 Le prestre prent, dedenz l'afonde ;
     Si lons comme il estoit, le couche,
     Puis li a les ieus et la bouche
     Et le cors tout couvert de terre,
408 Puis jure les sainz d'Engleterre,
     Ceus de France et ceus de Bretaingne,
     Que molt avera grant engaingne
     Se li prestres revient huimés.
412 Mes de cestui est il bien pes,
     Que il ne porra revenir ;
     Mes du tiers soit au couvenir
     Que il trovera ja tout prest !
416 Mestier li est qu'il se raprest,
     Quar on li jue de bondie.
     Or est resons que je vous die
     De Jehan qu'il mist, c'est la voire,
420 El lieu le daarrain provoire
     Ou li autre dui furent pris,
     Qui ja erent fors du porpris
     Enfoui par lor grant mesfet.
424 Et tantost qu'Estormis ot fet,
     A son ostel est reperiez.
     « Hé ! las ! com je sui traveilliez,
     Fet Estormis, et eschaufez !

Vous y êtes bien connu puisqu'ils vous ont rapporté
ici. »

Il attrapa le prêtre et l'emporta. Avec lui il se mit à
courir sur le sentier de la cour, sans vouloir le mettre
dans le sac. Il le regardait souvent de biais et le bro-
cardait :

« C'est donc pour la dame que vous étiez revenu si
récemment ? Jamais aucune épouvante ne m'empêchera de vous enterrer. »

Il s'approcha de la haie contre laquelle il appuya
celui qu'il portait, le surveillant du regard de peur
qu'il ne s'enfuie. Il creusa une fosse très profonde,
prit le prêtre et le jeta au fond où il le coucha de tout
son long. Puis il lui couvrit de terre les yeux, la
bouche, tout le corps, jurant par tous les saints
d'Angleterre, par ceux de France et ceux de
Bretagne, qu'il serait tout à fait vexé si le prêtre revenait aujourd'hui. Mais si, pour celui-là, il est tranquille car il ne pourra pas revenir ; en revanche, pour
le troisième, qu'il soit au rendez-vous ! Il le trouvera
bientôt tout prêt. Il a besoin de s'y préparer, car on
le roule dans la farine.

418.   Maintenant il est normal que je vous dise, à
propos de Jean, qu'il mit, c'est la vérité, le dernier
prêtre à l'endroit d'où avaient été enlevés les deux
autres avant d'être enterrés en dehors de l'enclos, et
ce, par leur propre faute.

Estormi, aussitôt sa besogne achevée, revint chez
lui :

« Ah ! misère ! comme je suis exténué, fit-il, et que
j'ai chaud !

428 Molt estoit cras et esfossez
    Li prestres que j'ai enfoui ;
    Molt longuement i ai foui
    Por lui metre plus en parfont.
432 Se deable ne le refont
    Revenir, ja ne revendra. »
    Et Jehans dist ja ne verra
    L'eure qu'il en soit delivrez :
436 « J'en serai a honte livrez
    Ainz demain a l'avesprement. »
    Estormis li respont : « Comment
    Serez vous livrez a tel honte ?
440 — Ha ! biaus dous niez, ci n'a nul conte
    Que je ne soie en grant peril :
    Revenuz est en no cortil
    Li prestres que vous en portastes.
444 — Par foi, onques puis ne parlastes,
    Fet Estormis, que vous mentistes,
    Quar orainz a voz ieus veïstes
    Que je l'en portai a mon col.
448 Je n'en croiroie pas saint Pol,
    Oncles, que vous deïssiez voir.
    — Ha ! biaus dous niez, venez veoir
    Le prestre qui revenuz est.
452 — Par foi, tierce foie droiz est,
    Ne m'i leront anuit mengier !
    Par foi, bien se cuide vengier
    Li deables qui le raporte ;
456 Mes de rien ne me desconforte,
    Ne pris deus oés lor granz merveilles ! »
    Au prestre vint ; par les oreilles
    L'aert et puis par le goitron,
460 Puis en a juré le poistron
    Que le provoire renforra,
    Ne ja por ce ne remaindra
    S'il a les deables el ventre.
464 A cest mot en grant paine rentre
    Estormis qui le prestre encarche.
    Sovent va maudissant sa carche ;
    N'en puet mes, quar forment li grieve.

Il était très gras et énorme, le prêtre que j'ai enterré ; j'ai creusé longtemps pour le mettre le plus au fond possible. Si les diables ne le font pas revenir, jamais il ne reviendra. »

Jean lui répondit qu'il ne verrait jamais l'heure de sa délivrance :

« Je serai livré au déshonneur avant demain soir.

— Comment serez-vous déshonoré ? reprit Estormi.

— Ah ! mon cher neveu, je ne raconte pas d'histoire quand je dis que je suis en grand danger : il est revenu dans notre jardin, le prêtre que vous avez emporté.

— Par ma foi, fit Estormi, vous n'avez fait que mentir, car tout à l'heure vous avez vu de vos propres yeux que je l'ai emporté sur mes épaules. Saint Paul lui-même ne me ferait pas croire, mon oncle, que vous avez dit la vérité.

— Eh bien ! mon cher neveu, venez voir le prêtre qui est revenu,

— Par ma foi, jamais deux sans trois : ils ne me laisseront pas manger de la nuit. Ma foi, il s'imagine qu'il va bien se venger, le diable qui le rapporte, mais je ne suis pas du tout découragé : je me fiche éperdument de leurs prodiges. »

458. Il vint vers le prêtre : il l'attrapa par les oreilles, puis par le gosier, et il jura par le divin postérieur qu'il remettrait le prêtre en terre et que rien ne l'en empêcherait, même s'il avait les diables au corps. À ces mots, il recommença à peiner pour charger le prêtre. Il ne cessait de maudire sa charge, il n'en pouvait plus, tant son poids l'accablait.

468 « Par le cuer Dieu, cis fais me crieve,
     Fet Estormis, je m'en demet. »
     Atant a la terre le met
     Que plus avant ne le porta.

472 Delez une saus acosta
     Le prestre qui ert cras et gros.
     Mes ainçois li sua li cors
     Que il eüst sa fosse fete.

476 Et quant il l'ot molt bien parfete,
     Au prestre vint et si l'embrace.
     Cil fut granz et Estormis glace :
     En la fosse chieent anduit.

480 « Par foi, or ai je mon pain cuit !
     Fet Estormis qui fu desous.
     Las ! Or morrai je ci toz sous,
     Quar je sui ci en grant destrece. »

484 Et la mains au prestre radrece
     Qui del bort de la fosse eschape,
     Puis li a doné tel soupape
     Por poi les denz ne li esmie.

488 « Vois ! Por le cul sainte Marie,
     Fet Estormis, je sui matez.
     Cist prestres est resuscitez !
     Com m'a ore doné bon frap ! »

492 Je ne cuit que mes li eschap,
     Que trop me foule et trop me mate ! »
     Atant l'aert par la gargate,
     Si le torne et li prestres chiet.

496 « Par foi, fet il, il vous meschiet.
     Quant je sui deseure tornez,
     Malement serez atornez ! »
     Atant est saillis a sa pele,

500 Au prestre en a donee tele
     Qu'aussi la teste li esmie
     Com fust une pomme porrie.
     Atant est de la fosse issus.

504 Celui qui cras ert et fessus
     A tout de terre acouveté.
     Assez a sailli et hurté
     Por la terre sor lui cauchier ;

« Cœur de Dieu, ce fardeau me crève, fit Estormi, j'y renonce. »

Et de le déposer à terre, sans le porter plus loin. Contre un saule il appuya le prêtre qui était gras et gros, mais il sua sang et eau avant d'avoir creusé la fosse. Une fois qu'il l'eut achevée, il vint vers le prêtre et le prit dans ses bras. Le prêtre était grand et Estormi glissa : ils tombèrent tous les deux dans la fosse.

« Par ma foi, je suis cuit, fit Estormi qui se retrouva dessous. Hélas ! je vais mourir ici tout seul, je suis bel et bien coincé. »

484.   La main du prêtre se redressa, échappant au bord de la fosse, et lui donna un si violent uppercut que pour un peu elle lui mettait les dents en miettes.

« Oh ! là, là, par le cul de sainte Marie, je suis sonné. Ce prêtre est ressuscité ! Quel coup il vient de me donner ! Je ne crois pas que je puisse lui échapper : il m'écrase trop, il m'éreinte trop. »

Il le saisit par le gosier, il le retourna, et le prêtre tomba.

« Ma foi, fit-il, ça va mal pour vous ! Puisque j'ai maintenant le dessus, je vais salement vous arranger ! »

Il sauta sur sa pelle et en donna au prêtre un coup si violent qu'il lui mit la tête en miettes comme une vulgaire pomme pourrie. Il sortit de la fosse et recouvrit entièrement de terre le gros fessu. Il trépigna et piétina un bon moment pour tasser la terre sur le prêtre.

508 Puis jure le cors saint Richier
     Que il ne set que ce puet estre
     Se li prestres revient en l'estre :
     Ja n'ert mes enfouiz par lui,
512 Quar trop li a fet grant anui :
     Ce dist, puis s'en vait a cest mot.
     N'ot gueres alé quant il ot
     Un prestre devant lui aler,
516 Qui de ses matines chanter
     Venoit par sa male aventure ;
     Par devant une devanture
     D'une meson est trespassez.
520 Estormis qui molt fu lassez
     Le regarda a la grant chape.
     « Vois ! fet il, cil prestres m'eschape !
     Par le cul Dieu, il s'en reva !
524 Qu'est ce, sire prestres ? Diva,
     Me volez vous plus traveillier ?
     Longuement m'avez fet veillier,
     Mes certes noient ne vous vaut ! »
528 Dont hauce le havel en haut ;
     Le prestre fiert si lez l'oreille
     Que ce fust une grant merveille
     Se li prestres fust eschapez,
532 Quar il fu du havel frapez
     Que la cervele en cheï jus.
     « Ha ! fet il, trahitres parjurs,
     Com m'avez fet anuit de honte ! »
536 Que vous feroie plus lonc conte ?
     Estormis le prestre reporte
     Par une bresche lez la porte,
     Si l'enfuet en une marliere.
540 Trestout en si fete maniere
     Fist Estormis com j'ai conté.
     Et quant il l'ot acouveté,
     Le prestre, si repere atant.
544 Du revenir se va hastant
     Por ce que li jors apparoit.
     Jehans estoit a la paroit

Il jura ensuite par le corps de saint Richier qu'il renonçait à y comprendre quelque chose si le prêtre revenait à la maison, mais ce ne serait pas lui qui l'enterrerait, car il lui avait causé trop d'ennuis. Tels furent ses propos, et sur ce, il s'en alla.

514.   Il ne s'était guère éloigné quand il entendit un prêtre marcher devant lui : il venait de chanter ses matines pour son plus grand malheur. Il passa devant la façade d'une maison. Estormi, qui était épuisé, le regarda, qui portait une grande cape.

« Oh ! là, là, ce prêtre m'échappe. Cul de Dieu, il repart encore une fois. Qu'est-ce que c'est, messire le prêtre ? Dites donc, vous voulez m'épuiser encore plus ? Vous m'avez fait longtemps veiller, mais ce qui est sûr, c'est que ça ne vous sert à rien ! »

Il leva le pic et frappa le prêtre près de l'oreille si fort que c'eût été un pur miracle qu'il en réchappât, car le coup de pic projeta au sol la cervelle.

« Ah ! traître parjure, fit-il, comme vous m'avez déshonoré cette nuit ! »

536.   À quoi bon allonger le conte ? Estormi emporta le prêtre par une brèche près de la porte, et il l'enfouit dans une marnière. Il fit tout exactement de la manière que j'ai raconté et, le prêtre recouvert, il s'en retourna, se dépêchant de revenir, car le jour se levait. Jean, dans sa maison,

Dedenz sa meson apuiez.
548 « Dieus ! fet il, quant vendra mes niez ?
Molt sui engranz que je le voie. »
Estes vous celui par la voie,
Qui molt ot eü de torment ;
552 A l'uis vient et cil esraument
Li ouvri l'uis et si le baise,
Puis li dist : « Molt dout la malaise
Que vous avez eü por mi ;
556 Molt vous ai trové bon ami
Anuit, foi que doi saint Amant.
Or pues bien fere ton commant
De mon cors et de mon chatel. »
560 Dist Estormis : « Ainz n'oï tel !
N'ai soing de deniers ne d'avoir,
Mes, biaus oncles, dites moi voir
Se li prestres est revenuz.
564 — Nenil. Bien [i] sui secoruz ;
Jamés aperçuz n'en serai.
— Ha ! biaus oncles, je vous dirai
Une bone chetiveté.
568 Quant j'oi le prestre acouveté,
Or escoutez que il m'avint :
Li prestres devant moi revint
Quant je dui entrer en la vile ;
572 Eschaper me cuida par guile.
Et je li donai du havel
Si durement que le cervel
Lui fis espandre par la voie ;
576 Atant le pris, si me ravoie
Par la posterne la aval,
Si l'ai geté en contreval ;
En une rasque l'ai bouté. »
580 Et quant Jehanz ot escouté
La reson que li dist ses niez,
Si dist : « Bien en estes vengiez ! »
Aprés dist bas, tout coiement :
584 « Par foi, or va plus malement,
Que cil n'i avoit riens mesfet ;

se tenait appuyé contre la paroi.

« Mon Dieu, disait-il, quand mon neveu reviendra-t-il ? Que je suis impatient de le revoir ! »

Or le voici qui arrivait par la route, après tant et tant de tourments. Il parvint à la porte, son oncle la lui ouvrit aussitôt et l'embrassa en lui disant :

« Je me doute bien de la peine que tu as eue pour moi. J'ai trouvé en toi un excellent ami au cours de cette nuit. Par la foi que je dois à saint Amant, tu peux disposer comme tu veux de ma personne et de mes biens.

— Ça, c'est nouveau, répondit Estormi. Je n'ai cure de deniers ni de richesse. Mais, cher oncle, dites-moi oui ou non si le prêtre est revenu.

— Non ; je suis tiré d'affaire ; jamais on ne me soupçonnera.

— Eh bien ! cher oncle, je vais vous dire une drôle d'histoire. Quand j'eus recouvert le prêtre de terre, écoutez donc ce qui m'arriva : le prêtre revint devant moi au moment où j'allais entrer dans le village. Il crut m'échapper par ruse, mais je lui donnai du pic un coup si violent que je répandis sa cervelle sur le chemin. Je le pris, je rentrai par la poterne et je le jetai en contrebas : je l'ai balancé dans un bourbier. »

580.   Quand Jean eut écouté le discours que lui tint son neveu, il lui dit :

« Tu t'es bien vengé de lui. Par ma foi, ajouta-t-il tout bas, c'est encore pire, car celui-là n'avait rien fait de mal.

Mes teus compere le forfet
Qui n'i a pas mort deservie. »
588 A molt grant tort perdi la vie
Li prestres qu'Estormis tua,
Mes deables grant vertu a
De genz engingnier et sousprendre.
592 Par les prestres vous vueil aprendre
Que folie est de covoitier
Autrui fame ne acointier.
Ceste resons est bien aperte :
596 Cuidiez vous por nule poverte
Que preude fame se descorge ?
Nenil, ains se leroit la gorge
Soier a un trenchant rasoir
600 Qu'ele feïst ja por avoir
Chose dont ses sire eüst blasme.
Cil ne furent mie de basme
Embaussemé a l'enfouir
604 Qui Yfame voudrent honir,
Ainz furent paié a lor droit.
Cis fabliaus moustre en bon endroit,
Qui enseigne a chascun provoire
608 Que il se gardent bien de boire
A tel hanap comme cil burent,
Qui par lor fol sens ocis furent
Et par lor grant maleürté.
612 Vous avez molt bien escouté
Comme il furent en terre mis.
Au mengier s'assist Estormis,
Assez but et assez menja.
616 Aprés mengier l'acompaingna
Jehans ses oncles a son bien,
Mes je ne sai mie combien
Il furent puissedi ensamble.
620 Mes on ne doit pas, ce me samble,
Avoir por nule povreté
Son petit parent en viuté,
S'il n'est ou trahitres ou lerres,
624 Que, s'il est fols ou tremeleres,

Mais tel paie la faute sans avoir mérité de mourir. »

C'est bien à tort qu'il perdit la vie, le prêtre tué par Estormi, mais le diable a un pouvoir exceptionnel pour tromper et surprendre les gens.

Par l'histoire des prêtres, je veux vous apprendre que c'est folie de convoiter et de fréquenter la femme d'un autre. Cette leçon est sans équivoque : croyez-vous que, quelle que soit sa pauvreté, une honnête femme se dévergonde ? Non, elle se laisserait plutôt trancher la gorge avec un rasoir que de faire pour de l'argent quelque chose qui déshonore son mari. Ces trois-là qui voulurent déshonorer Yfame ne furent pas embaumés quand ils furent enterrés, mais ils furent payés à leur juste prix.

606.   Ce fabliau donne une bonne leçon en enseignant à chaque prêtre de bien se garder de boire à la même coupe que ces trois-là qui perdirent la vie à cause de leur folie et de leur méchanceté. Vous avez bel et bien entendu comment ils furent mis en terre.

Estormi s'assit pour manger. Il but et mangea son saoul. Le repas terminé, Jean son oncle l'associa à ses biens. Mais je ne sais pas combien de temps ils demeurèrent ensemble depuis ce jour. Quoi qu'il en soit, on ne doit pas, à mon avis, mépriser un parent modeste, si pauvre soit-il, à moins que ce ne soit un traître ou un brigand. Car, même s'il est fou ou joueur,

Il s'en retret au chief de foiz.
Vous avez oï mainte foiz
En cest fablel que Jehans fust,
628 Se ses niez Estormis ne fust,
Honiz entre lui et s'ancele.
Cest fablel fist Hues Piaucele.

Explicit d'Estormi.

il se range en fin de compte. Vous avez entendu à plusieurs reprises dans ce fabliau que Jean, sans son neveu Estormi, eût été couvert de honte, ainsi que sa femme.

Ce fabliau a été composé par Huon Piaucele.

Fin d'Estormi.

XVI. — DES TRESCES

    Jadis avint c'uns chevaliers
    Preuz et cortois et beax parliers
    Et saiges et bien entechiez
4 S'ert si en proesce affichiez
    C'onques de riens ne se volt faindre
    En place ou il pooist ateindre ;
    Et partot si bien le faisoit
8 Et a toz sis erres plaisoit,
    Tant qu'il fu de si grant renon
    Qu'an ne parloit se de lui non.
    Et s'en li ot sen et proesce,
12 Il ert de si haute largece,
    Quant il avoit le heaume osté :
    Preuz ert au champ et a l'osté.
    Il ot feme de grant paraige,
16 Qui avoit mis tot son coraige
    A un chevaliers du païs.
    N'ert pas de la vile naïs,
    Ainz avoit un autre recet
20 Pres de sis liues ou de set.
    Il n'i osoit venir souvent,
    Qu'an ne s'alast apercevant.
    Bien [s]ot parler de son affaire
24 Ne il n'en ose noise faire
    A nului qui soit de sa vile ;
    Et di que chevaliers s'aville
    Et de ses amors ne li chaut,

XVI. — LES TRESSES

Il y eut jadis un chevalier courageux, courtois, éloquent, sage et plein de qualités, qui recherchait tellement la prouesse que jamais il ne voulut reculer devant aucune entreprise qui fût à sa portée. Il réussissait si bien partout, son comportement plaisait tant à tout le monde qu'il acquit une si grande renommée qu'on ne parlait que de lui. Et s'il possédait la sagesse et le courage, il était tout aussi généreux, une fois le heaume enlevé. Il était valeureux en champ clos autant qu'à la maison.

15. Il avait une femme de grande naissance qui avait donné tout son cœur à un chevalier du pays. Il n'était pas natif de la ville, mais il possédait une autre demeure à environ six ou sept lieues. Il n'osait pas y venir souvent de peur qu'on n'eût vent de l'intrigue. Il sut bien plaider sa cause, sans oser l'ébruiter auprès de qui que ce fût. Je dis qu'un chevalier se déshonore et se soucie peu de son amour

28 Qui se fie et croit en Richaut :
    Por ce n'en volt faire mesaige.
    Mais une suer qu'il ot molt sage
    Fait tant c'un vallet l'ot a feme ;
32 Cousin estoit a cele dame
    Qui en la vile ot son estaige.
    Et cil baa a l'aventaige
    De son couvent, se il puet estre,
36 Que ja nus ne saiche lor estre,
    Qui puist tesmoignier ne savoir,
    Que mielz valt, sanz blasme avoir,
    Chiés sa seror venir, aler
40 Et a s'amie iluec parler.
    Un jor ot mandee s'amie
    Chiés sa suer. Ne demora mie
    Que il oïrent tex noveles
44 Qui ne li furent gaires beles,
    Quar l'en dit que li sires vient.
    La dame voit qu'il l'en covient
    Aler, si le commande a Dé.
48 Tantost li a cil demandé
    Un don, mais ne set quel i fu
    Cele : ne l'en fist onc refu
    La dame, qui molt l'avoit chier.
52 Lors dit qu'il se voloit couchier
    O son seignor et ovuec lui :
    « Ja ne remaindra por nului »
    Fist cil qui fin'amor mestroie.
56 Et la dame le li ostroie,
    Quar tant ne se set entremetre
    Qu'el i puisse autre conseil metre.
    Lors s'en est a l'ostel venue
60 Et fait senblant de la venue
    Son seigneur et que bel l'en soit,
    Mais a autre chose penssoit
    Li cuers qui molt estoit plains d'ire.
64 Ne vueil des autres choses dire,
    Mais assez mengierent et burent,
    Et se couchierent quant il durent.
    Mais d'une chose me remembre,

s'il accorde sa confiance à une Richeut. C'est pourquoi notre homme ne voulut pas faire d'elle son mes-
sager. Mais il avait une sœur fort avisée qui se fit
épouser par un jeune homme ; or celui-ci était le cousin de cette dame qui résidait dans la ville. L'amant
voulut profiter de sa liaison, si possible sans que personne apprît leur intrigue au point de la connaître et
d'en répandre le secret, car il était préférable de ne
pas encourir de blâme en allant chez sa sœur pour y
rencontrer son amie et lui parler.

41.   Un jour qu'il avait fait venir son amie chez sa
sœur ils ne tardèrent guère à entendre des nouvelles
qui n'avaient rien d'agréable, car on leur dit que le
mari revenait. La dame se rendit compte qu'il lui fallait partir, et elle recommanda son ami à Dieu. Aussitôt celui-ci de lui demander un don, sans préciser
lequel ; et elle le lui accorda, car elle l'aimait beaucoup. Il lui dit alors qu'il voulait coucher avec son
mari et avec elle : « Personne ne m'en empêchera »,
fit celui que possédait un amour parfait. La dame lui
accorda cette faveur, car elle eut beau se creuser la
tête, elle ne put trouver une autre solution.

La voici revenue chez elle. Elle fit semblant d'être
enchantée du retour de son mari, mais c'est à autre
chose que pensait son cœur, en proie à la plus vive
colère. Je ne veux pas en dire davantage, sinon qu'ils
mangèrent et burent à satiété, et qu'ils se couchèrent
au moment voulu.

67.   Mais un détail me revient à l'esprit :

68 Que li sires ot lez sa chanbre
    Fait [faire] une petite estable,
    Qui ert a son cheval metable,
    Qui estoit a son chevauchier.
72 Il avoit son cheval molt chier,
    Quar quarante livres valoit ;
    Mais des autres ne li chaloit
    S'il fussent bien ou malement,
76 Fors d'une mule seulement.
    Et quant ce vint, endroit prinsome,
    Que tuit couchié erent si home,
    Que reposer la gent covint,
80 Li amis a la dame vint
    Par devers la chanbre a senestre,
    Et entre par une fenestre,
    Et vint leanz, mais ne set mie
84 De quel part se gisoit s'amie.
    Belement oreille et escoute,
    Lors taste et prant parmi le coute
    Le seignor, qui ne dormoit pas ;
88 Et li sires eneslepas
    Si le ra saisi par le poing.
    En une autre maison bien loing
    Se gisoient li escuier :
92 Molt pooist li sires huschier,
    Ainz que d'ax eüst nul aïe !
    Lors i(l) a fait une envaïe
    A celui que par le poing tient ;
96 Et cil qui bien se recontient
    Se deffent de sa force tote :
    Li uns tire, li autres boute,
    Tant qu'il se sont bien esprouvé.
100 Lors se tint cil por fol prouvé
    Qui la folie ot commenciee.
    A l'uis de la mareschauciee
    Se sont ambedui aresté.
104 Pres d'iluec ot lonc tens esté
    Une cuve trestote enverse,
    Et li sires dedenz enverse
    Celui qu'il tient por robeor.

le mari, à côté de sa chambre, avait fait bâtir une petite écurie, tout à fait adaptée à son cheval qu'il montait à l'ordinaire, et qu'il aimait beaucoup car il valait quarante livres ; quant aux autres, peu lui importait qu'ils fussent bien ou mal logés, à la seule exception d'une mule.

Quand il arriva, au moment du premier sommeil, que tous ses hommes fussent couchés et qu'il fût temps pour sa maison de prendre du repos, l'ami de la dame s'approcha de la chambre, sur la gauche, et par une fenêtre, il pénétra dans la pièce sans savoir de quel côté était couchée son amie. Il écouta de toutes ses oreilles, il tâta alors et prit par le coude le mari qui ne dormait pas ; celui-ci, sur-le-champ, le saisit à son tour par le poing. Dans un autre bâtiment, à une bonne distance, couchaient les écuyers : le mari aurait pu crier tant et plus avant que d'eux ne lui vînt aucune aide ! Il attaqua celui qu'il tenait par le poing, et l'autre, résistant aussi avec vigueur, se défendit de toutes ses forces. Celui-ci tirait, celui-là poussait ; ils se mesurèrent longuement. Alors l'amant se tint pour complètement fou de s'être jeté dans cette folle entreprise. Ils s'arrêtèrent tous deux à la porte de l'écurie, près de laquelle se trouvait depuis longtemps une cuve renversée. Le mari y culbuta celui qu'il prenait pour un voleur.

108 Molt ot la dame grant poor
    De son ami plus que de lui,
    Que li sires tint bien celui
    Et tant l'a batu comme toile.
112 Lors a dit : « Alumez chandoile
    (A la dame) et que tost queure !
    — Beax sire, se Diex me sequeure,
    Onques ne soi aler de nuiz :
116 Trop me seroit ja granz enuiz
    A trouver l'uis de la cuisine.
    Mais or me faites la saisine
    Du larron, gel tenrai molt bien.
120 — Ne vorroie por nule rien,
    Si m'aïst Diex, qu'il eschapast :
    Jamais ne pranra un repast,
    Quant il eschapera de ci !
124 — Sire, fait ele, ja merci
    N'en aiez, quant il est repris ! »
    Lors l'a la dame au[s] cheveus pris
    Et fait semblant que bien le tiegne ;
128 Mais li sires, comment qu'il praigne,
    Por du feu se met a la voie.
    Maintenant la damë envoie
    Son ami a grant aleüre,
132 Puis saut et deslie la mure ;
    Si l'a par les oreilles prise,
    Et por estre mielz entreprise
    Li boute en la cuve la teste.
136 Et li sires gaire n'arreste,
    Ainz prant du fu et prant s'espee
    Et dit que ja avra coupee
    La teste cil que pris avoit.
140 Mais quant la mule tenir voit
    A la dame, si s'esbahist
    Et dist : « Dame, se Diex m'aïst,
    Bien estoie musarz et fox,
144 Quant ge crui onques vostre lox !
    Assez ai plus que vos mespris :
    Quant ge vostre lecheor pris,
    Gel deüsse tenir de pres.

La dame tremblait beaucoup plus pour son ami que
pour son mari qui tenait solidement l'autre après
l'avoir battu comme plâtre.

« Allumez une chandelle, dit-il à sa femme, et que
ça saute !

— Cher seigneur, que Dieu me vienne en aide !
Jamais je n'ai pu me diriger de nuit ; j'aurais toutes
les peines du monde à trouver la porte de la cuisine ;
mais confiez-moi donc la garde du brigand : je le
tiendrai solidement.

— Je ne voudrais pour rien au monde, par Dieu,
qu'il m'échappât. Il aura perdu à jamais le goût du
pain quand il sortira d'ici.

— Seigneur, fit-elle, pas de pitié pour lui, puisque
le voici pris sur le fait. »

126.   Alors la dame l'a saisi par les cheveux, et
elle fait semblant de bien le tenir. Le mari, quoi qu'il
arrive, se met en quête de lumière. La dame aussitôt
de libérer son ami à toute vitesse ; puis elle court
détacher la mule qu'elle a saisie par les oreilles, et,
pour la maintenir plus solidement, elle lui plonge la
tête dans la cuve. Le mari, sans guère s'attarder,
prend de la lumière et son épée, se disant qu'il aura
tôt fait de couper la tête de son prisonnier. Mais
quand il voit la dame tenir la mule, il en est ahuri :

« Madame, dit-il, par Dieu, j'étais bien idiot et bien
sot de suivre votre conseil. Je suis bien plus coupable
que vous : quand j'eus pris votre coquin, j'aurais dû
le tenir fermement.

148 Or vos covient aler aprés !
    Bien sai qu'il vos en est a pou,
    Mais, par la foi que doi saint Pou,
    Ne gerroiz mais lez mon costé. »
152 Lors l'a mise hors de l'osté.
    Ainsi cil sa feme en envoie.
    Et cele trespasse la voie,
    Si s'en entre chiés son cousin,
156 Que el avoit pres a voisin
    Li vallez qui ot pris a feme
    La suer son ami ; et sa dame
    A leanz son ami trouvé.
160 Un tel engig avoit trové
    Jamés n'orroiz parler de tel !
    Quar el s'en voit a un ostel
    Ou une borgoise menoit,
164 Qui en beauté la resanbloit.
    Fait la lever, tant la pria
    Que la dame li ostroia
    A faire quanqu'ele vorroit.
168 « Alez donc, fait el, orendroit
    En ma chanbre sanz demorer,
    Et faites senblant de plorer
    Androit le chavez mon seignor :
172 Ne poez moi faire graignor
    Servise qui cestui vausist. »
    Cele s'en vait et puis s'assist
    Dedenz la chanbre, endroit la couche.
176 La dame o son ami se couche,
    Qui longuement i fust, son vueil.
    Et cele commence son duel
    Et se claime lasse, chaitive,
180 Et dit que « ja longues ne vive
    Ne ja ne past ceste semaine
    Qui a tel honte me demaine. »
    Li sires s'i torne et retorne
184 Et fait pesant chiere et morne ;
    Mais il ne set tant retorner
    Que a dormir puisse assener.
    Lors est levez par maltalent.

Maintenant, à vous de lui courir après ! Je sais bien
que vous vous en moquez, mais, par la foi que je dois
à saint Paul, vous ne coucherez plus jamais à mes
côtés. »

152.   Il l'a alors chassée de sa maison. C'est ainsi
que le mari renvoie sa femme qui traverse la rue et
entre chez son cousin, car elle avait comme proche
voisin le jeune homme qui avait épousé la sœur de
son ami. Elle y a retrouvé ce dernier.

Elle avait imaginé une ruse telle que vous n'entendrez jamais parler de la pareille. En effet, elle se rendit dans la maison où habitait une bourgeoise qui en
beauté était son parfait sosie. Elle la fit se lever et la
pria tant que la dame accepta de faire tout ce qu'elle
voudrait.

« Allez donc, fit-elle, sur-le-champ dans ma
chambre sans tarder, et faites semblant de pleurer
tout près du chevet de mon mari. Vous ne pouvez me
rendre un plus grand service que celui-ci. »

174.   La bourgeoise s'en alla et s'assit dans la
chambre tout près du lit, tandis que la dame coucha
avec son ami : elle y serait restée des heures, si elle
n'avait écouté que son désir. L'autre commença à se
lamenter, à proclamer son malheur et son infortune :

« Puisse-t-il, disait-elle, ne pas vivre longtemps ni
même passer cette semaine, celui qui me traite si
honteusement ! »

Le mari se tourne et se retourne, l'air mécontent et
excédé, mais il a beau se retourner dans tous les sens,
il ne peut arriver à dormir. Il s'est alors levé, transporté de colère.

188 Onques mais n'ot si grant talent
     De feme laidir et debatre
     Com il avoit de cele batre.
     Demanois ses esperons chauce,
192 Mais n'i chauça soler ne chauce
     Ne ne vest riens for sa chemise.
     Lors vient a cele, si l'a mise
     Contre terre par les cheveus.
196 El chief li a ses doiz envox ;
     Lors tire et fiert et boute et saiche
     Qu'a paine ses mains en arrache,
     Et fiert des esperons granz cox
200 Qu'il en fait en plus de cent leus
     Le sanc saillir parmi la cengle.
     Molt pot ore la dame atendre
     De son ami graignor soulaz
204 Que cele qui prise est as laz !
     Ainsi la damoisele bat
     Le chevalier et se debat
     Et de parole la laidist ;
208 Et quant s'ire li refroidist,
     Si s'en vait couchier en son lit.
     Mais molt i ot poi de delit,
     Qu'el commence grant duel a faire :
212 Molt se repent de cest affaire
     Et si fait chiere mate et morne,
     Quar il l'avoit batue a orne.
     Ce ne torne a geu n'a ris.
216 Por ce que el avoit empris,
     Si crie plus haut que ne sielt,
     Quar de ses plaies molt se dielt.
     Mais li sires pas ne s'en rit,
220 Ainz est corrouciez et marriz
     De cele qui ainsi l'assaut.
     Maintenant de son lit s'en salt,
     Com celui qui estoit espris.
224 Maintenant a son coutel pris,
     Si est sailliz enmi la rue ;
     Son cors tot d'angoisse tressue,
     Si li a coupee les treces,

Jamais il n'a eu une si grande envie de malmener et de rosser une femme comme cette fois-là. Aussitôt il fixe ses éperons sans mettre ni ses souliers ni ses chausses ; il se contente d'enfiler sa chemise. Il se précipite sur la femme et la jette à terre en la prenant par les cheveux. Il a glissé ses doigts dans la chevelure, et de tirer, de frapper, de pousser, de traîner, si bien qu'il a toutes les peines du monde à en retirer ses mains, et il donne de si grands coups d'éperons qu'en plus de cent endroits il a fait jaillir le sang qui se répand sur les courroies. La dame, elle, pouvait goûter avec son ami de plus grandes voluptés que la pauvre femme prise au piège. C'est ainsi que le chevalier rosse la bourgeoise, qu'il s'acharne et la couvre d'injures jusqu'à ce que sa colère retombe et qu'il aille se coucher.

210.   Mais il ne jouit pas beaucoup du repos, car elle commence à se lamenter : elle regrette fort de s'être engagée dans cette histoire, elle fait triste et morne figure, car le mari lui a administré une volée de coups. Ce n'est plus un jeu ni une plaisanterie. Du moment qu'elle a commencé, elle crie plus fort que d'habitude, car ses plaies lui font souffrir le martyre. Mais le mari, loin d'en rire, est irrité et excédé contre l'importune. Aussitôt il saute de son lit comme un homme transporté de fureur ; aussitôt il se saisit de son couteau, il sort dans la rue, tout suant d'énervement, et il lui coupe les tresses,

228 Dont el a au cuer grant destrece,
Si que ses plors entroublia.
Tant a ploré qu'afebloia
Le cuer, que par poi ne li part.
232 Li chevaliers d'iluec s'en part,
Qui les treces o soi enporte.
Et cele qui se desconforte
Vient a la dame, si li conte
236 Si com oï avez el conte.
Mais la dame jure et afiche
Qu'a toz jorz mais la fera riche,
Ne ja douter ne li estuet
240 Des tresces, se trouver les puet,
Que si bien ne li mete el chief
Que ja n'en savra le meschief
N'ome ne feme qui la voie.
244 La dame s'est mise a la voie
Q'onques nului n'i encontra :
Tant fist que en la chanbre entra,
Si trouva son seignor dormant,
248 Qui travailliez estoit forment
Et du corroz et du veillier.
La dame nel volt esveillier,
Mais soef lez le lit s'assist,
252 Quar des treces bien li souvint
Que la dame ot eü tranchiees,
Qui bien seront encor vengiees,
Se la dame en vient au desus.
256 Lors les queroit et sus et jus,
Bien s'est du cerchier entremise ;
Lors a sa mein au chavez mise,
Les treces trueve, ses en trait.
260 Ne vos avroie droit retrait
La grant joie que la dame ot !
D'iluec s'en vet sanz dire mot
Et vient a la chanbre aval,
264 Si a coupé a un cheval
La queue, au meillor de l'estable.
Or oiez un proverbe estable
Que en mainz leus, ce m'est vis, cort,

la plongeant dans une telle stupeur qu'elle en oublie
de pleurer. Mais elle avait tant pleuré que le cœur lui
manque et que peu s'en faut qu'il ne se brise.

232.   Le chevalier s'en retourne en emportant les
tresses, tandis que la femme, désespérée, va retrouver la dame et lui rapporte ce qui vient d'être conté.
Celle-ci lui jure solennellement qu'elle la fera riche
pour le restant de ses jours et qu'elle n'a rien à redouter pour ses tresses si elle peut les retrouver : elle les
lui arrangera si bien sur la tête que jamais personne,
homme ou femme, ne se doutera de sa mésaventure.

La dame se mit en route et ne rencontra personne.
Elle marcha si bien qu'elle pénétra dans sa chambre
où elle trouva son mari qui dormait, épuisé par sa
colère et sa veille. La dame, se gardant bien de le
réveiller, s'assit doucement près du lit, pensant aux
tresses qu'il avait coupées à la femme et dont elle
tirera vengeance un jour, si elle réussit dans son
entreprise. Elle les cherche de tous côtés, elle
s'applique à fouiller et, glissant les mains au chevet,
elle trouve les tresses et les en retire. Impossible de
décrire exactement la joie qu'elle en éprouva ! De là
elle s'éloigna sans dire un mot, et descendit jusqu'à
la pièce où elle coupa la queue d'un cheval, du
meilleur de l'écurie. Écoutez donc un proverbe certi-
fié qui, à mon avis, est très répandu :

268 Que « tel ne pesche qui encort » !
    Ainsi la dame a escorté
    Le cheval, si(l) a aporté
    La queue au chevez son seignor.
272 Onques mais n'ot jo[i]e graignor
    Qui a ceste s'apareillast !
    Soef, que cil ne s'esveillast,
    Si coiement s'est contenue
276 Et couchiee trestoute nue
    Qu'a soi ne trest ne pié ne main.
    Issi fu jusqu'a l'endemain
    Et dormirent grant matinee.
280 Quant vi[n]t que prime fu sonee,
    Li sires s'estoit resveilliez,
    Mais de la dame est merveilliez
    Qu'il vit gesir lez son costé :
284 « Et qui vos a ci amené,
    Fait cil, et qui vos coucha ci ?
    — Sire, la vostre grant merci,
    Ou devroie [je] donc couchier
288 Se lez vos non, vostre moillier ?
    — Comment ? fait il. Donc ne vos membre
    Que ge hersoir en ceste chanbre
    Pris prouvé vostre lecheor ?
292 Par celui qui li peche[o]r
    Prient de cuer parfondement,
    Trop avez fait grant hardement,
    Quant vos estes çaienz entree !
296 Deffendue vos ert l'entree
    Atoz les jorz que j'ai a vivre.
    Ne me tenroiz pas si por ivre
    Com vos cuidiez, se Diex me salt !
300 — Beax sire, se Diex me consalt,
    Fait ele, mielz poïssiez dire !
    De ce me puis bien escondire
    C'onques ne fis autrui servise,
304 Par toz les sainz de Seint' Yglise,
    Ne qui vos tornast a hontaige.
    Trop par avez dit grant outraige,
    Qui si solez estre ensaigniez !

« Sans pécher, on est puni » !

269. Ainsi la dame coupa-t-elle la queue du cheval qu'elle apporta au chevet de son mari. Jamais il n'y eut de plus grande joie qui pût se comparer à celle-ci ! Tout doucement, pour ne pas le réveiller, elle agit avec tant de discrétion et se coucha toute nue si bien qu'elle n'a remué pied ni main. Il en fut ainsi jusqu'au lendemain, et ils dormirent jusqu'au petit matin.

Quand sonna la première heure, le mari se réveilla, et il fut tout étonné de voir sa femme couchée à côté de lui :

« Qui donc vous a amenée ici ? fit-il. Et qui vous a couchée ici ?

— Seigneur, je vous en demande pardon, mais où devrais-je donc coucher, sinon à côté de vous, moi, votre femme ?

— Comment ? fit-il. Avez-vous donc oublié que moi, hier soir, dans cette chambre, j'ai pris sur le fait votre coquin ? Par celui que les pécheurs prient du fond de leur cœur, quelle folle témérité que d'être entrée dans cette pièce ! Je vous en avais défendu l'entrée pour tous les jours que je vivrai. Vous ne me prendrez pas pour l'ivrogne que vous croyez, Dieu m'en protège !

300. — Cher seigneur, aussi vrai que je demande à Dieu de m'aider, vous pourriez mieux parler. Ce que je puis vous dire pour me justifier, c'est que je n'ai jamais aimé quelqu'un d'autre, par tous les saints de la sainte Église, ni rien fait qui tournât à votre déshonneur. Vous avez dépassé toutes les bornes, alors que d'ordinaire vous êtes si pondéré.

308 Reclamez Dieu, si vos seigniez !
       Ge crieng que en vos se soit mis
       Ou fantosmes ou Enemis,
       Qui ainsi vos ait desvoié.
312 — Or m'avez vos bien avoié,
       Fait il, se vos voloie croire.
       Volez me vos faire mescroire
       Ce que ge tieg a mes deus mains ?
316 A vostre char pert il al mains
       Qu'as esperons vos fis vermeille !
       De nule riens n'ai tel merveille
       Com de ce que vos estes vive.
320 — Ja Dieu ne place que ge vive,
       Fait cele qui par guile pleure,
       S'onques hersoir de nesune eure
       Me donastes cop ne colee ! »
324 Tantost a la robe levee,
       Si l[i] mostre costez et hanches
       Et les braz et les cuisses blanches
       Et le vis qu'el n'ot pas fardé.
328 Par tot a li sires gardé,
       Mais n'i voit nes une bubete.
       Bien guile la dame et abete
       Son seignor, qui tant s'en espert :
332 « Dame, fait il, itant se pert
       Qui feme bat, s'il ne la tue.
       Ge vos avoie tant batue
       Que ge de fi savoir cuidoie
336 Que jamais n'alissoiz par voie.
       Certes se vos bone fussiez,
       Jamais par voie n'alissiez.
       Or vos ont malfé respassee.
340 Mais n'iert pas si tost trespassee
       La grant honte que vos avroiz,
       Ja si garder ne vos savroiz,
       De vos treces qu'avez perdues :
344 Deus anz les avroiz atendues,
       Ainz que soient en lor bon point.
       — Sire, fait el, un tot seul point
       N'i a de ce que vos me dite[s].

Invoquez Dieu et signez-vous ! Je crains qu'en vous
ne se soit logé un fantôme ou le Diable qui vous ait
ainsi égaré.

— Ah ! oui, vous m'auriez mis sur la bonne voie si
je voulais vous croire. Voulez-vous me faire douter de
ce que je tiens avec mes deux mains ? Votre peau
témoigne au moins que, de mes éperons, je l'ai ren-
due vermeille ! Il n'est rien qui m'étonne autant que
de vous voir vivante.

— À Dieu ne plaise que je reste en vie, dit l'autre
qui pleure pour le tromper, si jamais hier soir à aucun
moment vous m'avez rouée de coups ! »

324.   Aussitôt elle a levé son vêtement et elle lui
montre ses flancs et ses hanches, ses bras et ses
blanches cuisses, et son visage qu'elle n'avait pas
encore fardé. Partout son mari a regardé sans voir le
moindre bleu. Avec quelle adresse la dame trompe et
mystifie son mari qui en est tout déconcerté !

« Madame, fit-il, on est perdu quand on bat une
femme sans la tuer. Je vous avais tant battue que je
croyais être sûr et certain que jamais plus vous ne
sortiriez. Oui certainement, si vous étiez une bonne
chrétienne, vous ne sortiriez jamais plus. Or voici que
les diables vous ont guérie ! Mais elle n'aura pas
passé de si tôt l'ignoble honte que vous subirez — et
vous ne saurez vous en garder — à cause des tresses
que vous avez perdues : il vous faudra attendre deux
ans avant qu'elles ne retrouvent leur belle apparence.

— Seigneur, dit-elle, il n'y a pas un seul mot de
vrai dans tout ce que vous me dites.

348 Grant tort avez, qui me mesdites.
     Onques hersoir por nul corroz
     Ne fu de mon chief cheveus roz,
     Se Dieu me giet de cest[e] place ! »
352 Maintenant la coiffe deslace,
     Si a les tresces avant tra[i]tes
     Qu'il i cuidoit avoir forstraites.
     « Sire, fait la dame, veez !
356 Ge cuit qu'il fu jor deveez
     Quant du destre braz vos seignastes,
     Ou mauvaisement vos seignastes
     Hersoir au couchier, ce m'est vis.
360 Vos avez si trouble le vis
     Et les elz que ne veez goute.
     Espoir il vos avint par goute
     Ou par avertin, se devient,
364 Ou ce est fantosme qui vient
     As genz por ax faire muser
     Et por ax folement user
     Et por faire foler la gent.
368 Au chief du tot devient nient.
     Quant il a fait foler le siecle,
     Tot quanqu'il a fait si despiece.
     Beax sire, dites moi por Dieu :
372 Me dites vos tout ce par geu ? »
     Son seignor de ce se merveille
     Et si s'esbahist et vermeille,
     Lors lieve sa mein, si se saigne.
376 Mais la dame pas ne l'ensaigne
     De riens que la nuit fet eüst !
     Mais encor pas ne se teüst,
     Qui li donast tote Prouvence :
380 Moustrer en cuide la provence,
     Quar il cuide qu'il ait apostes
     Les tresces qu'il avoit repostes.
     Maintenant le coissin sozlieve,
384 Mais a poi li cuers ne li crieve,
     Quant il a trovee la queue :
     Or voit il tot a male voe.
     Fait il : « Se Damedieu n'en pense,

Vous avez grand tort de me calomnier. Jamais hier
soir, je n'ai eu, quelle que fût votre colère, aucun
cheveu d'arraché, ou que Dieu me fasse disparaître ! »

352.   Aussitôt elle délace sa coiffe et présente les
tresses qu'il croyait lui avoir enlevées.

« Seigneur, dit la dame, voyez ! Je crois que ce fut
un jour interdit qu'on vous saigna au bras droit, ou
que vous fîtes mal le signe de la croix hier soir en
vous couchant, à mon avis. Vous avez le visage si
sombre, ainsi que les yeux, que vous n'y voyez
goutte. Ce fut peut-être à cause de la goutte, ou d'un
coup de folie, s'il se trouve ; ou c'est un fantôme qui
vient parmi les hommes pour les faire extravaguer et
déraisonner, et pour plonger les hommes dans la
folie. Au bout du compte, il s'évanouit. Quand il a
plongé le monde dans la folie, tout ce qu'il fait, il le
défait. Cher seigneur, dites-moi par Dieu : est-ce que
vous voulez plaisanter ? »

373.   De ce qu'il entend, son mari est stupéfait et
médusé ; il en rougit. Il lève la main et se signe.
Quant à la dame, elle ne l'informe en rien de ce
qu'elle a pu faire durant la nuit. Mais lui n'aurait pas
encore accepté de se taire, même pour tous les tré-
sors de la Provence : il s'imagine en apporter la
preuve, car il s'imagine avoir à portée de main les
tresses qu'il avait cachées. Aussitôt il soulève son
oreiller, mais son cœur manque d'éclater quand il a
découvert la queue : il voit bien que tout va mal.

« Si Notre-Seigneur ne s'en préoccupe pas, dit-il,

388 J'ai hui fait une tel despensse
     Qui m'a cousté cinquante livres !
     Bien ai esté desvez et yvres,
     Quant j'ai escorté mon cheval. »
392 Lors li veïssiez contreval
     Les lermes couler sor la face,
     Mais [il] ne set mais que il face,
     Tant est dolenz et abosmez,
396 Que il cuide estre enfantosmez ;
     Et si est il, n'en doutez mie.
     Lors apele la dame : « Aïe,
     Sainte Marie ! Mon seignor
400 Si se demaine a deshenor. »
     Li sires li respont ainsi :
     « Dame, fait il, dolenz en sui. »
     Si li a dit isnelepas :
404 « Dame, fait il, ne prenez pas
     A mon forfet ne a mes diz :
     Ge vos en cri por Dieu merciz ! »
     Et la dame li respondi :
408 « Beau doz sire, devant Diex ci
     Le vos pardoig molt bonement.
     Diex gart vostre cors de torment
     Et d'Ennemi et de fantosme !
412 Sire, voez vos a Vendosme,
     Que li œil vos sont ennubli.
     Ne le metez mie en oubli,
     Ne requerez respit ne terme,
416 Mais alez a la seinte Lerme.
     Bien sai, quant vos l'avroiz veüe,
     Que Diex vos rendra la veü[e]. »
     Dist il : « Dame, vos dites voir.
420 Ge vorrai le matin movoir,
     Quar du veoir ai grant envie. »
     Et au matin pas ne s'oublie.
     Le chevaliers chose ne dist,
424 Se la dame le contredist,
     Qu'il ne cuidast ce fust mençonge
     Ou qu'il l'eüst trouvé en songe.
     Par cest fableau poez savoir

j'ai fait aujourd'hui une dépense qui m'a coûté cinquante livres. Il fallait que je sois fou et ivre pour couper la queue de mon cheval. »

Ah ! si vous aviez vu couler les larmes sur son visage ! Il ne sait que faire, tant il est affligé et effondré, car il se croit ensorcelé, et il l'est vraiment, n'en doutez pas.

398. « Au secours ! s'écrie alors la dame. Sainte Marie, mon mari est en train de se déshonorer.

— Madame, répondit-il, j'en suis affligé. »

Il ajouta aussitôt :

« Madame, oubliez mes fautes et mes propos, je vous en demande pardon au nom de Dieu.

— Bien cher seigneur, répondit-elle, devant Dieu ici présent, je vous pardonne de très bon cœur. Que Dieu garde votre corps des tourments, du diable et des fantômes ! Seigneur, faites vœu d'aller à Vendôme, car vos yeux sont obscurcis. Ne l'oubliez pas, ne cherchez ni répit ni délai, mais allez à la Sainte Larme. Je sais bien que dès que vous l'aurez vue, Dieu vous rendra la vue.

— Madame, vous dites vrai. Je veux partir ce matin, car j'ai grande envie de recouvrer la vue. »

Le matin même, il s'exécuta. Dès lors il ne dit plus rien sans croire, si sa femme le contredisait, que ce fût un mensonge ou qu'il l'eût rêvé.

427. Par ce fabliau, vous pouvez savoir

428   Que cil ne fait mie savoir
      Qui de nuiz met sa feme hors,
      S'el fait folie de son cors.
      Quant el est hors de sa maison,
432   Lors a ele droite achoison
      Qu'ele face son mari honte.
      Ici vueil definer mon conte.

Explicit des Tresces.

qu'on n'agit pas sagement en chassant sa femme la nuit si elle se dévergonde. Une fois dehors, elle peut très facilement déshonorer son mari. C'est là-dessus que je veux finir mon conte.

Fin des Tresses.

XVII. — DES TROIS AVUGLES DE COMPIGNE

Une matere ci dirai
D'un fablel que vous conterai.
On tient le menestrel a sage
4   Qui met en trover son usage
De fere biaus dis e biaus contes
C'on dit devant dus, devant contes.
Fablel sont bon a escouter,
8   Maint duel, maint mal font mesconter
E maint anui e maint mesfet.
Cortebarbe a cest fablel fet,
Si croi bien qu'encor l'en soviegne.
12   Il avint ja defors Compiegne
Troi avugle un chemin aloient,
Entr'eus nis un garçon n'avoient
Qui les menast ne conduisist
16   Ne le chemin lor apresist.
Chascuns avoit son hanepel,
Molt povre estoient lor drapel,
Quar vestu furent povrement.
20   Tout le chemin si fetement
S'en aloient devers Senlis.
Uns clers qui venoit de Paris,
Qui bien e mal assez savoit,
24   Escuier e sommier avoit
E bel palefroi chevauchant,
Les avugles vint aprochant,
Quar grant ambleüre venoit.

XVII. — LES TROIS AVEUGLES DE COMPIÈGNE,
par Courtebarbe

Je vais vous exposer la matière d'un fabliau que je veux vous raconter. On tient pour sage le ménestrel qui se sert de son expérience pour composer de beaux récits et de beaux contes, qu'on récite devant des ducs et des comtes. Les fabliaux sont bons à écouter : ils font oublier mainte douleur et maint malheur, mainte peine et mainte faute. C'est Courtebarbe qui a composé ce fabliau, et je crois bien qu'il s'en souvient encore.

12. Il arriva un jour que, près de Compiègne, cheminaient trois aveugles. Ils n'avaient avec eux pas un seul valet pour les guider et les conduire, pour leur montrer le chemin. Chacun portait sa petite sébile, ils étaient pauvrement vêtus de misérables habits. C'est en cet équipage qu'ils allaient leur bonhomme de chemin en direction de Senlis. Or de Paris survint un clerc, fort expert dans le bien comme dans le mal. Il était accompagné d'un écuyer et d'un cheval de somme, et il chevauchait un beau palefroi. Il rejoignit les aveugles, car il venait à vive allure.

28 Si vit que nus ne les menoit,
    Si pensse que aucuns en voie :
    Comment alaissent il la voie ?
    Puis dist : « El cors me fiere goute
32 Se je ne sai s'il voient goute. »
    Li avugle venir l'oïrent,
    Erraument d'une part se tindrent
    Si s'escrïent : « Fetes nous bien,
36 Povre sommes sor toute rien,
    Cil est molt povres qui ne voit. »
    Li clers esraument se porvoit,
    Qui les veut aler falordant :
40 « Vez ici, fet il, un besant
    Que je vous done entre vous trois.
    — Dieus le vous mire e sainte croiz !
    Fet chascuns ; ci n'a pas don lait. »
44 Chascuns cuide ses compains l'ait.
    Li clers maintenant s'en depart,
    Puis dist qu'il veut vir lor depart.
    Esraument a pié descendi,
48 Si escouta e entendi
    Comment li avugle disoient
    E comment entr'eus devisoient.
    Li plus mestres des trois a dit :
52 « Ne nous a or mie escondit
    Qui a nous cest besant dona.
    En un besant molt biau don a.
    Savez, fet il, que nous ferons ?
56 Vers Compiegne retornerons.
    Grant tens a ne fumes a aise.
    Or est bien droiz que chascuns s'aise
    Compiegne est de toz biens plentive.
60 — Com ci a parole soutive !
    Chascuns des autres li respont ;
    C'or eüssons passé le pont ! »
    Vers Compiegne sont retorné
64 Ainsi comme il sont atorné.
    Molt furent lié, baut e joiant
    Li clers les va adés sivant.
    E dist que adès les siurra

Il vit que personne ne les guidait ; aussi pensa-t-il que l'un d'eux y voyait : sinon, comment pourraient-ils avancer ?

« Que la goutte me frappe le corps, se dit-il, si je n'arrive pas à savoir s'ils y voient quelque chose ! »

33.   Les aveugles, l'entendant venir, se rangèrent vite sur le côté et s'écrièrent :

« Faites-nous du bien ! Nous sommes plus pauvres que quiconque. C'est la pire des pauvretés que de ne pas voir ! »

Le clerc, qui veut leur jouer un bon tour, a vite fait de réfléchir.

« Voici, leur dit-il, un besant que je vous donne à tous les trois.

— Que Dieu et sa sainte Croix vous en récompensent ! fait chacun. Ce n'est pas un mince présent. »

Chacun s'imagine que son compagnon a le besant. Le clerc les quitte aussitôt, puis il se dit qu'il veut voir comment ils partageront. Il s'empresse de mettre pied à terre et prête l'oreille : il entend les propos et les réflexions des aveugles. Leur chef a dit aux deux autres :

« Il a été loin de nous éconduire, celui qui nous a donné ce besant. Un besant, c'est vraiment un beau cadeau. Savez-vous, ajouta-t-il, ce que nous allons faire ? Nous retournerons à Compiègne. Il y a long-temps que nous n'avons pas été au large : maintenant il est donc bien juste que chacun prenne du bon temps. Compiègne regorge de toutes sortes de biens.

— C'est vraiment bien parlé ! répondirent chacun des autres. Plût au ciel que nous eussions déjà passé le pont ! »

63.   Les voici repartis vers Compiègne, dans le même équipage, au comble de la joie et de l'allégresse. Le clerc leur a emboîté le pas, se disant qu'il ne cessera de les suivre

68 De si a dont que il savra
     Lor fin. Dedenz la vile entrerent,
     Si oïrent e escouterent
     C'on crioit par mi le chastel :
72 « Ci a bon vin fres e novel,
     Ça d'Auçoirre, ça de Soissons,
     Pain e char e vin e poissons :
     Ceenz fet bon despendre argent,
76 Ostel i a a toute gent ;
     Ceenz fet molt bon herbregier. »
     Cele part vont tout sanz dangier,
     Si s'en entrent en la meson,
80 Le borgois ont mis a reson :
     « Entendez ça a nous, font il,
     Ne nous tenez mie por vil
     Se nous sommes si povrement.
84 Estre volons priveement.
     Miex vous paierons que plus cointe
     (Ce li ont dit e li acointe),
     Quar nous volons assez avoir. »
88 L'ostes pensse qu'il dïent voir :
     Si fete gent ont deniers granz ;
     D'aus aaisier fu molt engranz,
     En la haute loge les maine :
92 « Seignor, fet il, une semaine
     Porriez ci estre bien e bel ;
     En la vile n'a bon morsel
     Que vous n'aiez se vous volez.
96 — Sire, font il, or tost alez,
     Si nous fetes assez venir.
     — Or m'en lessiez dont couvenir »,
     Fet li borgois, puis si s'en torne,
100 De cinc mes pleniers lor atorne,
     Pain e char, pastez e chapons,
     E vins, mes que ce fu des bons ;
     Puis si lor fist la sus trametre
104 E fist du charbon el feu metre.
     Assis se sont a haute table.
     Li vallés au clerc en l'estable
     Tret ses chevaus, l'ostel a pris.

jusqu'à ce qu'il sache la fin de l'histoire. Ils entrèrent dans la ville où ils entendirent crier à travers les rues :

« Voici du bon vin frais et nouveau, voici du vin d'Auxerre, voilà du vin de Soissons ; et du pain, de la viande, du vin et du poisson. Ici il fait bon dépenser son argent, il y a de la place pour tout le monde. Ici il fait très bon prendre logis. »

Ils se dirigent de ce côté-là sans la moindre difficulté et, entrés dans la maison, ils s'adressent au tenancier :

« Prêtez-nous attention, font-ils. Ne nous prenez pas pour des moins que rien, si nous avons l'air si pauvres. Nous voulons être servis à part. Nous vous payerons mieux que des gens bien mis (ainsi parlent-ils, et l'autre d'acquiescer), car nous voulons être bien servis. »

88. L'aubergiste pense qu'ils disent vrai : des gens de cette espèce sont pleins de deniers. Il s'empresse de les satisfaire et les conduit au salon de l'étage.

« Messieurs, fait-il, vous pourriez rester ici une semaine tout à votre aise. Il n'est pas dans la ville de bon morceau que vous n'ayez si vous le voulez.

— Sire, disent-ils, dépêchez-vous et faites-nous apporter de quoi manger.

— Permettez donc que je m'en occupe », répond le tenancier qui s'en retourne.

Il leur prépara cinq services fort copieux, du pain et de la viande, des pâtés et des chapons, et des vins, mais seulement des bons. Ensuite il fit monter le tout à l'étage et ajouter du charbon au feu. Voici les aveugles assis à la table d'honneur.

Le serviteur du clerc emmena les chevaux à l'écurie avant de prendre logis.

108 Li clers, qui molt ert bien apris
    E bien vestuz e cointement,
    Avoec l'oste molt hautement
    Sist au mengier la matinee
112 E puis au souper la vespree.
    E li avugle du solier
    Furent servi com chevalier.
    Chascuns grant paticle menoit,
116 L'uns a l'autre le vin donoit :
    « Tien, je t'en doing, aprés m'en done ;
    Cis crut sor une vingne bone. »
    Ne cuidiez pas qu'il lor anuit.
120 Ainsi jusqu'a la mie nuit
    Furent en solaz sanz dangier.
    Li lit sont fet, si vont couchier
    Jusqu'a demain qu'il fu bele eure,
124 E li clers tout adés demeure,
    Por ce qu'il veut savoir lor fin.
    E l'ostes fu levez matin,
    E son vallet, puis si conterent
128 Combien char e poisson cousterent.
    Dist li vallés : « En verité,
    Li pains, li vins e li pasté
    Ont bien cousté plus de dis saus,
132 Tant ont il bien eü entre aus.
    Li clers en a cinc saus par lui.
    — De lui ne puis avoir anui.
    Va la sus, si me fai paier. »
136 E li vallés sanz delaier
    Vint aus avugles, si lor dist
    Que chascuns errant se vestist :
    Ses sires veut estre paiez.
140 Font il : « Or ne vous esmaiez,
    Quar molt tres bien li paierons.
    Savez, font il, que nous devons ?
    — Oïl, dist il, dis saus devez.
144 — Bien le vaut. » Chascuns s'est levez,
    Tuit troi sont aval descendu.
    Li clers a tout ce entendu,
    Qui se chauçoit devant son lit.

Le clerc, qui avait de fort bonnes manières et était vêtu avec beaucoup d'élégance, s'assit à la place d'honneur, en compagnie de l'aubergiste, pour le repas du matin, puis pour le repas du soir.

114.   Quant aux aveugles, à l'étage, ils furent servis comme des chevaliers. Chacun menait grand tapage, ils se versaient du vin l'un à l'autre :

« Tiens, je t'en donne ; à ton tour de m'en donner ! Ce vin vient d'une bonne vigne. »

Ne croyez pas qu'ils s'ennuyèrent ! C'est ainsi que jusqu'à minuit ils prirent du bon temps, tout à leur aise. Leurs lits prêts, ils allèrent se coucher et dormirent jusqu'à une heure avancée de la matinée. Durant tout ce temps, le clerc demeura à l'auberge, parce qu'il voulait savoir la fin de l'histoire.

Mais l'aubergiste se leva de bon matin, ainsi que son valet, et ils comptèrent à combien se montaient la viande et le poisson.

« En vérité, dit le valet, le pain, le vin et le pâté ont bien coûté plus de dix sous, tant ils en ont eu tous les trois. Quant au clerc, il en a pour cinq sous.

— Celui-ci ne me causera pas d'ennuis. Va là-haut, et fais-moi payer. »

136.   Et le valet, sans tarder, s'en fut vers les aveugles et leur dit de s'habiller promptement, car son maître voulait être payé. Ils lui répondirent :

« Ne vous tourmentez donc pas : nous le payerons rubis sur l'ongle. Savez-vous, firent-ils, ce que nous devons ?

— Oui, dit-il, vous devez dix sous.

— Cela les vaut bien. »

Chacun se leva, et tous trois descendirent. Le clerc avait tout entendu : il était en train d'enfiler ses chausses devant son lit.

148 Li troi avugle a l'oste ont dit :
« Sire, nous avons un besant.
Je croi qu'il est molt bien pesant.
Quar nous en rendez le sorplus
152 Ainçois que du vostre aions plus.
— Volentiers », li ostes respont.
Fet li uns : « Quar li baille dont.
— Li quels l'a ? — Bé, je n'en ai mie
156 — Dont l'a Robers Barbeflorie.
— Non ai, mes vous l'avez, bien sai.
— Par le cuer bieu, mie n'en ai.
— Li quels l'a dont ? — Tu l'as. — Mes tu.
160 — Fetes, ou vous serez batu,
Dist li ostes, seignor truant,
E mis en longaingne puant,
Ainçois que vous partez de ci. »
164 Il li crient : « Por Dieu, merci !
Sire, molt bien vous paierons. »
Dont recommence lor tençons.
« Robert, fet l'uns, quar li donez
168 Le besant ! Devant nous menez :
Vous le reçustes premerains.
— Mes vous qui venez daarrains,
Li bailliez, quar je n'en ai point.
172 — Or sui je bien venuz a point,
Fet li ostes, quant on me truffe. »
L'un va doner une grant buffe,
Puis fet aporter deus lingnas.
176 Li clers, qui fu a biau harnas,
Qui le conte forment amoit,
De ris en aise se pasmoit.
Quant il vit le ledengement,
180 A l'oste vint isnelement,
Se li demande qu'il avoit,
Quel chose ces genz demandoit
Fet l'ostes : « Du mien ont eü
184 Dis saus c'ont mengié e beü,
Si ne m'en font fors escharnir ;
Mes de ce les vueil bien garnir :
Chascuns avra de son cors honte.

Les trois aveugles dirent à l'aubergiste :

« Sire, nous avons un besant. Je crois qu'il est vraiment très pesant. Rendez-nous donc la monnaie avant que nous ne nous endettions davantage.

— Volontiers, répondit l'aubergiste.

— Allons, donne-le-lui, fit l'un d'eux.

— Qui l'a donc ?

— Eh là ! je ne l'ai pas.

— C'est donc Robert Barbefleurie qui l'a ?

— Non, je ne l'ai pas, mais c'est vous, je le sais bien.

— Corbleu, je ne l'ai pas.

— Alors, qui est-ce qui l'a ?

— Toi.

— Non, c'est toi.

— Payez, reprit l'aubergiste, sinon vous serez battus, espèces de canailles, et jetés dans les égouts puants, avant de partir d'ici.

— Par Dieu, pitié ! s'écrièrent-ils. Sire, nous vous payerons jusqu'au dernier centime. »

166.   Et ils recommencèrent à se quereller :

« Robert, faisait l'un, donnez-lui donc le besant ! Vous marchez devant nous : c'est vous qui l'avez reçu, vous étiez le premier.

— Mais non, c'est vous, qui venez derrière ; donnez-le-lui, car je ne l'ai pas.

— Me voici bien loti, dit l'aubergiste : on se moque de moi ! »

Il alla donner à l'un d'eux une gifle magistrale, puis il se fit apporter deux bâtons.

Le clerc, qui était bien équipé, prenait grand plaisir à l'histoire : il était si heureux que de rire il se pâmait. Quand il vit la scène dégénérer, il accourut vers l'aubergiste et lui demanda ce qui se passait et ce qu'il réclamait à ces gens. L'autre lui répondit :

« Je leur ai donné pour dix sous à boire et à manger, et ils ne font que se moquer de moi, mais je veux les en récompenser : chacun aura honte de son corps.

188 — Ainçois le metez sor mon conte,
    Fet li clers, quinze saus vous doi :
    Mal fet povre gent fere anoi. »
    L'ostes respont : « Molt volentiers,
192 Vaillanz clers estes e entiers. »
    Li avugle s'en vont tout cuite.
    Or oiez comfaite refuite
    Li clers porpenssa maintenant.
196 On aloit la messe sonant,
    A l'oste vint, si l'aresone :
    « Ostes, fet il, vostre persone
    Du moustier dont ne connissiez ?
200 Ces quinze saus bien li croiriez
    Se por moi les vous voloit rendre ?
    — De ce ne sui mie a aprendre,
    Fet li borgois, par saint Silvestre,
204 Que je croiroie nostre prestre,
    S'il voloit, plus de trente livres.
    — Dont dites j'en soie delivres
    Esraument com je revendrai :
208 Au moustier paier vous ferai. »
    L'ostes le commande esraument
    E li clers ainsi fetement
    Dist son garçon qu'il atornast
212 Son palefroi e qu'il troussast,
    Que tout soit prest quant il reviegne.
    A l'oste a dit que il s'en viegne,
    Ambedui el moustier en vont,
216 Dedenz le chancel entré sont.
    Li clers qui les quinze saus doit
    A pris son oste par le doit,
    Si l'a fet delez lui assir,
220 Puis dist : « Je n'ai mie loisir
    De demorer dusqu'aprés messe ;
    Avoir vous ferai vo promesse.
    Je l'irai dire qu'il vous pait
224 Quinze saus trestout entresait
    Tantost que il avra chanté.
    — Fetes en vostre volenté. »
    Fet li borgois qui bien le croit.

— Mettez-le plutôt sur mon compte, dit le clerc. Je vous dois donc quinze sous. C'est mal que de tourmenter les pauvres gens.

— Bien volontiers, répondit l'aubergiste. Vous êtes un clerc bon et juste. »

193.   Et les aveugles s'en allèrent, quittes de toute dette.

Écoutez maintenant quel beau subterfuge le clerc imagina aussitôt. Comme on sonnait la messe, il vint trouver l'aubergiste et lui adressa ces paroles :

« Patron, fit-il, le curé de votre église, est-ce que vous le connaissez ? Lui feriez-vous crédit de ces quinze sous, s'il voulait les payer pour moi ?

— Pas besoin de me faire la leçon, fit le bourgeois, par saint Sylvestre, car je ferais crédit à notre prêtre, s'il le voulait, pour plus de trente livres.

— Eh bien ! dites donc qu'on me tienne quitte dès que je reviendrai : je vous ferai payer à l'église. »

209.   L'aubergiste en donna aussitôt les ordres, et le clerc dit de même à son garçon de harnacher son palefroi et de charger ses bagages afin que tout soit prêt à son retour. Il dit à l'aubergiste de venir, et tous deux s'en allèrent à l'église.

Les voici dans le chœur : le clerc, qui devait les quinze sous, prit l'aubergiste par le doigt et le fit s'asseoir à côté de lui.

« Je n'ai pas le temps d'attendre que la messe soit finie, lui dit-il. Mais je vous ferai avoir ce que je vous ai promis. Je vais aller dire au curé de vous payer les quinze sous immédiatement après qu'il aura chanté la messe.

— Faites comme vous voulez », répondit le bourgeois qui avait confiance en lui.

228 Li prestres revestuz estoit
     Qui maintenant devoit chanter.
     Li clers vint devant lui ester,
     Qui bien sot dire sa reson ;
232 Bien sambloit estre gentiz hom,
     N'avoit pas la chiere reborse ;
     Doze deniers tret de sa borse,
     Le prestre les met en la main.
236 « Sire, fet il, por saint Germain,
     Entendez ça un poi a mi.
     Tuit li clerc doivent estre ami,
     Por ce vieng je prés de l'autel.
240 Je giuc anuit a un ostel
     Chiés a un borgois qui molt vaut.
     Li douz Jesucriz le consaut,
     Quar preudon est e sanz boisdie !
244 Mes une cruel maladie
     Li prist ersoir dedenz sa teste,
     Entrues que nous demeniens feste,
     Si qu'il fu trestoz marvoiez.
248 Dieu merci, or est ravoiez,
     Mes encore li deut li chiez,
     Si vous pri que vous li lisiez
     Aprés chanter une evangille
252 Desus son chief. — E, par saint Gille,
     Fet li prestres, je li lirai. »
     Au borgois dist : « Je le ferai
     Tantost com j'avrai messe dite.
256 — Dont en claime je le clerc cuite,
     Fet li borgois, miex ne demant.
     — Sire prestre, a Dieu vous comant,
     Fet li clers. — A Dieu, biaus douz mestre. »
260 Li prestres a l'autel va estre.
     Hautement grant messe commence.
     Par un jor fu de dïemenche,
     Au moustier vindrent molt de genz,
264 Li clers, qui fu e biaus e genz,
     Vint a son oste congié prendre.
     E li borgois, sanz plus atendre,
     Dusqu'a son ostel le convoie.

228.   Le prêtre était déjà habillé pour chanter la messe. Le clerc vint se présenter à lui et lui tint un discours fort habile. Il avait tout d'un gentilhomme et n'avait pas un air revêche. Il tira douze deniers de sa bourse et les mit dans la main du prêtre.

« Sire, fit-il, par saint Germain, prêtez-moi un peu d'attention. Tous les clercs doivent être amis. C'est pourquoi je viens jusqu'à votre autel. J'ai couché cette nuit dans l'hôtel d'un bourgeois de grande valeur. Que le doux Jésus-Christ l'aide de ses conseils, car c'est un brave homme dépourvu de fourberie ! Mais une cruelle maladie le prit hier soir à la tête, au beau milieu de la fête, si bien qu'il perdit complètement la raison. Dieu merci, le voici rétabli, mais la tête lui fait encore mal. C'est pourquoi je vous prie que, la messe terminée, vous lui lisiez un évangile sur la tête.

— Hé bien ! par saint Gilles, répondit le prêtre, je le lui lirai. »

254.   Et, s'adressant au bourgeois :

« Je le ferai aussitôt que j'aurai dit la messe.

— Dans ces conditions, dit le bourgeois, je déclare le clerc quitte de sa dette. Je n'en demande pas plus.

— Sire prêtre, fit le clerc, je vous recommande à Dieu.

— Adieu, mon cher maître. »

Le prêtre monta à l'autel et commença à dire solennellement la grand-messe. C'était un dimanche et l'église était bondée de fidèles. Le clerc, qui était beau et élégant, vint prendre congé de son hôte, et le bourgeois, sans plus attendre, l'accompagna jusqu'à son hôtel.

268 Li clers monte, si va sa voie,
     E li borgois tantost aprés
     Vint au moustier, molt fu engrés
     De ses quinze saus recevoir :
272 Avoir les cuide tout por voir.
     Enz el chancel tant atendi
     Que li prestres se desvesti
     E que la messe fu chantee.
276 E li prestres sanz demoree
     A pris le livre e puis l'estole,
     Si a huchié : « Sire Nichole,
     Venez avant, agenoilliez. »
280 De ces paroles n'est pas liez
     Li borgois, ains li respondi :
     « Je ne ving mie por ceci.
     Mes mes quinze saus me paiez.
284 — Voirement est il marvoiez,
     Dist li prestres ; nomini Dame,
     Aidiez a cest preudomme a l'ame ;
     Je sai de voir qu'il est dervez.
288 — Oez, dist li borgois, oez
     Com cis prestres or m'escharnist ;
     Por poi que mes cuers du sens n'ist,
     Quant son livre m'a ci tramis.
292 — Je vous dirai, biaus douz amis,
     Fet li prestres, comment qu'il praingne,
     Tout adés de Dieu vous soviegne,
     Si ne poez avoir meschief. »
296 Le livre li mist sor le chief,
     L'evangille li voloit lire,
     E li borgois commence a dire :
     « J'ai en meson besoingne a fere,
300 Je n'ai cure de tel afere,
     Mes paiez moi tost ma monnoie. »
     Au prestre durement anoie,
     Toz ses paroschïens apele,
304 Chascuns entor lui s'atropele,
     Puis dist : « Cest homme me tenez,
     Bien sai de voir qu'il est dervez.
     — Non sui, fet il, par saint Cornille

Le clerc monta à cheval et alla son chemin. Quant au bourgeois, il retourna aussitôt à l'église, tout impatient de recevoir ses quinze sous : il croyait les avoir pour de bon. Il attendit dans le chœur jusqu'à ce que la messe fût chantée et que le prêtre se dévêtît. Celui-ci, sans tarder, prit le livre et l'étole, et il cria :

« Sire Nicolas, avancez et agenouillez-vous ! »

Ces paroles ne plurent pas au bourgeois qui lui répondit :

« Je ne suis pas venu pour cela, mais payez-moi mes quinze sous.

— Il a vraiment perdu l'esprit, dit le prêtre. *Nomine Domini*, venez au secours de l'âme de ce brave homme. Je vois bien qu'il est fou.

— Écoutez, dit le bourgeois, écoutez comme ce prêtre se moque de moi. Peu s'en faut que je ne perde l'esprit, à le voir poser son livre sur moi.

— Je vous recommanderai, mon cher ami, reprit le prêtre, de toujours vous souvenir de Dieu, quoi qu'il arrive : ainsi ne pouvez-vous avoir de dommage. »

296.   Il lui posa le livre sur la tête et s'apprêtait à lui lire l'évangile quand le bourgeois commença à lui dire :

« J'ai du travail chez moi, je n'ai que faire d'une telle cérémonie, mais dépêchez-vous de me payer. »

Le prêtre en fut bien fâché ; il appela tous ses paroissiens qui s'attroupèrent autour de lui :

« Tenez-moi cet homme, leur dit-il. Je suis certain qu'il est fou.

— Non, je ne le suis pas, fit-il, par saint Corneille

308 Ne par la foi que doi ma fille ;
    Mes quinze saus me paierez,
    Ja ainsi ne me gaberez.
    — Prenez le tost », le prestre a dit.
312 Li paroschien sanz contredit
    Le vont tantost molt fort prenant,
    Les mains li vont trestuit tenant,
    Chascuns molt bel le reconforte.
316 E li prestres le livre aporte,
    Se li a mis deseur son chief,
    L'evangille de chief en chief
    Li lut, l'estole entor le col
320 (Mes a tort le tenoit por fol),
    Puis l'esproha d'eve benoite.
    E li borgois forment covoite
    Qu'a son ostel fust revenuz.
324 Lessiez fu, ne fu plus tenuz ;
    Li prestres de sa main le saine,
    Puis dist : « Esté avez en paine. »
    E li borgois s'est toz cois teus,
328 Corouciez est e molt honteus
    De ce qu'il fu si atrapez ;
    Liez fu quant il fu eschapez.
    A son ostel en vint tout droit.
332 Cortebarbe dist orendroit
    C'on fet a tort maint homme honte.
    Atant definerai mon conte.

        Explicit des .III. avugles de Compiengne

et par la foi que je dois à ma fille. Vous me payerez mes quinze sous ; vous n'allez pas vous moquer de moi de cette manière !

— Dépêchez-vous de le prendre », dit le prêtre.

Les paroissiens, sans hésiter, le prirent aussitôt de vive force et lui tinrent tous les mains. Chacun cherchait à le calmer, tandis que le prêtre, qui avait apporté le livre, le lui mit sur la tête, et il lui lut l'évangile de bout en bout, l'étole autour du cou (mais c'est à tort qu'il le prenait pour fou), puis il l'aspergea d'eau bénite. Le bourgeois, lui, n'avait plus qu'un désir : c'était d'être de retour dans son hôtel. On le relâcha, on ne le retint plus. Le prêtre lui fit le signe de la croix et lui dit :

« Vous avez eu beaucoup de peine. »

327. Le bourgeois garda le silence, courroucé et honteux d'avoir été ainsi berné, mais bien content d'avoir pu s'échapper, et il s'en revint tout droit à son hôtel.

Courtebarbe affirme que beaucoup de gens sont injustement couverts de honte. C'est sur cette réflexion que j'achèverai mon histoire.

Fin des Trois Aveugles de Compiègne.

XVIII. — LA DAME QUI FIT TROIS FOIS LE TOUR DE L'ÉGLISE,
par Rutebeuf

À celui qui voudrait tromper une femme, je tiens à faire savoir qu'il lui serait plus facile de tromper l'Ennemi, le diable dans un combat singulier. Si l'on veut maîtriser une femme, on a beau la rouer de coups chaque jour, le lendemain elle se retrouve toute fraîche pour subir un châtiment du même ordre. Mais quand une femme a pour mari un sot débonnaire et qu'elle a un problème avec lui, elle lui raconte tant d'histoires, de boniments et de fariboles, qu'elle finit par lui faire croire que demain le ciel sera de cendre. C'est ainsi qu'elle gagne la partie.

16. Je le dis pour une dame qui était la femme d'un écuyer dont je ne sais s'il était de Chartres ou du Berry. La dame, c'est la vérité, était l'amie d'un prêtre qui l'aimait fort, et elle tout autant : pour personne au monde, elle n'aurait laissé de faire ses volontés, quelques souffrances qu'on dût en éprouver.

Un jour, au sortir de l'église, le prêtre, après avoir fait son service, négligea de plier ses vêtements

XVIII. — DE LA DAMME QUI FIST TROIS TOURS ENTOUR LE MOUSTIER

Qui fame voudroit decevoir,
Je li faz bien apercevoir
Qu'avant decevroit l'anemi,
4 Le deable, a champ arami.
Cil qui fame veut justicier
Chascun jor la puet combrisier,
Et l'endemain rest toute saine
8 Por resoufrir autretel paine.
Més quant fame a fol debonere
Et ele a riens de lui afere,
Ele li dist tant de bellues,
12 De truffes et de fanfelues
Qu'ele li fet a force entendre
Que le ciel sera demain cendre :
Issi gaaingne la querele.
16 Jel di por une damoisele
Qui ert fame a un escuier,
Ne sai chartain ou berruier.
La damoisele, c'est la voire,
20 Estoit amie a un provoire ;
Moult l'amoit cil et cele lui,
Et si ne lessast por nului
Qu'ele ne feïst son voloir,
24 Cui qu'en deüst le cuer doloir.
Un jor, au partir de l'eglise,
Ot li prestres fet son servise ;
Ses vestemenz lest a ploier

28 Et si vint la dame proier
   Que le soir en un boschet viengne :
   Parler li veut d'une besoingne
   Ou je cuit que pou conquerroie
32 Se la besoingne vous nommoie.
   La dame respondi au prestre :
   « Sire, vez me ci toute preste,
   C'or est il et poins et seson :
36 Ausi n'est pas cil en meson. »
   Or avoit en cele aventure
   Sanz plus itant de mespresure
   Que les mesons n'estoient pas
40 L'une lez l'autre a quatre pas,
   Ainz i avoit, dont moult lor poise,
   Le tiers d'une liue franchoise.
   Chascune ert en un espinois
44 Com ces mesons de Gastinois ;
   Més li boschés que je vous nomme
   Estoit a cel vaillant preudomme
   Qu'a saint Ernoul doit la chandoile.
48 Le soir, qu'il ot ja mainte estoile
   Parant el ciel, si com moi samble,
   Li prestres de sa meson s'amble
   Et s'en vint el boschet seoir
52 Por ce c'on nel puisse veoir.
   Més a la dame mesavint,
   Que sire Ernous ses mariz vint,
   Toz moilliez et toz engelez,
56 Ne sai dont ou il ert alez :
   Por ce remanoir la covint.
   De son provoire li sovint,
   Si se haste d'appareillier ;
60 Ne le vout pas faire veillier,
   Por ce n'i ot cinq més ne quatre.
   Aprés mengier, petit esbatre
   Le lessa, bien le vous puis dire.
64 Sovent li a dit : « Biaus douz sire,
   Alez gesir, si ferez bien ;
   Veillier grieve sor toute rien
   A homme quant il est lassez :

et vint prier la dame de se rendre le soir dans un bosquet : il voulait l'entretenir d'une besogne dont je
crois que je gagnerai peu à vous la nommer. La dame
répondit au prêtre :

« Seigneur, je suis à votre entière disposition : c'est
maintenant l'heure et la saison, car l'autre n'est pas à
la maison. »

37. Il me faut préciser dans cette histoire, pour
ne pas m'exposer à la critique, que les maisons
n'étaient pas à quatre pas l'une de l'autre, mais
qu'elles étaient distantes, au grand déplaisir des
amants, d'un tiers de lieue française. Chacune était
entourée d'une haie d'épines, comme les maisons du
Gâtinais. Quant au bosquet dont je vous parle, il
appartenait à ce brave homme de mari qui devait un
cierge à saint Ernoul.

Le soir, quand le ciel était déjà tout parsemé
d'étoiles, à ce qu'il me semble, le prêtre quitta sa
maison et vint s'asseoir dans le bois pour échapper
aux regards. Mais la dame joua de malchance : son
mari, sire Ernoul, revint, tout trempé et frigorifié, je
ne sais pas où il avait été. Toujours est-il qu'il lui fallut rester. Se souvenant du prêtre, elle se hâta de préparer le repas : elle ne voulait pas le faire veiller. C'est
pourquoi il n'y eut pas cinq plats ni même quatre.
Après le repas, elle le laissa tranquille peu de temps,
je puis vous le certifier. Elle lui répétait :

« Mon cher petit mari, allez vous coucher : ce sera
mieux pour vous. Rien n'est pire que de veiller pour
un homme fatigué :

68 Vous avez chevauchié assez. »
    L'aler gesir tant li reprouche,
    Par pou le morsel en la bouche
    Ne fet celui aler gesir,
72 Tant a d'eschaper grant desir.
    Li bons escuiers i ala
    Qui sa damoisele apela,
    Por ce que moult la prise et aime.
76 « Sire, fet ele, il me faut traime
    A une toile que je fais,
    Et si m'en faut encor grant fais,
    Dont je ne me soi garde prendre,
80 Et je n'en truis nes point a vendre,
    Par Dieu, si ne sai que j'en face.
    — Au deable soit tel filace,
    Fet li vallés, comme la vostre !
84 Foi que je doi saint Pol l'apostre,
    Je voudroie qu'el fust en Saine ! »
    Atant se couche, si se saine,
    Et cele se part de la chambre.
88 Petit sejornerent si membre
    Tant qu'el vint la ou cil l'atent.
    Li uns les braz a l'autre tent :
    Iluec furent a grant deduit
92 Tant qu'il fu pres de mienuit.
    Du premier somme cil s'esveille,
    Més moult li vient a grant merveille
    Quant il ne sent lez lui sa fame.
96 « Chamberiere, ou est vostre dame ?
    — Ele est la fors en cele vile,
    Chiés sa commere, ou ele file. »
    Quant cil oï que la fors iere,
100 Voirs est qu'il fist moult laide chiere.
    Son sorcot vest, si se leva,
    Sa damoisele querre va ;
    Chiés sa commere la demande :
104 Ne trueve qui reson l'en rande,
    Qu'ele n'i avoit esté mie ;
    Ez vous celui en frenesie.
    Par delez cels qu'el boschet furent

vous avez beaucoup chevauché. »

69.   Elle lui rebattait tant les oreilles d'aller se coucher que pour un peu elle l'aurait envoyé au lit la bouche encore pleine, tellement elle avait envie de filer. Le bon écuyer s'exécuta et appela sa femme, car il l'estimait et l'aimait beaucoup.

« Seigneur, dit-elle, j'ai besoin de trame pour une toile que je fais, et il m'en faut même une grande quantité, car je me suis laissée surprendre, et je n'en trouve plus du tout à acheter. Grand Dieu, je ne sais comment faire !

— Au diable votre filasse ! fit le mari. Par la foi que je dois à saint Paul l'apôtre, je voudrais qu'elle fût au fond de la Seine ! »

Il se coucha alors et fit le signe de la croix, tandis qu'elle quittait la chambre. Ses jambes ne prirent pas beaucoup de repos jusqu'à ce qu'elle vînt là où le prêtre l'attendait. Ils se tendirent les bras et se donnèrent bien du bon temps jusqu'aux environs de minuit.

93.   Après son premier sommeil l'écuyer se réveilla, mais quel fut son étonnement de ne pas sentir sa femme à côté de lui !

« Chambrière, où est votre dame ?

— Elle est là-bas en ville, chez sa commère où elle file. »

Quand il apprit qu'elle était dehors, il fit véritablement la grimace. Il revêtit son surcot et se leva pour aller chercher sa dame. Il la demanda chez sa commère où il ne trouva personne pour lui répondre, car elle n'y était pas venue du tout. Le voici hors de lui. Tout à côté de ceux qui étaient dans le bois,

108   Ala et vint ; cil ne se murent.
      Et quant il fu outre passez :
      « Sire, fet ele, or est assez,
      Or covient il que je m'en aille :
112 Vous orrez ja noise et bataille. »
      Fet li prestres : « Ice me tue
      Que vous serez ja trop batue.
      — Onques de moi ne vous soviengne,
116 Dant prestres, de vous vous coviengne »,
      Dist la damoisele en riant.
      Que vous iroie controuvant ?
      Chascuns s'en vint a son repere.
120 Cil qui se jut ne se pot tere :
      « Dame orde, viex pute provee,
      Vous soiez or la mal trovee,
      Dist li escuiers. Dont venez ?
124 Bien pert que por fol me tenez. »
      Cele se tut et cil s'esfroie :
      « Voiz, por le sanc et por le foie,
      Por la froissure et por la teste,
128 Ele vient d'avoec nostre prestre ! »
      Issi dit voir et si nel sot.
      Cele se tut si ne dist mot.
      Quant cil ot qu'el ne se desfent,
132 Par un petit d'iror ne fent,
      Qu'il cuide bien en aventure
      Avoir dit la verité pure.
      Mautalenz l'argüe et atise ;
136 Sa fame a par les treces prise,
      Por le trenchier son coutel tret.
      « Sire, fet el, por Dieu atret,
      Or covient il que je vous die ;
140 Or orrez ja trop grant voisdie :
      J'amaisse miex estre en la fosse.
      Voirs est que je sui de vous grosse,
      Si m'enseigna l'en a aler
144   Entor le moustier sanz parler
       Trois tors, dire trois patrenostres
       En l'onor Dieu et ses apostres ;
       Une fosse au talon feïsse

il fit les cent pas, sans que les autres bougent. Quand il fut passé,

« Seigneur, fit la femme, je crois que c'est assez ; il est temps maintenant que je m'en aille. Vous allez bientôt entendre du bruit et du tapage.

— Cela me tue, répondit le prêtre, que vous soyez rouée de coups.

— Ne pensez pas à moi, mon père, occupez-vous de vous », dit la femme en riant.

118.   À quoi bon inventer des histoires ? Chacun s'en retourna chez soi. L'autre qui était couché ne put se retenir :

« Espèce de grande salope, vraie putain, soyez donc maudite, dit l'écuyer. D'où venez-vous ? Il est clair que vous me prenez pour un imbécile. »

Comme elle se taisait, il se déchaîna :

« Ah ! oui, par le sang et par le foie de Dieu, par ses poumons et sa tête, elle vient d'avec notre prêtre. »

Ainsi disait-il la vérité sans le savoir. Elle continuait à se taire. À voir qu'elle ne se défendait pas, peu s'en fallut qu'il n'éclatât de colère, car il s'imagina qu'il avait dit par hasard la stricte vérité. La colère le pressait et l'excitait. Il avait déjà saisi sa femme par les tresses et sorti son couteau pour les trancher.

138.   « Seigneur, fit-elle, pour l'amour de Dieu, il faut que je vous parle. Oui, vous allez entendre une très grande perfidie, et j'aimerais mieux être dans la tombe. La vérité est que je suis enceinte de vous, et qu'on me conseilla de faire autour de l'église, sans parler, trois tours et de dire trois *Notre Père* en l'honneur de Dieu et de ses apôtres, et aussi de creuser un trou avec mon talon

148 Et par trois jors i revenisse :
       S'au tiers jor ouvert le trovoie,
       C'estoit un filz qu'avoir devoie ;
       Et s'il estoit clos, c'estoit fille.
152 Or ne revaut tout une bille,
       Dist la dame, quanques j'ai fet ;
       Més, par saint Jaque, il ert refet,
       Se vous tuer m'en deviiez. »
156 Atant s'est cil desavoiez
       De la voie ou avoiez iere,
       Si parla en autre maniere :
       « Dame, dist il, je que savoie
160 Du voiage ne de la voie ?
       Se je seüsse ceste chose
       Dont je a tort vous blasme et chose,
       Je sui cil qui mot n'en deïsse
164 Se je anuit de cest soir isse. »
       Atant se turent, si font pés
       Que cil n'en doit parler jamés.
       De chose que sa fame face,
168 N'en orra noise ne manace.
       Rustebuef dist en cest fablel :
       Quant fame a fol, s'a son avel.

Explicit de la damoisele qui fist
les trois tors entor le moustier.

et de revenir trois jours de suite : si, le troisième jour, je le trouvais ouvert, ce serait un fils que je devais avoir, et s'il était bouché, ce serait une fille. Maintenant, dit la dame, tout ce que j'ai fait ne sert strictement à rien. Mais, par saint Jacques, je le referai, même si vous deviez me tuer. »

156.   Alors l'autre se détourna de la voie où il s'était engagé, et il changea de discours :

« Madame, dit-il, moi, que savais-je de votre voyage et de votre itinéraire ? Si j'avais connu cette affaire dont j'ai tort de vous blâmer et de vous accuser, moi-même je n'en aurais pas dit un mot, ou que je meure avant ce soir ! »

Sur ce, ils se turent et firent la paix. Lui ne doit plus jamais en parler. De tout ce qu'elle pourra faire, elle ne s'entendra ni houspiller ni menacer. Rutebeuf nous enseigne par ce fabliau que, lorsqu'une femme a pour époux un imbécile, elle en fait à sa guise.

Fin de la demoselle qui fit trois fois le tour de l'église.

XIX. — C'EST LI TESTAMENT DE L'ASNE

Qui vuet au siecle a honeur vivre
Et la vie de ceux ensuyre
Qui beent a avoir chevance
4 Mout trueve au siecle de nuisance,
Qu'il at mesdizans d'avantage
Qui de ligier li font damage,
Et si est touz plains d'envieux,
8 Ja n'iert tant biaux ne gracieux.
Se dix en sunt chiez lui assis,
Des mesdizans i avra six
Et d'envieux i avra nuef.
12 Par derrier nel prisent un oef
Et par devant li font teil feste
Chacuns l'encline de la teste.
Coument n'avront de lui envie
16 Cil qui n'amandent de sa vie,
Quant cil l'ont qui sont de sa table,
Qui ne li sont ferm ne metable ?
Ce ne puet estre, c'est la voire.
20 Je le vos di por un prouvoire
Qui avoit une bone esglise,
Si ot toute s'entente mise
A lui chevir et faire avoir :
24 A ce ot tornei son savoir.
Asseiz ot robes et deniers,
Et de bleif toz plains ses greniers,
Que li prestres savoit bien vendre

XIX. — LE TESTAMENT DE L'ÂNE,
par Rutebeuf

Celui qui veut vivre honorablement selon le monde et imiter la vie de ceux qui ne cherchent qu'à s'enrichir, rencontre dans le monde force ennuis, car il ne manque pas de médisants qui, pour un oui pour un non, lui causent du tort. Le monde est aussi rempli d'envieux, si beau et si gracieux qu'on soit : si l'on a dix convives à table, il y en aura six de médisants et neuf d'envieux. Par-derrière, ils n'ont que mépris pour lui, et par-devant ils le couvrent de fleurs, et chacun de lui faire des courbettes. Comment ne serait-il pas envié de ceux qui ne retirent aucun avantage de son train de vie, quand il l'est de ses convives qui ne lui sont ni fidèles ni loyaux ? C'est impossible, voilà la vérité.

20. Je vous le dis à propos d'un prêtre qui disposait d'une bonne paroisse et qui avait mis toute son application à accumuler revenus et biens : il y avait consacré toute sa science. Il possédait à foison vêtements et deniers, et ses greniers étaient remplis de blé qu'il s'entendait à vendre,

28 Et pour la venduë atendre
De Paques a la Saint Remi ;
Et si n'eüst si boen ami
Qui en peüst riens nee traire,
32 S'om ne li fait a force faire.
Un asne avoit en sa maison,
Mais teil asne ne vit mais hom,
Qui vint ans entiers le servi ;
36 Mais ne sai s'onques teil serf vi.
Li asnes morut de viellesce,
Qui mout aida a la richesce.
Tant tint li prestres son cors chier
40 C'onques nou laissat acorchier
Et l'enfoÿ ou semetiere :
Ici lairai ceste matiere.
L'evesques ert d'autre maniere,
44 Que covoiteux ne eschars n'iere,
Mais cortois et bien afaitiez,
Que, s'il fust jai bien deshaitiez
Et veïst preudome venir,
48 Nuns nel peüst el list tenir ;
Compeigne de boens crestiens
Estoit ses droiz fisicïens ;
Touz jors estoit plainne sa sale.
52 Sa maignie n'estoit pas male,
Mais quanque li sires voloit
Nuns de ses sers ne s'en doloit :
S'il ot mueble, ce fut de dete,
56 Car qui trop despent il s'endete.
Un jour, grant compaignie avoit
Li preudons qui toz biens savoit ;
Si parla l'en de ces clers riches
60 Et des prestres avers et chiches
Qui ne font bontei ne honour
A evesque ne a seignour.
Cil prestres i fut emputeiz
64 Qui tant fut riches et monteiz.
Ausi bien fut sa vie dite
Con s'il la veïssent escrite,
Et li dona l'en plus d'avoir

attendant, pour le négocier, de Pâques jusqu'à la Saint-Remi. Aucun de ses meilleurs amis n'eût été capable de rien obtenir de lui, à moins qu'on ne l'y contraignît par la force.

Il avait en sa maison un âne, un âne comme on n'en vit jamais, qui vingt ans entiers le servit. Je ne sais pas si jamais j'ai vu un serviteur tel que lui. L'âne mourut de vieillesse après avoir contribué à l'enrichir. Le prêtre l'aimait tellement qu'il n'accepta pas qu'on l'écorchât, et il l'enterra au cimetière. Je laisserai là ce sujet.

43. L'évêque était bien différent. Loin d'être cupide et avare, il était courtois et bien élevé, car, quand bien même il eût été gravement malade et qu'il vît venir un homme de bien, personne n'aurait pu le retenir au lit. La compagnie des bons chrétiens était sa meilleure médecine. Tous les jours, la grand-salle de son palais était pleine, et ses gens n'étaient pas malveillants, mais, quoi que le maître demandât, aucun de ses serviteurs ne s'en plaignait. S'il possédait quelque chose, c'étaient des dettes, parce que, à trop dépenser, on s'endette.

Un jour qu'une nombreuse compagnie entourait l'excellent homme qui était doué de toutes les qualités, on parla de ces riches clercs et des prêtres avares et chiches qui n'honorent de leurs dons ni leur évêque ni leur seigneur. On mit en cause notre prêtre qui était si riche et bien nanti. On raconta sa vie aussi bien que si on l'avait lue dans un livre, et on lui attribua une fortune plus grande

68 Que troi n'em peüssent avoir,
    Car hom dit trop plus de la choze
    Que hom n'i trueve a la parcloze.
    « Ancor at il teil choze faite
72 Dont granz monoie seroit traite
    S'estoit qui la meïst avant,
    Fait cil qui vuet servir devant,
    Et s'en devroit grant guerredon.
76 — Et qu'a il fait ? dit li preudom.
    — Il at pis fait c'un Bedüyn,
    Qu'il at son asne Baudüyn
    Mis en la terre beneoite.
80 — Sa vie soit la maleoite,
    Fait l'esvesques, se ce est voirs !
    Honiz soit il et ses avoirs !
    Gautier, faites le nos semondre,
84 Si orrons le prestre respondre
    A ce que Robers li mest seure ;
    Et je di, se Dex me secoure,
    Se c'est voirs j'en avrai l'amende.
88 — Je vos otroi que l'an me pande
    Se ce n'est voirs que j'ai contei ;
    Si ne vos fist onques bontei. »
    Il fut semons ; li prestres vient ;
92 Venuz est, respondre couvient
    A son evesque de cest quas
    Dont li prestres doit estre quas.
    « Faus desleaus. Deu anemis,
96 Ou aveiz vos vostre asne mis ?
    Dist l'esvesques ; mout aveiz fait
    A sainte Esglise grant meffait,
    Onques mais nuns si grant n'oÿ,
100 Qui aveiz votre asne enfoÿ
    La ou on met gent crestienne.
    Par Marie l'Egyptienne,
    S'il puet estre choze provee
104 Ne par la bone gent trovee,
    Je vos ferai metre en prison,
    C'onques n'oÿ teil mesprison. »
    Dit li prestres : « Biax tres dolz sire,

que trois hommes n'en pourraient avoir, car on en dit bien plus qu'on n'en trouve au bout du compte.

« Il y a plus, fit l'un d'eux pour faire du zèle : il a fait une chose dont on pourrait tirer beaucoup d'argent, s'il y avait quelqu'un pour la dénoncer, et cela mériterait une bonne récompense.

— Qu'a-t-il donc fait ? demanda l'excellent homme.

— Il a fait pire qu'un Bédouin : il a mis en terre bénite son âne Baudouin.

— Que sa vie soit maudite, fit l'évêque, si cela est vrai ! Qu'il soit déshonoré, lui et sa richesse ! Gautier, faites-le comparaître, et nous entendrons les réponses du prêtre aux accusations de Robert ; et je l'affirme : avec l'aide de Dieu, si c'est vrai, j'en obtiendrai réparation.

— J'accepte qu'on me pende si ce n'est pas la vérité que j'ai dite. De plus, il ne vous a jamais fait de cadeau. »

91.   Convoqué, le prêtre vient. Le voici : il lui faut répondre à son évêque sur cette affaire pour laquelle il encourt la suspension.

« Faux et déloyal ennemi de Dieu, dit l'évêque, où avez-vous mis votre âne ? Vous avez commis envers la sainte Église une grande faute, comme jamais personne n'en entendit parler : vous avez enterré votre âne là où l'on met les chrétiens. Par sainte Marie l'Égyptienne, si l'on peut le prouver et l'établir par des gens de bonne foi, je vous ferai emprisonner, car jamais je n'ai entendu parler d'un tel crime.

— Mon très cher et bon seigneur, répondit le prêtre,

108 Toute parole se lait dire ;
    Mais je demant jor de conseil,
    Qu'il est droiz que je me conseil
    De ceste choze, s'il vos plait ;
112 Non pas que je i bee en plait.
    — Je vuel bien le conseil aiez,
    Mais ne me tieng paz a paiez
    De ceste choze s'ele est voire.
116 — Sire, ce ne fait pas a croire. »
    Lors se part li vesques dou prestre,
    Qui ne tient pas le fait a feste.
    Li prestres ne s'esmaie mie,
120 Qu'il seit bien qu'il at bone amie :
    C'est sa borce, qui ne li faut
    Por amende ne por defaut.
    Que que foz dort, et termes vient.
124 Li termes vint et cil revient ;
    Vint livres en une corroie,
    Touz sés et de bone monoie,
    Aporta li prestres o soi.
128 N'a garde qu'il ait fain ne soi.
    Quant l'esvesques le voit venir,
    De parleir ne se pot tenir :
    « Prestres, consoil aveiz eü,
132 Qui aveiz votre senz beü.
    — Sire, consoil oi ge sens faille,
    Mais a consoil n'afiert bataille ;
    Ne vos en deveiz mervillier,
136 Qu'a consoil doit on concillier.
    Dire vos vueil ma conscience
    Et, s'il i afiert penitance,
    Ou soit d'avoir ou soit de cors,
140 Adons si me corrigiez lors. »
    L'evesques si de li s'aprouche
    Que parleir i pout bouche a bouche ;
    Et li prestres lieve la chiere,
144 Qui lors n'out pas monoie chiere.
    Desoz sa chape tint l'argent :
    Ne l'ozat montreir pour la gent.
    En concillant conta son conte :

on peut dire n'importe quoi, mais je demande un jour de réflexion, car il est juste que je consulte sur cette affaire, si vous le permettez. Ce n'est pas que je cherche à gagner du temps en chicanant.

— Je veux bien que vous consultiez, mais je ne me juge pas satisfait si cette histoire est vraie.

— Seigneur, je ne le pense pas. »

117. Là-dessus, l'évêque quitte le prêtre sans prendre l'affaire à la légère. Le prêtre ne se tourmente pas, car il sait qu'il a une bonne amie : c'est sa bourse qui ne l'abandonne jamais pour faire face à une amende ou à un besoin.

Pendant que le fou dort, le terme arrive. Le terme arriva donc, et le prêtre revint : vingt livres dans une bourse, en argent comptant et de bon aloi, voilà ce qu'il apporta avec lui. Il n'avait pas à redouter la faim ni la soif. Quand l'évêque le vit venir, il ne put s'empêcher de l'interroger :

« Prêtre, vous avez pu consulter, vous qui avez perdu votre raison.

— Oui, monseigneur, j'ai bien consulté ; mais, quand on consulte, il ne faut pas se battre. Vous ne devez pas vous étonner qu'on doive se mettre d'accord en tête à tête. Je veux soulager ma conscience auprès de vous ; et s'il me faut faire pénitence par une amende ou un châtiment corporel, alors corrigez-moi donc. »

141. L'évêque s'approche de lui si bien qu'il peut lui parler de bouche à oreille. Le prêtre lève la tête : il ne pense pas à ménager son argent qu'il tient sous sa cape, sans oser le montrer à cause des gens. À voix basse, il raconte son histoire :

148 « Sire, ci n'afiert plus lonc conte :
    Mes asnes at lonc tans vescu ;
    Mout avoie en li boen escu.
    Il m'at servi et volentiers
152 Moult loiaument vint ans entiers :
    Se je soie de Dieu assoux,
    Chacun an gaaingnoit vint soux,
    Tant qu'il at espairgnié vint livres.
156 Pour ce qu'il soit d'enfer delivres
    Les vos laisse en son testament. »
    Et dist l'esvesques : « Diex l'ament
    Et si li pardoint ses meffais
160 Et toz les pechiez qu'il at fais ! »
    Ensi con vos aveiz oÿ,
    Dou riche prestre s'esjoÿ
    L'evesques por ce qu'il mesprit :
164 A bontei faire li aprist.
    Rutebués nos dist et enseigne
    Qui deniers porte a sa besoingne
    Ne doit douteir mauvais lÿens.
168 Li asnes remest crestïens,
    A tant la rime vos en lais,
    Qu'il paiat bien et bel son lais.

Explicit.

« Monseigneur, il est inutile de faire de plus longs discours. Mon âne a vécu longtemps, et il m'a assuré la meilleure des protections. Il m'a servi avec zèle, très loyalement, vingt ans entiers. Que Dieu me pardonne ! chaque année il gagnait vingt sous, si bien qu'il mit de côté vingt livres. Ces livres, pour échapper à l'enfer, il vous lègue par testament.

— Que Dieu, dit l'évêque, lui remette et lui pardonne ses fautes et tous les péchés qu'il a commis ! »

Ainsi que vous l'avez entendu, l'évêque se réjouit que le prêtre ait péché, car il lui apprit ainsi à faire le bien. Rutebeuf nous dit et nous apprend que, lorsqu'on dispose d'argent pour ses affaires, on n'a pas à redouter de funestes chaînes. L'âne resta chrétien — sur ce, je cesse mon récit — car il paya bel et bien son legs.

Fin.

NOTES

Les chiffres renvoient aux numéros des vers.

I. — LE PAYSAN DE BAILLEUL.

Jean Bodel, écrivain remarquable de diversité, après avoir écrit une chanson de geste, les *Saisnes* (Saxons), a été le véritable initiateur du jeu dramatique avec *Le Jeu de saint Nicolas* (1200), comme il le fut pour les pastourelles en langue d'oïl dont l'une est à caractère politique, et pour les *Congés* où un lépreux dit son adieu au monde. Il a également exploité toutes les ressources du fabliau (fable, conte paysan, récit édifiant ou égrillard, épopée héroïcomique du jambon). Voir Charles Foulon, *L'Œuvre de Jean Bodel*, Paris, 1958.

Texte du manuscrit A, folios 242r°-243, et éd. P. Nardin, pp. 77-84.

Sur ce fabliau, lire l'art. d'Elisabeth Gaucher, « La fausse mort du Vilain de Bailleul (Jean Bodel) », *Nord'*, n° 24, déc. 1994, pp. 87-94.

3. *uns vilains*. C'était un paysan libre, certes soumis au ban du seigneur et lui devant les taxes et redevances habituelles ; mais il était libre de sa personne, sans tare déshonorante, au contraire du serf qui, dans une dépendance personnelle et héréditaire, ne pouvait entrer dans l'Église, ni prêter serment, ni se marier en dehors du groupe de serfs dépendant du même seigneur que lui (*formariage*) ni léguer son héritage à ses enfants (*main morte*). Comme le paysan était méprisé et qu'à côté de *vilain* se trouve l'adjectif vil, le terme a pris un sens péjoratif : « bas, méchant, sans noblesse ». Par la suite, trop employé, ce terme d'injure s'est affaibli.
Sur le portrait péjoratif du paysan au Moyen Âge, voir notre étude « Portrait d'un paysan du Moyen Âge : le vilain Liétard », dans *Le goupil et le paysan (Roman de Renart, branche X)*, Paris, 1990, pp. 57-105.
a Bailluel. Ce nom, qui désigne Bailleul - sire - Bertault dans les faubourgs d'Arras ou Bailleul (Somme) se retrouve dans *Le Jeu*

de la Feuillée d'Adam de la Halle (vers 366) et dans *Le Boucher d'Abbeville*. Le nom avait-il une tonalité comique ou satirique ?

14. *entre li et le prestre*. Ce tour littéraire (assez fréquent en ancien français), joue le rôle soit d'un sujet (*Chanson de Roland*, 3073-3074 : *Entre Rembalt e Hamon de Galice / Les guieront tut par chevalerie*), soit d'une apposition qui développe le sujet (Chrétien de Troyes, *Philomena*, 742-743 : *Et quant il sont leanz andui / Seul entre la pucele et lui*) ou qui présente le personnage principal avec un compagnon (*Roman de Renart*, I, 490-491 : Grimbert *por Renart a la cort plaide / entre lui et Tibert le chat*).

le prestre. À l'origine, *prestre* était le cas sujet, *provoire* (*proverre*) le cas régime ; ensuite, on a eu tendance à généraliser la forme *prestre*.

20. *Ez vous le vilain*. Le présentatif *ez vous* vient du latin *ecce*, qui donne *ez*, réduit en *es* ; dès le latin, il existait des tours avec un pronom explétif ou datif d'intérêt (*vobis*). S'usant, le tour a été renforcé par l'adverbe *atant* « alors ». Comme on a pris *es* pour une forme du verbe *être*, on a refait cette forme en *este(s)* à cause de la proximité de *vos*. Il arriva que *vos* fût modifié en *vois* sous l'influence du verbe *veoir*. (Cf. les tours voisins *voi ci, veez ci*.)

28. Mot à mot : « elle l'aurait préféré enterré que mort », pour être plus sûrement débarrassé de lui.

33. *li maton*. « Lait caillé, bouillie », dont plus tard se régale encore le franc Gontier de Philippe de Vitri et de Villon, mais que *Le Viandier* de Taillevent et *Le Ménager de Paris* ne mentionnent que comme nourriture des poulets et des oies à engraisser.

34. *ce fetes mon*. Formule d'insistance sous la forme *c'est mon, ce sera mon, ce fera mon... ce fetes mon...* « oui, certes, sûrement. » L. Spitzer faisait dériver *mon* de *moneo*, mais peut-être faut-il s'en tenir à l'explication de Diez qui faisait remonter *mon* à *munde* « nettement ». Voir N.L. Corbett, « La notion de pureté et la particule *mon* », *Romania*, t. 91, 1970, pp. 529-541.

83. *açainte*. Selon A. Henry (*Jeu de saint Nicolas*, p. 197) « *açainte* désigne ici le pailler dont on sait qu'il communique directement encore aujourd'hui avec la chambre à coucher dans certaines demeures paysannes ».

92. Le manuscrit A a : *Et vit le chapelain locier*. Nous empruntons *chaperon* aux manuscrits I et D.

97. *Mar. Mar* (de *mala hora*) signifie : 1° employé avec les futurs I et II ou l'impératif, « à tort » ; c'est alors souvent une forme renforcée de la négation ; 2° employé avec le passé simple ou l'imparfait du subjonctif, « c'est pour mon, ton, son... malheur que... » ; 3° employé avec le verbe *être*, « en vain, en pure perte ». Voir B. Cerquiglini, *La Parole médiévale*, Paris, éd. de Minuit, 1981, pp. 127-245.

II. - GOMBERT ET LES DEUX CLERCS.

Texte du manuscrit C, folios 10 v°-11 v°, et éd. Guy Raynaud de Lage, pp. 47-63.

6. *dame Gillein*. Le prénom *Gillein* (*Gilles*) est à rapprocher de *gille*, *guile* « ruse », qui est une manière de caractériser le personnage, sans que, d'ailleurs, Jean Bodel lui donne un rôle conforme à ce nom. Peut-être est-ce un rappel du *Meunier et des deux clercs* où la femme joue le rôle principal.

10. *cointe*. Ce mot, issu du latin *cognitus*, a deux grands types de significations : 1° qui connaît bien quelque chose, expert, prudent, rusé ; 2° joli, gracieux, aimable. C'est la culture courtoise qui a développé ce deuxième sens.

20. *gentis*. Du latin *gentilis*, « noble (de naissance) », « noble de caractère », « généreux » ; « noble de manières », « gracieux », « aimable ». Cf. W. A. Stowell, *Old-French Titles of Respect in Direct Address*, Baltimore, 1908.

21. *terçueil*, « tiercelet », désignait le mâle qui, dans plusieurs espèces de rapaces, était plus petit que la femelle.

23. *en l'estre*. *Estre, aistre, astre*, peut désigner l'*âtre* ou l'*aître*, une chambre de la maison. Cf. L. Foulet, *The Continuations of the Old French Perceval of Chrétien de Troyes*, vol. III, part 2 : *Glossary*, Philadelphie, 1955, p. 104.

33. *vile*. « *Ville* dérive de *villa* ; or, sous les Carolingiens, ce mot désignait le grand domaine ancêtre de la seigneurie rurale. Or, dès le XIᵉ siècle, les hommes se sont servis du terme pour désigner n'importe quel lieu habité, du hameau au village ou à la ville, car ils ne sentaient aucune différence de nature entre l'un et l'autre. » (Guy Fourquin, dans *Histoire de la France rurale*, sous la direction de G. Duby et A. Wallon, Paris, Le Seuil, t. I, 1975, p. 434.) Cf. aussi Ph. Ménard, *Les Fabliaux, contes à rire du Moyen Âge*, Paris, PUF, 1983.

36. *aers*. Part. passé du verbe *aerdre* qui présente quatre significations principales : 1° « attacher » au propre et au figuré, parfois au sens sexuel ; 2° « adhérer » ; 3° « saisir » ; 4° « attaquer » ou « s'attaquer à ». (J. Engels, « L'étymologie de l'afr. *aerdre* : *adhaereo* ou **aderigo* ? », *Mélanges... Maurice Delbouille*, Gembloux, Duculot, t. I, 1964, pp. 173-189.

67. *besanz*. Monnaie d'or, nom donné aux hyperpères byzantins à partir du XIᵉ siècle. Cf. Étienne Fournial, *Histoire monétaire de l'Occident médiéval*, Paris, Nathan, 1970, p. 73.

118. *mesnie, maisnie*. Ensemble des familiers et des serviteurs ; s'oppose au *lignage*, ensemble des ascendants et descendants.

119. Nous avons imprimé le texte de A. Nous avons, en B, *Molt le tiennent de...*, et en C *Molt me maines de...*

142. *Chetis*. C'est notre *chétif* dont le sens premier était « captif, prisonnier » ; de là l'acception de « malheureux », « misérable » ; enfin, par restriction sémantique, « de faible constitution », « d'apparence faible ».

166. *tinel*. À l'origine bâton pour porter les seaux ; puis massue.
Voir J. Wathelet-Willem, « Quelle est l'origine du tinel de
Rainouart ? », *Boletin de la real Academia de Buenas Letras de
Barcelona*, t. 31, 1967, pp. 355-364.
181. *par le mien escïentre*. À partir de l'ablatif absolu **me sciente* où
l'on a fini par voir en *me* une forme atrophiée de l'adjectif *meo*,
on a eu *mien* ou *mon escient* « à mon avis ». Sous l'influence de
l'adverbe *scienter*, on a pu avoir *mon (mien) escientre*. Les tours
absolus sans préposition se raréfiant, le tour a été employé avec
par ou *à* et avec l'article ; de là *au mien escient, par le mien escient,
par le mien escientre* « à mon avis », « je l'affirme ». Devenu nom,
escient s'est employé avec le verbe *avoir* et les adjectifs *fol, povre*...
et a signifié « intelligence, entendement ». On le retrouve sans
l'adjectif possessif dans des locutions comme *a escient, d'escient*
« avec certitude », *à bon escient* « véritablement », « avec discernement », *à mauvais escient* « sans discernement ». La locution *à
mon escient* « en connaissant ce que je fais » est vieillie et a cédé
la place à « *sciemment* ».
On a un conte voisin dans le *Décaméron* de Boccace (IX, 6) et
les *Contes* de La Fontaine (*Le Berceau*), et le même motif du berceau dans les fabliaux *Le Meunier et les deux clercs* et *Le Meunier
d'Arleux*.

III. — BRUNAIN, LA VACHE DU PRÊTRE.

Texte du manuscrit A, folios 229 r°-229 v°, et éd. d'Albert Gier,
pp. 216-221.
5. *a son proisne. Proisne* « prône » désignait au Moyen Âge la grille
qui séparait le chœur de la nef. C'était là que se plaçait le curé
pour s'adresser aux fidèles. De là, au XVIe siècle, le sens de « ser-
mon familier », de « prêche des dimanches ».
24. *doïen*. Ce doyen était un curé rural qui était commis pendant
un certain temps pour terminer les différends entre les curés.
38. *en oirre* « aussitôt ». Le mot *erre, oirre* « voyage », « chemin »,
« trace », « manière d'agir », « démarche », a donné un certain
nombre de locutions : *de grant erre, grant erre, de bonne erre, bel
erre*, « en hâte », « promptement », « avec empressement ». Ce
nom est de la même famille qu'*errer* « cheminer », « marcher »,
du latin *iterare*, à ne pas confondre avec *errer* « s'égarer », « se
tromper » du latin *errare*. De la famille du premier *errer* ne sur-
vivent que des termes mal compris : *errements* « façons d'agir tra-
ditionnelles », *chevaliers errants* « qui s'en vont à l'aventure », *le
Juif errant* « condamné à marcher sans fin ».
67. *Non cil qui le muce et enfuet*. Allusion à la parabole des talents.
69. *c'est or del mains* « assurément ». Voir J. Orr, *Essais d'étymologie
et de philologie romanes*, Paris, 1963, pp. 137-157. En partant
du latin *minimi* ou *minoris est*, on obtient l'évolution suivante :
1° cela importe peu, « peu importe » ; 2° cela est négligeable,
« cela ne fait rien ! » ; 3° cela est inutile à faire (« Pas moyen ! »)

ou à dire (« N'en parlons plus ! », « Cela va de soi », « Bien
entendu ! », « Assurément ! ».

72. *Tels cuide avancier qui recule*. Proverbe. Il existe de nombreux
proverbes commençant par *Tel cuide*, tels que : *Tel cuide amer qui
muse, Tel cuide autre engingner qui engigne sei meïmes, Tel cuide
boivre autri sercot / Qui paie sovent tot l'escot, Tels cuide estre sages
qui est fous, Telz cuide estre touz sains qui est a la mort, Teus cuide
gaingnier qui pert, Teus cuide venchier sa honte qui la croist...* Cf.
E. Schulze-Busacker, *Proverbes et expressions proverbiales dans la
littérature narrative française du Moyen Âge français*, Paris, Champion, 1985, pp. 311-314.

IV. — HAIMET ET BARAT.

Texte du manuscrit D, folios 52 r°-54 r°, et éd. P. Nardin,
p. 289.

1. *baron*. Ce terme emphatique s'applique à n'importe quel public,
de façon plus ou moins ironique. Ce mot désigne dans *La Chanson de Roland* un seigneur de haut rang qu'on oppose à *seigneur*
et *chevalier*. Les barons sont de hauts et puissants seigneurs, les
conseillers du roi et les plus grands de ses vassaux. La cour
céleste étant assimilée à la cour féodale, les saints sont appelés
barons. Il en est de même des plus grands parmi les païens. Mais
le mot s'appliquera aussi aux qualités d'un homme noble, et
particulièrement aux qualités guerrières : *Olivier le vait ferir en
guise de barun* (v. 1226). Dès lors, Charlemagne devient *li ber, le
baron* (v. 430). Le nom tend à devenir un adjectif, signifiant
« vaillant », qui s'emploie dans des tours comme *Rollant le baron*
(v. 766), ou comme épithète (*si baron chevalier*, v. 2415) ou
comme attribut : *Et li empereres en est ber e riches* (v. 2354).
Toutefois, le mot a gardé aussi son sens originel de « mari », par
ex. aux vers 139 et 344.

5. *convers*. Le mot désigne : un religieux laïc, non moine, non
clerc, constituant avec ses frères une communauté distincte dans
le monastère ; un moine ou un ermite ; un converti à la foi chrétienne, voire un nouveau baptisé. Cf. Paul Bretel, *Les Ermites et
les moines dans la littérature française du Moyen Âge (1150-1250)*,
Paris, Champion, 1995, pp. 32-54.

6. *Travers* : c'est celui qui prend les chemins de traverse, le tor-
tueux.

12. *Haimet* : c'est l'hameçon qui attrape tout ce qui passe à portée
de sa main.

13. *Baraz* : c'est la tromperie personnifiée, le *barat*.

65. *arroment ; erraument, esraument ; enroment*, « vite ». Cet adverbe
a été formé sur *errant*, part. prés. de *errer* employé comme
adverbe (cf. note du vers 38 de *Brunain*) et *-ment* ; de là
erramment, qui donne *erraument* par brisure dialectale de la
voyelle nasalisée, et *enroment* par changement de préfixe.

84. *girons*. Le mot désigne pour les vêtements la partie comprise
entre la ceinture et le genou.

98. *Teus cent foiz. Tel,* suivi d'un nom de nombre, peut impliquer une comparaison raccourcie : *s'il estoient tel. C. en cel palais listé, / Fuïr nous convendroit par force du regné* « S'ils étaient cent hommes tels que lui » (*Fierabras,* vers 3719-3720). Pour d'autres emplois, H. Suchier a proposé « bien », « environ » (*Chanson de Guillaume,* vers 492) ; mais Schultz-Gora a nié cette valeur : dans tous les cas, *tel* annoncerait la conjonction ou le relatif suivant, qui peut n'être que suggéré.

114. *s'est garie. Garir* signifiait en ancien français protéger soit de la mort ou de la captivité (« sauver », « préserver », « défendre »), soit de la famine (« approvisionner »), soit de la maladie (« guérir »). Le passage de *a* à *é* s'explique par une fausse régression, l'*a* (pourtant étymologique) étant considéré comme vulgaire devant *r* au XVIᵉ siècle.

159. *bacon* : chair de porc, surtout de porc salé, flèche de lard, lard, jambon, cochon tué et salé. Godefroy précise que « dans les tarifs de péage de la Loire, *bacon* désigne non un quartier de porc, une flèche de lard, mais un porc gras tué ». De là notre traduction tantôt par « jambon », tantôt par « porc ». Chaque région avait ses modes de cuisson et de conservation du porc qui a servi de base à la nourriture de toute l'Europe pendant des siècles (R. Laurans, « L'Élevage du porc à l'époque médiévale ». *L'Homme et l'animal. Premier colloque d'ethnozoologie,* Paris, 1975, pp. 523-534). Ici, on salait le porc et on le conservait en saloir ; là, on faisait cuire les morceaux dans la graisse : c'était le confit. Les jambons crus et salés étaient tantôt fumés dans la cheminée, tantôt séchés à l'air, pendus aux poutres du plafond, puis conservés sous la cendre.

172. *laiszon : lesson, lezon, lison, lizon, licun* : couchette, siège, escabeau.

203. *aire* : « surface plane », « pièce, salle » ; « nid », « famille, race, extraction » (d'où *de bon aire* qui a donné *débonnaire*) « naturel, caractère ».

206. *met, maie, mait* : « huche à pain », « pétrin ».

220. *bauc, bauch, balc* : poutre ; poutre où l'on pend les pièces du porc qui vient d'être tué.

250. *cortill,* « jardin ». Sur l'importance des jardins au XIIIᵉ siècle, voir R. Fossier, *La Terre et les hommes en Picardie,* Paris-Louvain, 1968, 2 vol., t. I, pp. 424-425 : « Les choses changent assez brusquement après 1225 et surtout 1250. Tout d'abord, les mentions de courtils, de vergers, de jardins qui s'effaçaient peu à peu dans les documents reprennent de l'importance... signe d'un regain d'intérêt pour cette culture... Il s'agit donc bien d'une nouvelle phase d'essor du jardinage et de l'arboriculture. »

292. *forment* : « froment », « champ de blé ».

309. *vassalment.* À la manière d'un bon vassal, c'est-à-dire hardiment.

326. *ge l'en ferai une torte* (D), *une estorte* (A), *une entorte* (C) : « ruse », « coup tordu », « bon tour ».

350. *Tosche le trois foiz a ton con.* Geste pour conjurer le mauvais sort.

396. *a demuçons, a demuchons* : « en se cachant », formé sur le verbe *demucier*, de la même manière que *a genouillons, a croupetons*.

405. *a mainees* « à poignées ». La *mainie*, la *manee*, est ce que peut contenir la main.

424. *choisir.* 1° « distinguer par la vue » ; 2° « prendre de préférence ».

438. *laigne* : « bois en général », « bois à brûler ».

463. *barnaige.* Ce mot désigne : 1° l'ensemble des barons ; 2° le courage et les qualités du baron ; 3° l'état du baron, sa puissance et sa pompe.

464. *carnaige* (carnage), *charnaige.* 1° chair, viande, festin où l'on mange beaucoup de viande ; 2° au XIII⁰ siècle, période pendant laquelle on peut manger de la viande (*vs* carême) ; 3° tuerie, massacre.

469. *esploitié. Esploitier* (du latin *explicitare*, fait sur *explicitum* « facile à exécuter »), « agir, accomplir quelque chose vite et bien » ; de là les sens de 1° « agir » ; 2° « réussir, mener à bien, obtenir » ; 3° « agir avec ardeur, se hâter » ; 4° « utiliser, employer, faire valoir ». *Exploit* avait parallèlement les sens d'« accomplissement, exécution, action » ; d'« avantage, profit » ; d'« ardeur, hâte » (dans des expressions comme *a esploit, a grant esploit* « à toute vitesse ») et, à partir du XVI⁰ siècle, « saisie d'huissier ».

508. *partie. Partir* signifiait en ancien français, et jusqu'au XVI⁰ siècle, « séparer », « diviser », « partager ». Ce sens subsiste dans l'expression *avoir maille à partir avec quelqu'un*, « avoir à partager avec quelqu'un une très petite monnaie (qu'on ne peut diviser) », « se disputer ». À la fin du Moyen Âge, *partir* a pris le sens de « s'en aller », sans doute d'abord à la voix pronominale *se partir de* « se séparer de (quelqu'un) », « s'en aller ». De là les deux groupes de noms, l'un autour de l'idée de « partir » (*départ, en partance*), l'autre autour de l'idée de « partager » (*part, partir, partage*).

V. — BAILLET.

Texte du manuscrit H, folios 193 b-194 c, et éd. Johnston-Owen, pp. 28-33.

Ce fabliau est original par sa versification, puisqu'il est composé de strophes de quatre pentasyllabes et de quatre décasyllabes (*a b a b b c c c*).

Unique spécimen d'une variété rare du genre : *le fabliau chanté*, que son auteur appelle *chanson* (vers 167). Selon J. Bédier (*Les fabliaux...*, p. 32), « Un jongleur s'est amusé à chanter sur sa vielle, peut-être sur un mode parodique et bouffon, un fabliau ; c'est une fantaisie qui a dû se renouveler plus d'une fois. »

Sur ce fabliau, lire F. Lecoy, « Note sur le fabliau du *Prêtre au lardier* », *Romania*, t. 82, 1961, pp. 524-535 ; et t. 83, 1962, pp. 407-408.

4. *franc*. Ce mot, qui avait d'abord une valeur ethnique (il s'agit du peuple franc) s'est ensuite identifié avec « libre » (*franc arbitre, avoir les coudées franches, corps franc*...) et a désigné les nobles. Puis, au sens social, s'est ajoutée l'idée de noblesse morale et de noblesse des manières, avec au premier plan l'idée de générosité, puis de franchise.

savetier. Le savetier raccommodait les souliers usagés.

7. *joli*. L'adjectif *joli* exprimait en ancien français la notion de gaieté, parfois en liaison avec celle d'audace et d'ardeur amoureuse. Voir G. Lavis, *L'Expression de l'affectivité dans la poésie lyrique française du Moyen Âge (XIIe-XIIIe s.)*, Paris, Les Belles Lettres, 1973, pp. 258-259, 519-520.

13. *anel* : « anneau ». Ce mot désignait fréquemment le sexe de la femme.

29. *viandes*. Le mot a eu d'abord le sens général de « nourriture », puis, à partir du XIVe siècle, celui de « chair des animaux dont se nourrit l'homme », au détriment de *chair*.

46. *un baing*. Le bain était lié aux plaisirs sexuels.

101. *laton*, pour *latin*.

110. *talent*. Ce mot, du latin *talentum* « monnaie », a pris, sous l'influence de la parabole évangélique des talents, les sens, d'abord, au XIIe siècle, de « désir, envie », puis, au XIVe siècle, de « don, aptitude, habileté ».

117. *rehaingnet* désigne ici un coup violent.

131. *debonnaire*. *De bon aire* a signifié successivement : 1° « de bonne race, noble » ; 2° « noble de caractère, généreux, bon, bienveillant » ; 3° « trop généreux, faible de caractère ».

142. *de cuer fin*. L'adjectif *fin*, très laudatif, élève un substantif à sa plus haute puissance : un chevalier *cortois et fin* est un chevalier courtois et accompli ; aimer *de cuer fin*, c'est aimer du fond du cœur, parfaitement ; la *fine veritez* est la vérité pure.

172. *tondu*, « tonsuré », c'est-à-dire un clerc, un ecclésiastique.

VI. — LE BOUCHER D'ABBEVILLE.

Eustache d'Amiens est un ménestrel de la région amiénoise qu'on ne connaît que par ce fabliau dont la qualité littéraire et stylistique indique qu'il n'est pas un simple jongleur.

Texte du manuscrit A, folios 158 v°-161 r°, et éd. de Jean Rychner (Droz, 1965) qui a reproduit le texte des cinq manuscrits et dont on utilisera les très sûrs apparat critique et lexique.

9. *fel*. Le mot *fel, felon* exprima d'abord l'infidélité au code du noble, et accessoirement l'infidélité envers Dieu ; ensuite, les défauts associés au caractère du félon : trompeur, orgueilleux, cruel, féroce.

16. *Oisemont*. Chef-lieu de canton de l'arrondissement d'Amiens (Somme).

20. *cochons* : signifie ici « marchands ».

40. *le* : forme picarde du pronom féminin *la*.

44. *dangier* a ici une acception proche du sens ancien de « domination », « domination du maître » (du latin *dominiarium* dérivé de *dominus* « maître »). Voir Shigemi Sasaki, « Dongier. Mutation de la poésie française au Moyen Âge », *Études de langue et littérature françaises*, Tokyo, 1974, pp. 1-30.

49. *Fors*, ici, est conjonction : « si ce n'est que ».

50. *chantiers, gantiers, cantiers*. Du latin *cantherius* « mauvais cheval », le mot signifie « chevron », « support sur lequel on place des tonneaux » (XIIIᵉ s.) ; de là, « cale placée sous un objet » (XVIIᵉ s.) ; « lieu où on entasse des matériaux » (XIVᵉ s.).

51. *Nojentel*, localité du canton de Château-Thierry (Aisne). Voir Marcel Lachiver, *Vins, vignes et vignerons, Histoire du vignoble français*, Paris, Fayard, 1988 (à Château-Thierry).

64. *saint Herbert*, Hébert, archevêque de Cologne au XIᵉ siècle.

65. *girra* : futur du verbe *gésir*.

101. *tropé d'oeilles* : « troupeau de brebis et moutons ». C'est notre *ouailles* : du lat. *ovicula* « petite brebis » « brebis ».

186. *une amie*. Cf. Ph. Ménard, *Les Fabliaux, contes à rire du Moyen Âge*, Paris, PUF, 1983, p. 73 : « La *prestresse*, la concubine du prêtre, apparaît dans plusieurs textes... Qu'on l'appelle *amie*, *meschine*, *prestresse* ou *feme au prestre*, cela ne change rien au fond des choses. Il s'agit d'une compagne stable, dont habituellement le prêtre ne cherche pas à dissimuler la présence. »

197. *meschine* : « jeune fille » « servante ». Venu de l'arabe *miskin* « pauvre », ce terme insiste sur la jeunesse, comme *varlet* et *jovencel*. La noblesse n'est pas un trait distinctif du mot : c'est le contexte ou une épithète qui le précisent. *Meschine* peut désigner une fille ou une femme attachée au service d'une dame. Contrairement à ce qu'a pensé G. Gougenheim, le sentiment de pitié n'est pas un trait fondamental de ce mot.

220. *hermites*, ermite. Sur leur vie, voir le livre de Paul Bretel, *Les Ermites et les moines dans la littérature française du Moyen Âge (1150-1250)*, Paris, Champion, 1995.

258. *saint Romacles*. Saint Romacle, évêque de Maastricht au VIIᵉ siècle.

261. *sainz Onorez*. Saint Honoré, évêque d'Amiens au VIᵉ siècle ; mort à Port, près d'Abbeville.

267. *saint Germain*. Saint Germain, évêque d'Auxerre au Vᵉ siècle.

303. *Jube, domne. Jube, domine, benedicere*, demande adressée au prêtre par le diacre avant la lecture de l'Évangile.

324. *une verde cote*. Cotte, sorte de blouse qui descendait jusqu'aux genoux chez les hommes et qui était plus longue chez les femmes. Elle se faisait en diverses étoffes de couleurs différentes : draps de laine fins, draps de soie, velours.

325. *faudee* : mot picard, « plissée ».
a plois rampanz : comprendre plutôt « à traîne ». Cf. Ph. Ménard, *op. cit.*, p. 63 : « La couleur de la cotte, les plis verticaux, la façon de la porter, autant de traits instructifs. On comprend que

la cotte devait descendre jusqu'aux chevilles : en remontant le bas, la dame montrait qu'elle avait des chevilles et des jambes bien faites. »

331. *baissele*. Voir A. Grisay, G. Lavis, M. Dubois-Stasse. *Les Dénominations de la femme dans les anciens textes littéraires français*, Gembloux, pp. 221-223 : « *Baissele*, diminutif de *baiasse*, désignait, à l'instar de celui-ci, une servante. Peut-être s'est-il employé aussi pour une jeune fille. La servante étant souvent une jeune fille, on a pu tout naturellement associer l'idée "jeune" à *baissele* jusqu'à ce que cette idée devînt progressivement un élément prépondérant du mot. En tout cas, cette évolution s'est produite sur le plan dialectal. »

370. *mal dehé*. Formule de malédiction, comprenant à l'origine *Dé hé* (complément de nom *Dé* antéposé au nom *hé*) et le subjonctif d'*avoir*, « qu'il ait la haine de Dieu celui qui... ». *Déhé* déformé en *dahé* par dissimilation et sous l'influence de tabous religieux, est passé à *dahait, dahet, daheit* par l'agglutination d'*ait*, qu'on a pu ensuite répéter ; de là des formes comme *daheit ait*. Le tour a été renforcé par *mal* ou *cent*. Enfin, le relatif a pu ne pas être exprimé : *Max dehaiz ait de vous esvesque fist* (*Garin le Lorrain*, 3831) : « Maudit soit l'homme qui de vous fit un évêque. »

384. *quenoille*. « La quenouille était vraiment l'emblème de la condition féminine. Dans les marges des manuscrits les représentations de femme tenant la quenouille ne sont pas rares » (Ph. Ménard, *op. cit.*, p. 76).

386. *vertu*. Du latin *virtus*, le mot *vertu(t)* en ancien français désignait : 1° la puissance, la vigueur, et en particulier la puissance des plantes, des pierres, ou encore la puissance de Dieu, ou de la Vierge ; 2° de là, le sens de « miracle », manifestation de la puissance divine.

Après le vers 426, le manuscrit H, qu'a édité Jean Rychner, ajoute deux vers qui ne sont pas utiles au sens.

432. *sains Aceus*. Saint Acheul, martyrisé à Amiens vers 203.

446. *Par le saint signe de Compiegne*. Suaire du Christ que possédait l'abbaye Saint-Corneille de Compiègne.

490. *Mise m'avez muer en mue*. Expression empruntée à la fauconnerie : on enfermait le faucon dans une cage pendant le temps de la mue. *Metre (muer) en mue* a signifié ensuite « emprisonner ».

498. *rompre le festu* : « rompre avec quelqu'un ». Rompre le fétu, c'était briser un brin de paille pour indiquer qu'on rompait les liens contractés avec quelqu'un. Voir J. Le Goff, « Le rituel symbolique de la vassalité », *Pour un autre Moyen Âge*, Paris, Gallimard, 1977, pp. 348-420.

510-511. *Et li paistres tout maintenant qui...* Phrase sans proposition principale, tournure populaire. Voir A. Tobler, *Mélanges de grammaire française*, pp. 311-316, « Énonciation composée d'un nom et d'une proposition relative », et Cl. Régnier, éd. de *La*

Prise d'Orange, Paris, Klincksieck, 1977, p. 130 : « Le français moderne connaît encore ces constructions sous une forme exclamative : *Et le médecin qui ne vient pas !* » Les manuscrits H et C présentent un autre texte : *Et li paistres vient acourant / qui* (H), *Li pastoreax vint acorant / Qui* (C).

515. *Frotant ses hines.* Selon J. Rychner, *éd. cit.*, « nous comprenons "tête grimaçante, trogne" (mais le pluriel reste curieux) ; le berger ferait un geste de désespoir ou d'embarras, cf. *grater ses temples* ou *sa maissele*, TL IV, 569. »

524. *n'ai mie d'un mouton.* Tour négatif au sens originel fort : « je n'ai pas une miette d'un mouton » « j'ai perdu un mouton ».

532. *estrange* : « étranger ».

584. *par amors* « amicalement, par faveur ». L's indique qu'il s'agit d'une locution adverbiale. Cf. J. Frappier, « *D'amors* » « *Par amors* » dans *Amour courtois et Table ronde*, Genève, Droz, 1973, pp. 116-117, et Ph. Ménard, « *Vos douces amours me hastent* : Sens et emploi du mot *amour* au pluriel en ancien français », *Études de lexicologie, lexicographie et stylistique offertes à Georges Matoré*, Paris, 1987, pp. 141-158.

VII. — LE PRÊTRE ET LE LOUP.

Texte du manuscrit C, folio 62, et éd. Brian Levy, p. 62. Ce fabliau ne se distingue guère d'une fable. C'est l'un des plus courts du genre.

10. *einz ne sot mot, s'est enz chaüz.* Parataxe épique, où *s'* (*si*) adverbe, joue le rôle d'une conjonction de temps, telle que *avant que, jusqu'à ce que...* Cf. Paul Imbs, *Les Propositions temporelles en ancien français*, Paris, 1956.

28. *deduit.* « Anciennement, le *déduit* s'opposait à une distraction cherchée dans le repos, l'oisiveté. Il désignait génériquement une occupation de nature non utilitaire ou qui, du moins, si elle rapportait quelque chose, comme la chasse par exemple, exigeait de l'invention, de l'ingéniosité, des péripéties. On parlait ainsi du *déduit des échecs*, du *déduit amoureux*. » (R.-L. Wagner, *Les Vocabulaires français*, Paris, Didier, 1967, p. 34.)

VIII. — ESTULA.

Texte du manuscrit C, folios 116 b-117 b, et éd. Johnston et Owen, pp. 6-9.

Ce fabliau, l'un des plus connus, est fondé sur le quiproquo entre la question *Es-tu là ?* et le nom du chien *Estula*.

4. *Povretez* est personnifiée, comme dans le vers de Villon : *Povreté tous nous suit et trace.* Sur la mise en scène de la pauvreté, voir l'œuvre de Rutebeuf et notre étude « Rutebeuf ou la complainte du ménestrel », *Rutebeuf, Poèmes de l'infortune et Poèmes de la croisade*, Paris, Champion, 1979, pp. 21-47.

21. *S'il fust povres, il fust des fous.* Cf. Rutebeuf, *Les Plaies du monde*, v. 23 : *Folz est clamez cil qui n'a rien.*

73. *L'estole et l'eve beneoite.* Le prêtre devra apporter l'étole (bande d'étoffe, portée dans certaines fonctions liturgiques) et l'eau bénite pour exorciser le chien soupçonné de possession diabolique.

121. *pandre* : prendre, par dissimilation du premier *r*.

137. *En petit d'ore Deus labore.* Proverbe n° 679 du recueil de J. Morawski, Paris, Champion, 1925 : *En pou d'eure Dieu labeure.*

138. *Teus rit au main qui au soir plore.* Proverbe n° 2368 du recueil de J. Morawski : *Tels rit au matin qui au soir pleure.*

IX. — LES PERDRIX.

Texte du manuscrit A, folios 169 v°-170 v°, et éd. Guy Raynaud de Lage, pp. 93-98.

6. *en l'atorner* : « dans la préparation ». Infinitif substantivé avec l'article.

16. *lecheüre* : « friandise ». Ce mot fait partie de la famille de *lechier*, *lekier*, « faire bonne chère » « vivre dans la débauche et la gourmandise » ; *lecherie* signifie « amour désordonné du plaisir », « luxure », « sensualité », « gourmandise » et aussi « tromperie », « bon tour ».

60. *isnel le pas* : « sur-le-champ ». Complément d'allure sans préposition ; c'est sans doute une réfection de *en es le pas* (*in ipso illo passu*). Nous avons *inelepas* au vers 284 du *Prêtre teint.* Voir Gérard Moignet, *Grammaire de l'ancien français*, pp. 95-97.

68. *madre* : « bois veiné ».

81. *Si l'acole molt doucement.* Cette remarque suggère que le prêtre avait des relations intimes avec la femme du vilain.

104. *A bone eüre.* Nous suivons l'interprétation de Tobler et Lommatzsch, t. 27, col. 1522 : « *Geschick-bone eüre Glück-a bone eüre (= a bon eür) Wohlan !* »

155. *ces dis* : « ces paroles ». Sur l'aire d'emploi des mots *dit* et *ditié*, voir Monique Léonard, *Le Dit et sa technique littéraire, des origines à 1340*, Paris, Champion, 1996, p. 32-52. Pour ce critique, « avant 1340, le *dit* ne saurait répondre à une définition unique, mais il est en revanche tout à fait possible d'en proposer une approche claire et cohérente en respectant ses différents niveaux de sens. À défaut de constituer un genre, le *dit* qui s'épanouit au XIIIe siècle correspond à une manière d'écrire riche et souple qui annonce l'apparition d'une sensibilité personnelle dans la poésie. »

X. — LA MA(L)LE HONTE.

Des questions se posent sur cet auteur. En effet, nous avons quatre écrivains en qui certains sont tentés de ne voir qu'un seul et même personnage. Nous avons : 1° Huon, le roi de Cambrai, un poète dévot, qui écrivit, peu avant la première croisade de Saint Louis, *Li Regrés Nostre Dame* et dédia à Philippe III *La Vie de saint*

Quentin, en quatre mille vers ; 2° un autre poète, le même sans doute, le roi de Cambrai, à qui l'on doit *Li Abecés par ekivoche et li signification des lettres*, jeu moralisant sur les lettres de l'alphabet, *Li Ave Maria en romans*, paraphrase de la salutation angélique, *La descrissions des religions ou la Devision d'ordres et de religions*, revue critique des ordres monastiques ; 3° un troisième, Huon le Roi, qui composa *Le Vair Palefroi*, qui raconte comment un pauvre chevalier tournoyeur finit, grâce à son vair palefroi, son cheval pie, par épouser la fille d'un riche seigneur, malgré l'opposition du père ; 4° enfin, Huon de Cambrai, auteur du fabliau que nous traduisons, *La Male Honte*.

Texte du manuscrit A, folios 233 r°-233 v°, et éd. Arthur Långfors, Paris, Champion, 1927.

Il existe une seconde version de ce fabliau par Guillaume (voir éd. d'A. Långfors et de Johnston-Owen). Sur ce texte, on peut lire : P. Spencer, « The courtois-vilain nexus in *La Male Honte* », *Medium Aevum*, t. 37, 1968, pp. 272-292.

Nous avons gardé le titre de *La Mal(l)e Honte* pour préserver le jeu sur lequel est fondé le fabliau : *la male Honte*, c'est à la fois la *malle*, la « sacoche » du personnage appelé Honte et *la male* « mauvaise » honte.

8. *chatel* : du latin *capitale* « fortune, capital ». L'*a* initial s'est maintenu, par suite d'une dissimilation préventive, lorsque la voyelle de la syllabe suivante était un *e* primaire ou secondaire (P. Fouché, *Phonétique historique du français*, t. II, p. 449). Le passage à *chetel* s'explique par une assimilation. Quant au *p* de notre *cheptel*, c'est une réfection étymologique qui date du XVII⁰ siècle.

9. *Li rois qui d'Engleterre ert sire*. Henri III (1207-1272), roi d'Angleterre de 1216 à 1272.

19. *compère*. C'était à l'origine le parrain par rapport à la marraine et au père et à la mère de l'enfant, ou encore le père par rapport au parrain et à la marraine ; ensuite, le mot a désigné, dès le Moyen Âge, quelqu'un de proche.

35. *saint Thomas le vrai martir*. Sans doute saint Thomas Becket (1118-1170), assassiné à l'instigation du roi Henri II Plantagenêt et canonisé dès 1173.

61. *frontel* : « nachbar » (proche, voisin) selon Tobler-Lommatzsch, fasc. 31, col. 2308. Faut-il plutôt lire *fontel*, à mettre en rapport avec les fonts baptismaux ?

79-80. Parataxe épique ; cf. Ph. Ménard, *Syntaxe de l'ancien français*, § 202.

81-128, 135-136. Vers absents du manuscrit A, empruntés au manuscrit B.

135. *escil... essil... exil. Exil*, en ancien français, signifiait en ancien français « destruction », « mort », « prison », « exil ».

143-144. Vers absents du manuscrit A, empruntés au manuscrit B.

175-180. Vers absents du manuscrit A, empruntés au manuscrit B.

176. *Mest.* 3e pers. du passé simple de l'indicatif du verbe *manoir* « demeurer, habiter ».

uns vos hons : « un de vos vassaux ». Sur l'hommage féodal voir F.-L. Ganshof, *Qu'est-ce que la féodalité ?* 4e éd., Bruxelles, 1968, et notre *Cours sur la Chanson de Roland*, Paris CDU, 1972, p. 156.

214. *Ot li rois de la honte assez.* Sans doute allusion au roi Henri III qui fut emprisonné par ses barons en 1264. Pour d'autres, il s'agirait plutôt de la défaite d'Henri III à Saintes le 22 juillet 1242. Le fabliau aurait donc été composé à une date se situant entre 1242 et 1264.

XI. — LE PRÊTRE CRUCIFIÉ.

Texte du manuscrit A, folios 183 r°-183 v°, et éd. d'A. Gier, pp. 110-115.

1. *Un example.* « Le mot *essemple* qualifie, en ancien français, toute illustration concrète d'un discours moral, qu'il s'agisse d'une anecdote édifiante ou de la traduction imagée d'un concept » (J.-Ch. Payen, « Genèse et finalités de la pensée allégorique au Moyen Âge », *Revue de métaphysique et de morale*, t. 78, 1973, p. 468). Cf. Ph. Ménard, *op. cit.*, pp. 109-110.

3. *Un franc mestre.* C'est-à-dire un maître sculpteur, un chef d'atelier.

4. *ymages* : « statues ».

16. *chiere.* Le mot *chiere* « chère » désignait le visage en ancien français. *Faire bonne chère*, c'était à l'origine accueillir les gens avec un visage souriant ; de là le mot s'est appliqué à l'accueil, à la bonne vie, au repas qui traduit cet accueil et cette bonne vie, enfin au repas en général.

21. *achoison, acheson, ochaison...* « motif, cause, raison, occasion ».

51. *une grant kex* : « une grosse pierre ».

81. *jarle, gerle* : grande cruche ; grand vaisseau de bois à deux oreilles trouées, dans lesquelles on peut passer un bâton et qui sert à mesurer la vendange ; cuve.

83. *pautonier.* Ce mot, qui désignait étymologiquement un vagabond, est souvent un terme d'injure pour désigner un individu capable de toutes les bassesses.

97. *calengage* : « querelle ». Nous comprenons : « quelle que fût la personne qui prît part à la querelle, qui fût en cause », c'est-à-dire : quelle que soit la profession du mari.

100. *pendans*, qu'on peut traduire par « pendeloques, pendentifs », désigne les parties viriles.

XII. — LE PRÊTRE TEINT.

On attribue à Gautier Le Leu (XIIIᵉ siècle) dix poèmes : *Les Sohais, Del Fol Vilain, La Veuve, Del Sot Chevalier, De Deux Vilains, De Dieu et dou pescour, De Connebert, Du Con, Des Cons, Del Prestre taint.* C'est un auteur important qu'il faudrait mieux connaître et réhabiliter. Ménestrel, clerc ambulant, moine défroqué ou goliard, il a scandalisé la plupart des critiques qui lui reprochent sa verdeur, sa violence, son sadisme, sa misogynie, voire son athéisme profanateur, en un mot son extrémisme, qui n'étonne pas chez un auteur qui a choisi le surnom emblématique de Le Leu « le loup », si l'on se rappelle que le loup, lié au Moyen Âge à la mort et, à l'occasion, figure du diable, était le symbole de la gloutonnerie, de la cupidité et de la cruauté. Si Gautier, que Per Nykrog qualifie de « conteur affreux », est une sorte de loup-garou, il s'attaque à la corruption et aux injustices du monde, à ceux qui méritent d'être châtiés ; il cherche à ouvrir les yeux des victimes potentielles. Il hait l'humanité de son temps, mais il ne désespère pas de l'être humain à qui il voudrait rendre un peu de sa noblesse. Loup solitaire dans un monde violent et grotesque, il ne s'en prend qu'aux brebis galeuses.

Maurice Delbouille a refusé à Gautier Le Leu la paternité du *Prêtre teint* (« Le Fabliau du *Prestre teint* conservé dans le ms. Hamilton 257 de Berlin, n'est pas de la main de Gautier Le Leu », *Revue belge de philologie et d'histoire*, t. 32, 1954, pp. 373-394).

Texte du manuscrit C, folios 13vᵒ-15vᵒ, et éd. Livingston. Sur ce texte, on peut lire l'article d'Éric Hicks, « Fabliau et sous-littérature. Regards sur *Le Prestre teint* », *Reinardus*, t. I, 1988, pp. 79-85.

12. *mantel.* C'est un vêtement riche à la différence de la *chape* utilitaire qui protège de la pluie et du froid. Vêtement de dessus, taillé en rotonde, sans manches et le plus souvent retenu par une agrafe sur le devant, fendu à droite et à gauche, taillé dans une étoffe de soie, orné de franges et de passementeries, souvent doublé de fourrure, le *mantel (manteaus)* ne convient que dans les moments de loisir.

13. *un sercot.* Le *surcot* était une tunique, avec ou sans manches, portée sur la cotte, munie à l'encolure d'une fente ornée qui facilitait le passage de la tête.
Pour *cote*, voir la note du vers 324 du *Boucher d'Abbeville.*

16. *nos gens* : les gens de notre espèce, les jongleurs.

32. *la feste seint Johan* : la fête de saint Jean-Baptiste le 24 juin. Cf. Ph. Walter, *Mythologie chrétienne*, pp. 194-195.

55. *esfronte* (esfondre dans le manuscrit) « brise le front ».

68. *En li a mis* : correction de la leçon du manuscrit : *Ele a mis.*

69-70. Dans le manuscrit, nous avons à la rime *soir* et *voir.*

88. *Hersent.* C'est le nom de la louve dans *Le Roman de Renart.*
Sur le loup, voir nos *Nouvelles Recherches sur Villon*, Paris,

Champion, 1980, pp. 113-119. La louve passait pour spécialement lubrique.

89. *marrugliere*. Marguillière, femme du marguillier, qui était chargé de dresser le budget et de diriger l'administration journalière du temporel de la paroisse.

112. *corage* : cœur, sentiments, intentions. Voir J. Picoche, *Le Vocabulaire psychologique de Froissart*, Paris, 1976, pp. 53-57.

114. *li remembre*. C'est une correction : on a *li demande* dans le manuscrit.

125-126. Vers retouchés dans le manuscrit et complétés par une main plus récente. Le vers 125 comportait d'abord : *Doit bien bien s'amie conoistre*. Au XVᵉ siècle, une main a changé la fin du vers en *son ami aidier*, et a ajouté en marge : *Si s'an departisans*. Montaiglon et Raynaud ont complété par *targier*.

129. *le* : forme picarde de *la*.

149. *drüerie* : « affection, tendresse, amour ». *Dru*, qui désigne le vassal, a été transposé dans le domaine amoureux. Toujours semble prédominer une nuance de soumission. Le mot *drue* s'applique en général à la maîtresse, à l'amante. Il désigne de préférence la femme aimante qui plie devant les exigences de son partenaire, ou celle à qui son partenaire impose ou tente d'imposer ses volontés. « Dans les deux cas, le mot implique un ascendant, une domination exercée par l'élément masculin du couple. » (A. Grisay, G. Lavis, M. Dubois-Stasse, *Les Dénominations de la femme dans les anciens textes littéraires français*, Gembloux, Duculot, 1969, pp. 151-153.)

160-163. Vers omis, comme l'indiquent les rimes des vers 159 et 164.

197. *l'ententuriers*. Dans le manuscrit, nous avons : *Picon l'ententureis*. S'agit-il d'un mot formé sur *enteindre*, doublet de *teindre* ?

198. *de detriers*. Correction du manuscrit : *de detres*.

202. *moi n'est ne beau ne gent*. Pour la forme pleine *moi* dans ces tours impersonnels, voir L. Foulet, *Petite Syntaxe de l'ancien français*, § 164.

206. *dant prestre*. *Dan* est employé ici avec une valeur agressive. Voir Ph. Ménard, *Le Rire et le sourire dans le roman courtois en France au Moyen Âge (1150-1250)*, Genève, Droz, 1967, pp. 716-719. Plus loin, *dant Picon*, au vers 240, n'a pas ce caractère hostile.

211. *Clamee*. Le verbe *se clamer* désigne souvent une plainte en justice.

216. *endementiers* : « pendant ce temps, alors ». Nous avons affaire à des mots formés au départ sur *dum + interim + s* adverbial (*dementres que*) et sur *dum + interea + s* adverbial (*dementiers que*) renforcés par *en-* (*endementres, endementiers*), puis par *tant* (*tant dementres que, tant dementiers que*) et par *entre-* (*entrementiers que*), qui ont cédé la place en moyen français à *pendant que, cependant que, durant que*.

234. Vers au style indirect dans une tirade au style direct.

246. Dans le manuscrit, *du sien*.

249. *De vos*. Dans le manuscrit, *Se vos*.

259. Dans le manuscrit, *dont el l'avoit*.

267. *mein a mein*. Sans doute « tout de suite ». Faut-il comprendre : « Topons là la main dans la main » ?

304. Dans le manuscrit, *autresi laienz*.

345. *endementre*. Voir note du vers 216.

348. *brasil, bresil* : bois de teinture qui, séché et pulvérisé, donne une matière colorante rouge.

greine : cochenille ou kermès employé à la teinture de l'écarlate.

362. *mortier* : pour piler les épices. On le faisait juste avant le repas.

364. Dans le manuscrit, *plus n'i demore*.

366. *danzele* « demoiselle ». De l'ancien provençal *donzela* sont issus *doncele, donzele, dansele* et *danzele*, qui n'ont pas de sens péjoratif en ancien français. Voir A. Grisay, G. Lavis et M. Dubois-Stasse, *op. cit.*, p. 178.

368. *leu* : forme difficile à expliquer. Est-ce la troisième personne du sing. du présent du subjonctif de *lever* ?

395. Dans le manuscrit, *tant pesant*. Noter l'absence du pronom relatif sujet ; voir Ph. Ménard, *Syntaxe...*, § 60.

397. Dans le manuscrit, *une parolle*.

410. *soër* : forme de l'infinitif *seoir*.

417. *baudoïn* : « membre viril ». C'est aussi le nom de l'âne à qui on prêtait une forte lubricité. Voir nos *Recherches...*, pp. 83-86.

XIII. — DU MOINE SACRISTAIN.

Texte du manuscrit H, folios 23 r° b-27 v° a, et éd. de Veikko Väänänen.

Sur ce fabliau, on peut lire A. Varvaro, « Il Segretain moine ed il Realismo dei Fabliaux », *Studi mediolatini et volgari*, t. 13, 1965, p. 202.

2. *Segrestein*. Le sacristain avait soin de la sacristie d'une église, et en particulier des vases sacrés, des ornements, des vêtements sacerdotaux, de tout ce qui était donné pour des messes, des prières et des services.

6. *changeor* : « changeur, banquier ».

43. *coroie* : « bourse ».

46. *sommier* : bête de somme, cheval qui portait les bagages.

64. *me soie porchaciez. Soi porchacier*, « pourvoir à ses propres besoins ».

91. *Damlediex*. Voir P. Fouché, *Phonétique historique du français*, t. III, p. 108, remarque I : « Dans le latin carolingien on note des graphies du type *calumpnia, dampnatio*, etc. Sans doute le groupe m/n a-t-il pu devenir *mbn*, avec un *b* transitoire destiné à séparer les deux consonnes nasales et à éviter une assimilation ou une interversion. Il semble qu'on ait un reste de cette prononciation dans les formes du v. fr. *Dambledieu* et *Dambredieu* < *Dompne Deu* avec passage de *bn* à *br* ou *bl* à côté de *Dam*-

nedeu < *Domne Deu*. Là où *sim(u)lat* est constitué par *semle* et non par *semble*, on a pu avoir en v. fr. *Damledieu* et *Damredieu*. »

126. *gonne*. Vêtement long tombant très bas que portaient en particulier les moines ; cf. anglais *gown*.

136. *dornoier, dosnoier, donoier* : « courtiser, faire la cour ».

176. *Ostevïen, Octevïen, Ottovïen* : l'empereur Auguste.
Nabugor, sans doute Nabuchodonosor ; mais il existe dans les romans d'Alexandre deux personnages du nom de Nabugor.

209. *or i parra*. Voir L. Foulet, glossaire cité de la *Première Continuation de Perceval*, pp. 216-217 : « Au futur, dans la locution *or i parra* (parfois *or parra*), extrêmement fréquente en anc. fr., lit. "et maintenant il y paraîtra", c.-à-d. on va voir (ce qui va se passer), ce n'est pas l'annonce d'un fait probable, c'est une véritable exhortation à agir. »

210. *Maloest soit qui*. *Maleoit* (*maloest*), du latin *maledictu* (avec un *i* bref), doublet de *maleït* (du latin *maledictu* avec un *i* long) et de *maldit, maudit*, est l'antonyme de *beneoit, béni* ou *bénit*, qui survit en français moderne sous la forme de *Benoît* (prénom et nom de famille) et de l'adjectif *benêt* (Heureux les simples d'esprit !).

238. *afulee, afublee* : « couverte, vêtue ». *Afubler*, qui voulait dire « mettre sur les épaules un *mantel* ou une chape ou un *bliaut* » n'était pas ironique ou comique comme aujourd'hui.

239. *guimple* : pièce de toile couvrant les cheveux et une partie du visage.

248. *abooster, aboeter* : c'est selon G. Tilander, *Lexique du Roman de Renart*, p. 5, « à l'origine, regarder à travers un conduit dans un mur ou un trou dans la porte (*boet*) ; regarder sans être vu ; guetter, épier ».

273. *aumoires* : « armoires ». Voir E. Baumgartner, « Armoires et grimoires », *De l'histoire de Troie au livre du Graal*, Orléans-Caen, Paradigme, 1994, pp. 143-158.

284. *plus ne s'aseüre* : selon V. Väänänen, ces vers semblent vouloir dire : « Idoine ne tarde pas au point de ne pas préparer à manger » (voir Tober-Lommatzsch, s.v. *aseürer*).

288. *desbareter* : « mettre hors de combat », « décontenancer ».

307. *drue*, « amante », implique le plus souvent des relations sexuelles. Voir *drüerie*, note du vers 149 du *Prêtre teint*.

321. *croitre, croissir* : « posséder charnellement ».

344. *gibet* : 1° « bâton fourchu » ; 2° « potence pour les condamnés à la pendaison. »

347. *haterel*, « nuque » (*F.E.W.*, XVI, 136a) ; en moyen néerlandais, *halter* désignait le licou. Évolution identique à celle de *catenio, chaeignon, chignon* : 1° anneau ; 2° carcan ; 3° nuque ; 4° masse de cheveux relevés sur la nuque.

354. *Babiloine*, ville d'Orient, Babylone ou Le Caire.

358. Comme dans *Estormi*, la femme, complice de la ruse, est surprise par la violence du mari et déplore la mort du religieux.

372. *Mout remeint de ce que fol pense*, « il y a beaucoup de déchets

dans les pensées d'un fou ». Proverbe n° 1320 du recueil de Morawski.

378. *roilleïz* : palissade de troncs d'arbre.

380. *drapel, drapeaus* : 1° étoffe, morceau de tissu, vêtement ; langes ; 2° à partir du XVIe siècle, étendard.

424. *(soi) escourcier* : « se retrousser, relever ses vêtements ».

428. *Ahi* : interjection marquant un reproche scandalisé.

429. *se dort* : « dort profondément », « est en train de dormir ». Cf. Jean Stefanini, *La Voix pronominale en ancien et moyen français*, Aix-en-Provence, 1962, p. 401.

446. *a estrous* : « sans le moindre doute, certainement ».

449. *chaer* : graphie de *cheoir, chaïr*.

474. *poison* : « potion » ou « poison ».

475. *garra* : futur de *garir,* « guérir ». Voir note du vers 114 de *Haimet et Barat*.

504. *Trestote nue*. Se rappeler qu'on dormait nu au Moyen Âge.

518. *brief*. Texte comportant les noms de Dieu et devant protéger son détenteur.

523. *femier*. Forme ancienne issue du mot latin **fimariu*, où l'*oe*, provenant de *e* est passé à *ü*, comme dans *gemeaux* (de *gemellos*) devenu *jumeaux*.

524. *moitoier* : « métayer ».

535. *essoigne*. Tobler-Lommatzsch (fasc. 26, col. 1312) propose *versteck* « cachette ».

552. *moigne noir*. Moine de Cluny. Voir Marcel Pacaut, *L'Ordre de Cluny*, Paris, Fayard, 1986, et Paul Bretel, *op. cit.*, note du vers 5 de *Haimet et Barat*.

556. *le baron seint Lot*. Loth personnage biblique, neveu d'Abraham (Genèse, XI-XIX). Sur *baron*, voir note du vers 1 de *Haimet et Barat*.

593. Plutôt que *monnoier*, il faut lire *metoier* ; voir vers 524.

604. *Cortoise*. Il est piquant de nommer Courtoise la servante d'une auberge miteuse, à peu près de la même manière que le paysan mal dégrossi est appelé Courtois dans *Courtois d'Arras* (voir notre éd. bilingue, GF-Flammarion n° 813, 1995).

621. *comme sote*. Précipitamment, sans réfléchir comme une sotte.

624. *garce* : féminin de *gars / garçon*, qui désignait au Moyen Âge un valet de bas étage.

626. *beaisce, baiasse* : de **bacassa*, « servante ».

627. *seint Lïenart*. Saint Léonard, ermite, puis fondateur du monastère de Noblat près de Limoges, mort vers 559. Patron des prisonniers et des femmes en couches. Voir E. von Kraemer, *Les Maladies désignées par le nom d'un saint*, Helsingfors, 1950, et notre éd. bilingue du *Jeu de la Feuillée*, GF-Flammarion, 1989, pp. 234-235.

684. *or du gaber !* Ce tour exclamatif a un effet de sens couramment exhortatif : *Or du monter !* « Montez donc à cheval ! » Mais ce peut être la constatation de la réalité, comme dans ce vers qu'on retrouve dans *Courtois d'Arras* (vers 178) : « On plaisante

maintenant ! » Le tour constitue une phrase nominale appuyée sur l'adverbe *or* « maintenant » et constituée d'un complément de propos : « il s'agit de... » (Gérard Moignet, *Grammaire de l'ancien français*, Paris, 1973, p. 200.)

688. *en vostre dangier* : « à votre disposition, sous votre dépendance ». Voir la note du vers 44 du *Boucher d'Abbeville*.

709. *cenail, chenail* : « grenier ».

733. *requigniez, rechigniez* : comme un chien qui montre les dents.

748. *Dementer n'i vaut .i. poret* : mot à mot « se lamenter ne vaut pas un poireau ». *Poret, poireau* sont des dérivés du latin *porrum* (esp. *pierro*, ital. *porro*).

753. *booul, beoul, boul* : (du latin **betullum*), forme ancienne de *bouleau*.

764. *bohorder* : « combattre à la lance ». Voir Claude Lachet, *op. cit.*, pp. 384-433.

767. *Harou, harou*. Le *haro* était un cri de danger, un signal d'alarme.

XIV. — BOIVIN DE PROVINS.

Boivin, qui était sans doute un surnom de jongleur, est à la fois l'auteur, le protagoniste et le récitant du fabliau.

Texte du manuscrit A, folios 66 v°-68 v°, et éd. de Ph. Ménard, pp. 47-57.

Sur ce fabliau, voir le livre de J. Rychner, *Contribution à l'étude des fabliaux. Variantes, remaniements, dégradations*, 2 vol., Genève-Neuchâtel, 1960, t. I, pp. 67-84 ; et Michel Zink, « Boivin, auteur et personnage », *Littératures*, t. 6, 1982, pp. 7-13 ; G. Bianciotto, « Y a-t-il un sens à une *dégradation* ? À propos de *Boivin de Provins* », Reinardus, t. 10, 1997, pp. 17-43.

1. *lechierres*. Ce mot, qui est souvent péjoratif et désigne un homme de plaisir, livré à la gourmandise et à la débauche (voir *lecherie* à la note du vers 16 du *Dit des perdrix*) prend ici un sens positif. En quoi consiste sa *lecherie* (vers 373) « sa mystification » ? C'est d'abord l'homme du déguisement et de la métamorphose, de la ruse et de la tromperie, de l'affabulation, de la grimace ; c'est aussi l'homme de la bonne chère et de la chair, buveur, mangeur et luxurieux ; mais il ne trompe que les trompeurs. C'est un être divertissant et dangereusement malin, plus habile que la plus habile des femmes.

2. *Prouvins*, Provins, en Champagne, au Moyen Âge, grand centre commercial, où se tenaient trois grandes foires, en mai, en septembre et en novembre-décembre. Voir F. Bourquelot, *Etudes sur les foires de Champagne*, Paris, 1865, pp. 81-82, 102-103.

6. *burel* (cas sujet : *bureaus, buriaus*), étoffe de laine grossière. Le mot a pris ensuite les sens suivants : 1° tapis de table (XIIIᵉ s.) ; 2° table à écrire (XVIᵉ s.) ; 3° pièce où se trouve cette table (XVIIᵉ s.) ; 4° lieu de travail des employés ; service assuré dans un bureau ; ensemble des employés travaillant dans un bureau.

9. *borras, bourras* : étoffe grossière.

10. *sollers... a las* : souliers élégants lacés autour de la jambe.
21. *l'ostel Mabile.* Sans doute un de ces « bordelages privés » qui comptaient une ou deux ou trois filles, et qui en utilisaient d'autres travaillant pour leur compte, allant d'hôtel en hôtel ; ce pouvaient être des prostituées secrètes ou occasionnelles. Voir Jacques Rossiaud, *La Prostitution médiévale*, Paris, Flammarion, 1988 (*Nouvelle Bibliothèque scientifique*). Ces centres, dont certains dirigés par des veuves et des épouses d'artisan, étaient tolérés par le voisinage, et nullement en marge de la société. Le maquerellage y était avant tout une affaire féminine. La prostitution, qui ne contredit ni ne subvertit l'ordre conjugal, apparaît comme une institution de paix destinée à contenir les turbulences et les brutalités juvéniles. Voir les personnages de Pourette et Manchevaire dans *Courtois d'Arras*. Paris, GF-Flammarion, 1995.
35-61. Ces longs comptes étaient appréciés du public médiéval. Dans le manuscrit A, notre texte, le compte est bon. De Rouget Boivin a obtenu 39 sous, et de Sorin 19 sous ; soit 58 sous. Comme il ne sait pas compter, il a demandé à Sirou de lui faire l'addition, et Sirou l'a volé de 8 sous en fixant la somme à 50 sous. De ce vol Boivin a quelque sentiment, car il a obtenu 50 sous de ventes moins importantes (vers 74-78). Deux fois 50 font 100 sous : il est ainsi riche de 5 livres (vers 80), la livre valant 20 sous et le sou 12 deniers.
35. *Rouget.* C'est le nom du bœuf perdu dans *Aucassin et Nicolette*, que le bouvier estime à 20 sous, tandis que Rougeaud, dans la branche X du *Roman de Renart, Renart et le Vilain Liètart* (vers 9309), est évalué à 22 sous (voir notre traduction, Paris, Champion, 1989). C'est à peu près le prix de Sorin (19 sous) un peu plus loin au vers 51.
49. *aire* : « race ». Évolution du mot et sens en ancien français : 1° surface plane ; 2° nid ; 3° famille, race, extraction ; 4° nature, caractère. Voir les composés *de mal'aire* et *de bon'aire* : note du vers 131 de *Baillet*.
52. *faus* : forme picarde de *fous*.
74. *sestiere* : collectif pour le pluriel *sestiers*.
120. *moines blans* : moine de l'ordre de Cîteaux. Voir Marcel Pacaut, *Les Moines blancs. Histoire de l'ordre de Cîteaux*, Paris, Fayard, 1993, et, pour la valeur de l'adjectif *blanc*, Paul Bretel, *Les Ermites et les moines...*, pp. 347-352 et *passim*.
127. *Brouce* : à rapprocher de *brosses*, « broussailles ».
161. *saint Julien.* Patron des bateliers, des couvreurs et des hospitaliers. *L'ostel saint Julien* est l'hôtel où l'on est bien reçu. Voir *La Légende dorée*, trad. par J.-B. Roze (GF-Flammarion) et le livre de Benjamin E. Bart et Robert Francis Cook, *The Legendary Sources of Flaubert's Saint Julien*, Toronto et Buffalo, 1977.
167. *oes* : oies. Voir Ph. Ménard, *op. cit.*, p. 65 : « Les Trois Dames de Paris apprécient l'oie à l'ail (vers 60-61) comme toute la

France médiévale. Nul plat n'est plus répandu dans les fabliaux : *L'Oue au chapelain* décrit la sauce à l'ail, l'*aillée*, qui accompagne immanquablement l'oie : elle est *blanche et espesse et bien molue*. L'oie reparaît dans *Le Prestre et Alison* (vers 256), dans *Boivin de Provins* (vers 179). *Le Ménagier de Paris* donne la recette de la célèbre sauce à l'ail, faite d'ail broyé, de mie de pain blanc et de verjus. »

170-174. Mabile parle à voix basse aux souteneurs.

198-203. Bel exemple, plutôt que de burlesque courtois, comme le pense P. Nykrog, d'héroï-comique où l'on parle noblement de choses basses, en reprenant les topoi de la plainte, du songe, de la pâmoison, etc.

214. *Lessons les mors, prenons les vis.* Cf. le proverbe 1098 du recueil de J. Morawski : *Li mort aus morz, li vif aus vis.* Ce proverbe revient souvent dans les romans antiques et courtois ; voir E. Schulze-Busacker, *op. cit.*, pp. 236-237.

234. *li essors.* Formé à partir d'*essorer* « exposer à l'air pour faire sécher », « exposer à l'air un faucon pour qu'il s'envole », le mot a pris, en ancien français, les sens suivants : 1° « air » ; 2° « fait d'être exposé à l'air » ; « élan d'un oiseau qui s'envole, impétuosité » ; 4° « origine ».

236. *souper.* Le souper avait lieu de 4 à 7 heures du soir, après none (3 heures). Voir G. Matoré, *Le Vocabulaire de la société médiévale*, Paris, PUF, 1985, p. 219, qui cite ce proverbe de la fin du Moyen Âge : *Lever à six, disner à neuf, / Souper à six, coucher à neuf / Font vivre d'ans nonante neuf.*

246. *de famie.* Nous avons adopté le point de vue de Ph. Ménard pour qui *famie* signifierait « faim dévorante ». Le *Nouveau Recueil complet des fabliaux* propose de lire *defamie* (*diffamie*) « chose déshonorante ».

254. Dans le manuscrit, on a *Qu'a ses parenz l'ai fort trechié*. Derrière *fort trechié*, on lit facilement *fortrait gié*.

262. *borse.* Dans tout ce passage, l'auteur joue sans doute sur le sens érotique du mot.

294. *baudrai* : futur de *bailler* « donner ».

306. *provost* ; prévôt. À la tête d'une prévôté, sous la dépendance d'un bailli ou d'un sénéchal, le prévôt rendait la justice, faisait rentrer les revenus du trésor royal, avait des attributions administratives, militaires, financières. À l'ordinaire, le prévôt est présenté sous de sombres couleurs : dans *Le Prévôt*, c'est un fils de vilain qui vole jusqu'au lard des écuelles pendant le repas de fête ; dans *Constant du Hamel*, il impose sans raison des amendes à un paysan qu'il veut ruiner et s'associe, pour ce faire, avec le prêtre et le forestier ; dans *La Vieille qui oint la paume*, un prévôt a volé les vaches d'une pauvre vieille.

352. *le cors*, « en courant ». C'est un complément circonstanciel de manière sans préposition.

356. *Lors veïssiez emplir meson.* Ce tour appartient au style épique et courtois pour décrire une mêlée, un combat.

XV. — ESTORMI.

Hues (Huon) *Piaucele*, dont le nom apparaît au vers 630, est l'auteur d'un autre fabliau, *De sire Hain et de dame Anuieuse*, qu'il présente ainsi : *Hues Piaucele, qui trova* (composa) / *cest fablel, par reson prova* / *que cil qui a feme rubeste* (revêche) / *est garnis de mauvese beste* / *si le prueve par cest reclaim* (proverbe, récit) / *d'Anuieuse et de sire Hain.* C'est un auteur professionnel qui a voulu sortir de l'anonymat, et qui a conscience de son grand talent.

Texte du manuscrit A, folios 11 r°-14 r°, et éd. de Guy Raynaud de Lage.

Sur ce texte qui utilise différents motifs (comment se venger de trois prétendants ; comment se débarrasser d'un ou de plusieurs cadavres ; lesquels se retrouvent au même endroit) et sur les fabliaux apparentés (*Les trois bossus ménestrels, Les quatre prêtres* d'Haisiau, *Constant du Hamel, Le prêtre qu'on porte*), on se reportera au livre de J. Bédier, *Les Fabliaux*, 4ᵉ éd., Paris, Champion, 1925, pp. 236-250.

16. *feroit* : imparfait du verbe *ferir* « frapper ».
28. *li livres*. Piaucele fait malicieusement référence à une source livresque comme les auteurs de romans.
33. *rains*. Les reins étaient considérés dans la Bible comme le siège de la génération.
34. *au daarrains* « en dernier lieu, pour finir ». Sur les formes *dererain, dëerain, daërain, derrain. darrain,* etc., voir Pierre Fouché, *Phonétique historique du français*, t. III, p. 604. Ces formes, issues du latin vulgaire **deretranu*, ont été remplacées par *derrenier* (par analogie avec *premier*), puis par *dernier* au XVᵉ siècle.
50. *delis* : « plaisirs ». Sur ce mot qui exprime une attitude plus réceptive ou plus intellectuelle que *deduit*, voir G. Lavis, *L'Expression de l'affectivité dans la poésie lyrique française du Moyen Âge (XIIᵉ-XIIIᵉ siècles)*, Paris, Les Belles Lettres, 1972, pp. 260-261.
64. *hamoingnier*. Sans doute une création de Piaucele à partir de *hain, ham* « hameçon » et de *semoigner* : « appâter, amorcer ».
69. *solier* : pièce du haut, soit chambre, soit grenier.
82. *amonestee* : « sermonnée » (ironiquement).
90. *entre chien et leu* : entre chien et loup, à la nuit tombante.
96. *bacon*. Sur ce mot, voir la note du vers 159 de *Haimet et Barat*. Ici le mot a un sens grivois et peut se rendre par « avoir sa part de chair fraîche ».
103. *quant la cloche sone* : pour le couvre-feu.
108. *queilloite* : emploi ironique du mot qui désigne la redevance, le produit de l'impôt, de la dîme.
118. *al, el* : « autre chose ».
122. *a prinsoir* : « au début de la nuit ».
139-140. *jois* « joyeux » et *conjois* « joie » ne sont pas attestés

ailleurs. Ils témoignent du plaisir qu'avait l'auteur à créer des mots nouveaux.

156. Le *porpoins* : « pourpoint », était rembourré pour protéger le corps des coups.

172. *rebole* : « roule les yeux (de manière menaçante) ».

178. *li fet un tor*, expression imagée : « il fait contre elle un assaut ».

181. *sanz moleste* : « sans désarroi » (ironiquement).

187. *molt esmarie*. La femme voulait simplement dépouiller le prêtre de son argent, sans le blesser ni, à plus forte raison, le tuer.

204. *el porce*. Selon Ph. Ménard, *éd. cit.*, p. 137, « il doit s'agir de l'encadrement de la porte, peut-être surmonté d'un auvent ».

215. *caboce* ; caboche. Ce mot est composé du préfixe péjoratif *ca-* (cf. *cahutte, cafouiller*) et de *bosse, boche*, au sens de « tête ». Voir l'art. de Cl. Brunel, « Le préfixe *ca* — en picard », *Études romanes dédiées à Mario Roques*, pp. 119-130.

216. *Ce ne fu pas por lever boce*. Cette formule humoristique souligne la violence du coup.

256. *fust a mal cul apus* (de *apondre*), formule imagée : « aurait été bien mal assis ».

257. *uns siens niez, Estormis*. Piaucele reprend avec humour le vieux topos épique et courtois de l'oncle et du neveu. Le couple de Jehan et d'Estormi rappelle celui des Sarrasins Tiébaut de Bourges et de son neveu Estourmi dans *La Chanson de Guillaume*.

273. *molt corcie*. L'adjectif *corocié* pouvait exprimer aussi bien le chagrin que la colère, et entre les deux toute une gamme de sentiments.

279. *Qui getoit les dez desouz main*. Estormi tentait de tricher, puisque la façon correcte de lancer les dés était de *geter devant la main* (*Jeu de saint Nicolas*, éd. A. Henry, vers 847), c'est-à-dire, selon cet éditeur, « main bien ouverte vers le haut ».

293. *dont el vient*. De « d'où elle vient » on est passé au sens de « ce qu'elle vient faire ».

296. *je n'irai mie sous* : « je n'irai pas seul ». Estormi, endetté, doit avoir avec lui quelqu'un qui le cautionne : ce sera sa sœur.

307. *Li vallés*. C'était à l'origine un adolescent de famille noble qui servait à la cour d'un grand pour apprendre les armes et les belles manières, et dont la bonne naissance empêchait qu'on ne lui demandât des services subalternes. Le mot mettait l'accent sur la jeunesse du personnage, en sorte que l'idée de noblesse a pu disparaître : c'est un jeune homme, comme dans notre vers. Enfin, *vallet* a pu s'appliquer à des serviteurs qui ne sont pas nobles.

317. *Por le cul Dieu* : Estormi affectionne les jurons qui tendent à le caractériser (vers 329, 340, 408, 460, 468, 488, 508, 523). Selon P. Nykrog, « Tout ce caractère d'Estormi est l'apport individuel d'Hugues Piaucele, et il n'est nullement nécessaire au conte. Hugues se complaît à dessiner le portrait du fils déchu

d'une bonne famille bourgeoise tombé dans un état plus ou moins inavouable, et il le fait uniquement par les gestes et les propos des personnages. »

342. *havel* : « pic ». C'est encore, semble-t-il, une création de l'auteur.

345. Encore une scène de nuit. Voir Ph. Ménard, *op. cit.* p. 58 : « La nuit, la ville est le monde du mal. »

371. *Qu'i. Qui*, dans le manuscrit, est à lire *Qu'i*, où *i* est une graphie de *il*, représentant « les diables ».

378. *confonde* a en ancien français le sens très fort de « détruire, anéantir ».

380. *renois* : « renégat, infâme ». Il n'y a aucune raison de corriger en *revois* « fieffé », même si avec ce mot, mieux attesté, la rime est plus riche.

396. *dosne* : « dame ». G. Raynaud de Lage propose d'y voir une forme dialectale dérivée de *dosnoier* « flirter, faire l'amour ».

410. *engaingne* : « dépit », « désagrément ».

417. *on li jue de bondie*. Pour l'expression *jouer de bondie*, on a proposé deux sens. Ce serait « jouer par en dessous, se moquer », par allusion au jeu de paume où le *coup de bond* est opposé à *la volée* ; mais il n'y a pas d'attestation ancienne de cet emploi. Pour Godefroy et Tobler-Lommatzsch, *la bondie* est la sonnerie militaire donnant le signal du combat ou du ralliement, ou invitant à l'action : *jouer de bondie*, c'est « donner le signal du combat ou de l'action ». Il faudrait comprendre : « Le moment d'agir est venu. » Le premier sens convient mieux ici.

428. *esfossez* : « lourd ». C'est une forme pour la rime du verbe *esforcié*. L'auteur ou le scribe ont modifié l'orthographe de certains mots pour avoir une rime satisfaisante (cf. *anduit* au vers 479).

444-445. Mot à mot : « vous n'avez pas dit un seul mot après que vous avez menti », c'est-à-dire : « vous venez de mentir ».

452. *tierce fois droiz est* : « trois fois, c'est normal ». C'est le proverbe 2378 de Morawski : *Tierce foiz c'est droiz*. Selon Ph. Ménard, *op. cit.*, p. 84, « L'idée que les morts peuvent revenir trois fois au même endroit [...] est une antique superstition qui se retrouve dans d'autres textes. *La Légende de la mort* d'Anatole Le Braz note : « Tout mort, quel qu'il soit, est obligé de revenir trois fois. »

472. *une saus* : « un saule ». Le mot peut être féminin ou masculin.

480. *or ai je mon pain cuit*. Locution adverbiale qu'on retrouve encore chez Villon (*Testament*, vers 1621) ; cf. *Romania*, t. 35, 1906, p. 541.

494. *gargate* : mot expressif pour désigner la gorge.

508. *saint Richier* : saint Riquier, apôtre du Ponthieu.

510. *en l'estre* : « demeure, vie qu'on y mène » ; cf. L. Foulet, *glossaire cité*, p. 104.

564. *i* manque dans le manuscrit.

567. *chetiveté* : « mésaventure ». Voir *chetis*, note du vers 142 de *Gombert et les deux clercs*.

579. *rasque* : « étang, bourbier ». Mot du nord de la France.

586-587. Proverbe, recensé par J. Morawski, n° 2034 : *Qui ne peiche encort* (subit une peine, est puni). Voir E. Schulze-Busacker, *op. cit.*, p. 293.

616-617. *l'acompaingna... a son bien*. Soit « il le raccompagna à sa terre », soit, de préférence, « il l'associa à l'exploitation de son bien ».

624. *tremeleres* : « joueur (aux dés) ». Le *tremerel* est une sorte de jeu de hasard qui se jouait avec trois dés. Cf. Jean-Michel Mehl, *Les Jeux au royaume de France du XIIIᵉ au début du XVIᵉ siècle*, Paris, Fayard, 1990, p. 97.

629. *ancele* : « servante ». La femme est la servante de l'homme : tout le fabliau le démontre.

XVI. — LES TRESSES.

Texte du manuscrit D, folios 122 r°-123 v°, et éd. de Ph. Ménard, pp. 95-108.

Il existe une autre version de ce fabliau, *De la dame qui fist entendant son mari qu'il sonjoit*, de Garin.

Sur ce texte, voir le chap. VI du livre de J. Bédier, *Les Fabliaux*, pp. 164-199, et J. Du Val, « *Les Treces* : Semi-tragical Fabliau. Critique and Translation », *Publications of the Missouri Philological Association*, t. 3, 1979, pp. 7-16.

8. *ses erres* : « son comportement » ; voir la note du vers 38 de *Brunain, la vache du prêtre*.

14. Il était doué de toutes les qualités tant chevaleresques que courtoises.

28. *Richaut, Richeut* : nom de l'entremetteuse dans le fabliau du même nom.

49. *un don*. Il s'agit d'un don contraignant : on demande à quelqu'un de promettre de faire un don et on ne lui en révèle le contenu qu'ensuite. Voir Jean Frappier, « Le motif du don contraignant dans la littérature du Moyen Âge », *Amour courtois et Table ronde*, Genève, Droz, 1973, pp. 225-264.

53. *O... ovuec* : « avec ». La forme ancienne *od, o* (du latin *apud*) a été remplacée par *avuec, avec* (de *apud hoc*) et par *a*. Ces formes ont pu être renforcées par *tout* qui s'accordait avec le nom qui suivait : *o tout, a tout* ; si ces mots étaient souvent invariables, les formes fléchies ne sont pas rares ; sans doute est-ce la preuve que ces termes n'étaient pas sentis comme un tout. *Ovuec* provient de la contamination d'*avuec* par *o*. Pour marquer l'accompagnement, on trouve aussi bien *a, o, atout, otout, avec*, qui coexistent dans les textes, même si l'une de ces formes affirme assez souvent sa prépondérance.

104. Dans le manuscrit, nous avons *ont* que nous avons corrigé en *ot*.

134. *por estre mielz entreprise* : pour que la bête soit mieux entravée.

157. Dans le manuscrit, nous avons *qui ot pris la feme*.

163. *menoit, manoit* : imparfait du verbe *manoir* « rester ».

201. *cengle.* Pour Ph. Ménard, il pourrait s'agir « d'une courroie fixant les éperons aux pieds ».

205. *damoisele* : « bourgeoise mariée ». Il s'agit ici d'une femme noble mariée à un bourgeois ; cf. A. Grisay, G. Lavis et M. Dubois-Stasse, *op. cit.*, pp. 172-175.

227. *les treces.* Rime imparfaite (*destrece*).

268. *tel ne pesche qui encort.* Proverbe, rencontré déjà dans *Estormi*, aux vers 586-587 ; voir la note à ces vers.

316. *al mains.* Dans le manuscrit, *as mains*.

317. *vermeille.* Dans le manuscrit, *merveille*. Nous avons corrigé cette rime du même au même.

329. *nes.* Nous avons les formes *neis, nis* (de *ne-ipsi*) et *nees, nes* (de *ne-ipsum*) qui sont passées du sens étymologique négatif de « pas même, même pas » au sens positif de « même ».

336. *alissoiz.* Dans le manuscrit, *alissoit*.

352. *la coiffe* est une correction de Reid. Dans le manuscrit nous avons *le coissin*.

362. *goute.* La goutte pouvait désigner au Moyen Âge, selon les citations que donne Du Cange sous le mot *gutta*, soit une maladie des yeux, soit « une maladie d'avertin de teste... dont il cheoit voulentiers par intervalles », c'est-à-dire l'épilepsie.

363. *avertin* : « folie ». Le mot, encore employé au XVIIIᵉ siècle dans la langue littéraire, désigne dans les campagnes le tournis des moutons. Ce mot a fait de saint Avertin, par étymologie populaire, le guérisseur de la folie et du mal de tête ; cf. E. von Kraemer, *op. cit.*, pp. 89-92.

374. *vermeille* est une correction pour *merveille*.

376. Dans le manuscrit, nous avons : *pas ne s'ensaigne*. Nous avons adopté la correction de Ph. Ménard.

382. *avoit* est une correction du manuscrit *avroit*.

412. *a Vendosme.* À Vendôme, on vénérait la Sainte Larme (vers 416) qui avait été pleurée par Jésus sur le corps inanimé de Lazare.

XVII. — LES TROIS AVEUGLES DE COMPIÈGNE.

Cortebarbe est le nom de l'auteur, dont on ne connaît aucune autre œuvre. C'est un nom typique de jongleur.

Texte du manuscrit A, folios 73 v°-75 v°, et éd. de Georges Gougenheim.

Sur le texte et l'aveugle au Moyen Âge, voir notre livre sur *Le Garçon et l'Aveugle,* Paris, Champion, 1989.

1. *Une matere.* La *matière* est l'histoire, la matière première du récit, les péripéties et les aventures, tandis que le *fablel* (vers 2) est le récit mis en œuvre par un auteur, qui doit être *sage* (vers 3), savant et habile, et qui doit avoir du métier (*usage*, vers 4). Le mot *fabliau* s'oppose « aux mots *conte, œuvre, fable, matière, aventure,* qui désignent le sujet brut du conte. Le *fabliau* est

l'œuvre d'art pour laquelle la *matière*, l'*aventure*, etc. ont fourni les matériaux » (J. Bédier, *op. cit.*, 36).

3. *le menestrel*. Le ménestrel est celui qui *trouve* (vers 4) c'est-à-dire qui invente et écrit, qui compose de *beaux dits* (vers 5), tandis que le jongleur est celui qui raconte, qui dit le fabliau. Le mot *ménestrel* désignait à l'origine des gens de maison, des officiers de cour ; puis, se spécialisant, il s'appliqua aux jongleurs que les seigneurs attachaient à leur personne et à leur cour, admettaient dans leur familiarité de façon permanente, par souci de représentation et pour l'agrément de leur commerce. Certains sont peints sous des couleurs très favorables, comme Pinçonnet dans *Cléomadès* et Jouglet dans *Guillaume de Dole*. La sécurité et la stabilité de leur situation leur permettaient de s'adonner au goût des lettres dans la dignité et l'indépendance. Mais, très vite, par vanité et intérêt, les jongleurs ordinaires s'emparèrent de ce titre prestigieux, si bien que le mot devint péjoratif et signifia « faux, menteur, joueur, médisant, débauché », remplacé ensuite par *ménétrier* qui ne désigna plus qu'un musicien, et encore un violoneux qui fait danser. Voir Edmond Faral, *Les Jongleurs*, Paris, Champion, pp. 103-118, et Jean Dufournet, « Quelques exemples de la défense des jongleurs au Moyen Âge », *Per Robert Lafont. Mélanges offerts à Robert Lafont*, Montpellier-Nîmes, 1990, pp. 41-58.

14. *nis*. « pas même ». Voir note du vers 328 des *Tresses*.

17. *hanepel* : sébile que tend l'aveugle pour demander l'aumône.

29. Nous avons corrigé d'après les manuscrits E et F le texte de A : *Si pense que aucuns n'en voie*.

39. *falordant. Falorder* fait partie d'une série qui comporte aussi *falose, faloise, faloine, falue, farlore, farloine...*, à partir d'une racine *fal-*, de *fallir*, « tromper par de belles paroles ». Il s'est produit toutes sortes de contacts avec des mots sémantiquement proches : *erlue* a entraîné *farlue, fallue* ; *borde* « bourde, conte en l'air », a donné *falorde, falourde*. Sous l'influence de *fard* et de *farlue*, et par métathèse de l'*r*, on a eu *farlorde*, simplifié en *farlore*. Il se pourrait que le même radical ait servi à former *faribole* issu de *faliborde* devenu *fariborde* par assimilation et transformé dans sa seconde partie sous l'influence de *bole* « tromperie ».

73. *Auçoirre*. Le vin d'Auxerre était très renommé, car il supportait le vieillissement. Voir la note très riche d'A. Henry à propos du vers 253 de son édition du *Jeu de saint Nicolas* et Marcel Lachiver, *Vins, vignes et vignerons, Histoire du vignoble français*, Paris, Fayard, 1988.

Soissons. Ce vin était moins réputé que celui d'Auxerre. Voir Marcel Lachiver, *op. cit.*, pp. 65-66 : « ... il existe des vignobles encore plus septentrionaux et les villes de Beauvais, Soissons, Laon, cette dernière ville surtout, sont entourées de ceps et participent au commerce d'exportation vers les pays du nord... Plus à l'est (que Beauvais), à la même latitude, Soissons est déjà plus renommé et un vignoble important s'étend sur le cours inférieur de l'Aisne, avant son confluent avec l'Oise. Des abbayes de Hainaut, de Flandre possèdent là des vignobles dès le IXe siècle ; l'abbaye de Saint-Amand est possessionnée près de Coucy-le-Château au VIIe siècle, et la cathédrale de Tournai a des vignes aux alentours de Noyon-sur-l'Oise. Certaines abbayes ont des vignobles si importants qu'elles en tirent environ cinq cents hectolitres de vin par an, ce qui est considérable quand on sait que les rendements de l'époque ne dépassent pas quinze à vingt hectolitres à l'hectare. À Soissons même, à la fin du XIe siècle, est fondée une abbaye qui prend le nom de Saint-Jean-des-Vignes. » P. 167 : « (dans les années 1400-1436) le succès grandissant des vins du comté de Champagne ne doit pas faire oublier que, mieux placés sur les rivières d'Aisne, d'Oise et de Seine, les vignobles "français" et, en première ligne dès qu'il s'agit de gagner le Hainaut et la Flandre, les vignobles de Laon et de Soissons ont encore de beaux jours à vivre. »

86. Nous avons gardé le texte du manuscrit A et reprenons la traduction de G. Gougenheim, tout en étant sensible aux objections de Ph. Ménard, *éd. cit.*, p. 163.

115. *paticle* : « vacarme, tapage ». C'est un hapax. Voir la note de Philippe Ménard, *éd. cit.*, p. 163.

168. *Devant nous menez.* Nous avons gardé la leçon du manuscrit A qui se comprend bien : « vous avez l'habitude de marcher devant nous ».

170. *daarrains* : « le dernier ». Voir la note du vers 34 d'*Estormi*.

229. *chanter* : « célébrer la messe ».

231. *reson* : « discours ».

240. *giuc* : première personne du passé simple du verbe *gésir* « être couché, dormir », avec la désinence *c*. La forme la plus fréquente est *jui*. Voir A. Lanly, *Morphologie historique des verbes français*, Paris, Bordas, 1977, pp. 324-326.

245. *teste.* Ce mot demeure un terme réaliste, expressif, qu'on emploie toutes les fois qu'on veut traduire une vision brutale, sanglante, ou qu'il est en rapport avec une blessure ou une maladie. *Chief*, qui tendait à devenir un mot abstrait (*de chef en chef*, « de bout en bout » ; *metre a chef* « mener à bout »...) était employé quand prédominait une impression de solennité (*par mon chief*), de beauté, de noblesse, de force, ou quand était dépeinte une attitude symbolique du corps, ou qu'on faisait allusion à l'activité intellectuelle. Voir Pierre Le Gentil, « *Teste et chef* dans *La Chanson de Roland* », *Romania.* t. 71, 1950, pp. 49-65 ; R.-L. Wagner, *Les Vocabulaires français*, Paris, Didier, 1967, pp. 53-54.

246. *entrues que* : « pendant que ». Un des morphèmes spécifiques qui expriment la coïncidence d'une action-point avec une action-durée. *Entruesque* (*inter + hoc + s* adverbial) et *truesque* (par suite d'une décomposition absurde) employés dans le nord et le nord-ouest du domaine d'oïl, étaient rares en prose et dis-

paraissent vers le milieu du XIIIᵉ siècle. Voir Paul Imbs, *Les Propositions temporelles en ancien français*, Paris, 1956.

250-252. C'était une manière d'exorciser les possédés, de chasser le démon de leur corps.

287. *dervez* : forme picarde de *desvé*. *Derver, desver* (de **de-ex-vagare*) signifiait « devenir fou ». Dans *Le Chevalier au lion* de Chrétien de Troyes, il est question d'un *desvé* (éd. Rousse, vers 629) qu'il convient de présenter lié devant les grilles du chœur pour l'exorciser. Le *dervé* du *Jeu de la Feuillée* d'Adam de la Halle (voir notre éd. bilingue dans la même collection) est un fou furieux qui se livre à toutes sortes d'excentricités et de violences. Le mot est à rapprocher de *rêver* (*resver*) qui signifiait en ancien français « rôder », « délirer », et qui ensuite s'est substitué à *songer* pour désigner les visions du sommeil, et aussi du désuet *endêver* dans la locution *faire endêver* « faire enrager ».

marvoiez du vers 247 (de *mar* et *voier*) est un synonyme de *dervez*.

XVIII. — LA DAME QUI FIT TROIS FOIS LE TOUR DE L'ÉGLISE.

L'œuvre de Rutebeuf qui, né sans doute en Champagne, vécut à Paris dans la seconde moitié du XIIIᵉ siècle, comprend cinq grands massifs. Deux premiers groupes se détachent : dix-huit pièces de longueur variable, relatives à l'Église, aux ordres mendiants et à l'Université, et douze qui prêchent la croisade. Ce sont des poèmes de commande, liés aux circonstances qui les ont inspirés, écrits par un poète engagé pour servir une cause, un groupe ou un mécène — actes plutôt que confidences. Il en va de même pour les œuvres religieuses, de caractère narratif, dramatique (*Miracle de Théophile*) ou lyrique (poésies mariales) et pour les pièces à rire composées pour un public désireux de se distraire : fabliaux, débats et monologue du *Dit de l'Herberie*. Quant aux dix poèmes de l'infortune, largement tournés vers l'extérieur et la satire du monde, ils laissent peu de place à l'introspection du poète qui utilise, pour évoquer son destin, des procédés employés avant lui sans qu'on puisse faire la part du témoignage authentique et de l'invention littéraire. Voir les *Œuvres complètes de Rutebeuf*, éd. par E. Faral et J. Bastin, Paris, Picard, 2 vol., 1959-1960, et Rutebeuf, *Poèmes de l'infortune et autres poèmes*, éd. par Jean Dufournet, Paris, Gallimard, 1986 (*Poésie*).

Texte du manuscrit A, folios 305 vᵒ-306 vᵒ, et éd. d'Edmond Faral et de Julia Bastin, t. II, pp. 292-297.

4. *a champ arami* : « en combat singulier ». Selon Marie-Luce Chênerie (*Le Chevalier errant dans les romans arthuriens en vers des XIIᵉ et XIIIᵉ siècles*, Genève, Droz, 1986, p. 351), « Par *bataille aramie* il faut entendre un affrontement dont le défi a été relevé, et le déroulement convenu à une certaine date, en un certain lieu. Ce genre de bataille peut terminer une guerre privée, un siège... ». Voir Claude Lachet, *op. cit.*, pp. 397-403.

11. *bellues* : « mensonges ».

12. *fanfelues* « bagatelles, futilités » : est devenu au XVIᵉ siècle notre mot *fanfreluches*.

17. *escuier.* Jean Flori a fait sur le mot *écuyer* en ancien français une excellente mise au point (*Et c'est la fin pour quoy sommes ensemble. Hommage à Jean Dufournet*, Paris, Champion, 1993, pp. 579-592). Après avoir examiné le service « d'entretien », le service « hôtelier », le service « itinérant », le service « militaire auxiliaire » et le service militaire « direct », il conclut : « Les romans insistent sur leur fonction d'entretien, que les épopées passent sous silence. En revanche, Chrétien de Troyes ignore ou néglige leur fonction guerrière que les épopées signalent et que confirment surtout les chroniques rimées et les récits de croisade. L'origine aristocratique de certains écuyers, soulignée surtout par les épopées, fait totalement défaut dans les autres sources qui, au contraire, insistent davantage sur les aspects subalternes de leur fonction et sur un certain mépris dont ils sont l'objet. Quant à la promotion chevaleresque des écuyers, elle semble liée à leur origine aristocratique : la plupart des mentions de ce genre sont d'ailleurs issues des sources épiques et se réfèrent aux mêmes textes qui soulignaient déjà cette origine. » (p. 590)

30. *besoingne, besogne* : désignait souvent l'acte sexuel.

46. *preudomme, prodom* (issu de *preu d'ome*, formé de la même manière qu'*un diable d'homme, un drôle d'homme*...). Le mot, très important et très fréquent, est difficile à cerner. Souvent simple intensif de *preu*, il varie fortement selon les textes : dans *La Chanson de Roland*, il peut s'appliquer à un homme courageux ; mais il peut impliquer d'autres qualités du chevalier, comme la sagesse et le *vasselage*. Dans *Le Roman de Thèbes*, l'un des trois emplois, de valeur générale, s'applique à des hommes courageux (vers 4025-4026) ; les deux autres concernent un homme d'Église (vers 5293-5294 et 5311-5312). Le mot alterne avec *saint* et *bon* dans la chronique de Villehardouin pour désigner Foulques de Neuilly, le prédicateur de la Quatrième Croisade. Dans *Le Roman de Renart*, *prodom* s'applique soit à un bourgeois ou à un artisan, soit à un homme de bien, honnête et loyal, souvent en doublet avec *sage*.
Voir E. Köhler, *L'Aventure chevaleresque* (Paris, Gallimard, 1974, pp. 149-160) qui distingue dans le concept de *prodomie* trois composantes (épique, courtoise, religieuse) et notre note dans notre traduction de Huon le Roi, *Le Vair Palefroi*, Paris, Champion, 1977, pp. 38-40.

47. *saint Ernoul* (Arnoul, Arnolphe) : patron des maris trompés. Le même mot désigne le mari au vers 54.
la chandoile : le cierge qu'on offrait sur l'autel d'un saint.

126-127. Série de jurons. « Par contre les jurons qui insistent lourdement, qui prennent pour objet des parties du corps des saints ou de Dieu, sont bannis des milieux courtois. En user est une marque de vulgarité, voire de trivialité. Les rustres qui peuplent

les fabliaux jurent sans la moindre vergogne. Gautier de Coinci
nous parle d'un vilain *Qui langue et gueule, iex et cervele, / Rate,
pomon, visier, boele, / Juroit de Dieu a chaque mot*. Les personnages courtois ont plus de délicatesse : ils évitent ces jurons vul-
gaires » (Ph. Ménard, *Le Rire et le sourire dans le roman courtois
en France au Moyen Âge*, Genève, Droz, 1969, p. 714).

XIX. — LE TESTAMENT DE L'ÂNE.

Texte du manuscrit C, folios 4 v°-5 v°, et éd. Faral-Bastin, t. II,
pp. 298-304. Nous avons adopté les corrections de ces deux édi-
teurs.

5. *il at* : « il y a ». Pour cette locution, on employait en ancien français *a(t), i a(t), il a(t), il i a(t)*.

25. *robes*. La *robe* correspond à peu près à notre costume. Très
habillée, elle comportait trois pièces ou *garnemenz* : la *cote*, le
surcot, le *mantel* ; moins habillée, elle n'était composée que de la
cote et du *surcot*. Le mot pouvait toutefois avoir deux autres sens,
désignant en bloc toutes les pièces du vêtement (chemise, *bliaut,
pelice...*) ou le plus habillé des *garnemenz*, le *mantel* (cf. nos robes
de juge, d'avocat, de professeur ou de prêtre). Au XVᵉ siècle, la
robe ne fut plus qu'un seul vêtement plus ou moins long qui dis-
simulait les jambes, ou s'arrêtait aux genoux, ou couvrait à peine
le haut des cuisses, et qui était en toutes sortes de tissus, souvent brodés, simples ou fourrés.

28. *Et pour la venduë atendre*. Il les vendait le plus tard possible
quand les cours étaient au plus haut.

50. *fisicïens* : « médecins ». Les *fisiciens* pratiquaient la médecine
savante par opposition aux *mires*. Voir *La Vie de saint Thomas
Becket*, vers 1 : *Tuit li fysicien ne sont adès bon mire* ; notre *Adam
de la Halle à la recherche de lui-même ou le Jeu dramatique de la
Feuillée*, Paris, SEDES, 1974, et M. Boutarel, *Mires, fisisciens,
navrés dans notre théâtre comique depuis les origines jusqu'au
XVIᵉ siècle*, Caen, 1918.

102. *Par Marie l'Egyptienne*. Rutebeuf a écrit une *Vie de sainte
Marie l'Égyptienne*. Voir éd. Faral-Bastin, t. II, pp. 9-59, et *La
Vie de sainte Marie l'Égyptienne. Versions en ancien et en moyen
français*, éd. par Peter F. Dembowski, Genève, Droz, 1977.

108. *Toute parole se lait dire*. Proverbe n° 2433 du recueil
Morawski : *Tuit dit se laissent dire*.

109. *jor de conseil* : « délai qu'un appelé en cause est juridiquement
en droit de demander avant que l'affaire soit jugée » (Faral-
Bastin).

114. *a paiez* (plutôt qu'*apaiez*) : au sens figuré de « satisfait ».

123. *Que que foz dort, et termes vient*. Proverbe, à rapprocher du
n° 1773 du recueil de Morawski : *Que que fouz face, jourz ne se
tarde*.
que que : « pendant que ». Paul Imbs (*op. cit.*) attribue la création
de ce tour à l'intervention arbitraire de Chrétien de Troyes qui
recherchait une locution précise et brève, construite sur le

modèle de *lorsque* dont il consacre l'usage, encouragé par la valeur secondaire de simultanéité dans quelques tours (*que qu'elle plore, cil s'en rit*), soucieux d'assurer une liaison intime entre les idées. Ainsi l'introduction de *que que* temporel, morphème vide de sens, clair grammaticalement et n'encombrant pas le vers, serait-elle due aux exigences techniques et esthétiques de l'octosyllabe.

126. *Touz sés*. Il s'agit de *sec argent*, d'argent liquide, comptant, d'espèces sonnantes.

134-136. Rutebeuf joue sur l'expression *a consoil* qui signifie d'abord « quand on délibère, quand on consulte », et ensuite « secrètement, en tête à tête ».

RECENSEMENT DES FABLIAUX

Nous avons repris le classement d'Omer Jodogne (*Le Fabliau...*, Turnhout, Brepols, 1975, pp. 19-21). La numérotation est celle de Per Nykrog.

I. PAROLES

A. *Cas linguistiques*
  1. Bafouillage : *Le prestre qui dist la Passion* (112).
  2. Équivoques :
     phonologiques : *Les deux Angloys et l'anel* (3), *Guillaume au faucon* (77), *Le prestre qui ot mere a force* (116).
     onomastiques : *La male Honte* (85 et 86), *Estula* (1ᵉʳ thème) (64).
     sémantiques : *Le vilain au buffet* (15), *Le sot chevalier* (31).
  3. Terme mystérieux : *La pleine bourse de sens.*
  4. Métaphores : *La damoiselle qui ne pooit oïr parler de foutre* (56 et 57), *L'esquiriel* (62), *La grue* (76), *Porcelet* (102), *Le cuvier* (43), *La pucelle qui abevra le polain* (123), *Le heron* (78), *La pucelle qui voloit voler* (124), *La sorisete des estopes* (138), *La dame qui aveine demandoit pour Morel sa provende avoir* (46).
  5. Automatisme verbal : *Le prestre qui menga les meures* (114 et 115).
  6. Illustrations de proverbes : *Jouglet* (80), *Le sentier battu* (133), *La plantez* (100).

B. *Faits psychologiques*
  1. Application littérale ou inadéquate d'un précepte ou
     d'un accord : Brunain, la vache au prestre (17), *Le*
     povre mercier (87), *La vielle qui oint la palme au che-*
     valier (148), *Le prestre et le chevalier* (105), *Le vilain*
     de Farbu (152).
  2. Devinettes : *La crote* (32), *Le jugement des...* (82).
  3. Explications :
     par une pratique pieuse : La dame qui fist trois tors
       entor le moustier (49), *Les braies au cordelier* (14) ;
     par une croyance en l'appel divin : *Les trois dames qui*
       troverent l'anel (1re anecdote) (52) (= 2^e anecdote
       du 53) ;
     par des accusations fallacieuses de folie : Les trois
       aveugles de Compiegne (2^e anecdote) (6) ;
       — d'illusion folle : *Le chevalier a la robe vermeille*
       (30), *Le prestre qui abevete* (111), *Les trois dames qui*
       troverent l'anel (2e anecdote) (52) (= 1re anecdote
       du 53) ; — de vol : Les perdriz (96).
     par la raison dont on s'est servi pour tromper :
       L'enfant qui fu remis au soleil (59).
  4. Parole sans acte : Les trois aveugles de Compiegne
     (1re anecdote) (6).
  5. Acte sans parole : *Le pré tondu* (103), *Dame Joenne*
     (45).

II. ACTES

A. *Jeux sur l'irréalité*
  1. Privilèges féeriques ou magiques : *Le chevalier qui fist*
     parler les... (27 et 28), *L'anel qui faisoit les... grans et*
     roides (2), *Les sohais* (135).
  2. Songes reflétant le souhait ou la réalité : *Le sohait*
     desvéz (137), *Le moigne* (91), *La damoiselle qui*
     sonjoit (58).
  3. Souhaits obscènes : *Les trois chanoinesses de Couloigne*
     (22).
  4. Erreurs sur la personne ou sur l'objet :
     a) Personnes :
       1. individus de même sexe :
       hommes : Barat et Haimet (7), Gombert et les
       deus clers (75), *Trubert* (2e, 3e et 4e anecdotes), *Le*

chevalier qui fist sa fame confesse (26), *La borgoise d'Orliens* (12) et *La dame qui fist batre son mari* (47) avec *Casta Gilos*, *Un chevalier et sa dame et un clerk* (25), *Le vilain mire* (1er thème) (154), *Aloul* (1), *Le meunier et les deux clers* (90).

femmes : *La vielle truande* (141), *Les trois dames qui troverent l'anel* (3e anecdote) (52), *Le prestre et Alison* (104), *Les tresces* (140) et *La dame qui fist entendant son mari qu'il sonjoit* (48), *Le meunier d'Arleux* (89).

2. Individus de sexe différent : *Berengier au lonc cul* (8 et 9), *Les deus vilains* (159), *Trubert* (5e et 6e thèmes), *La saineresse* (134), *Le chevalier a la corbeille* (24).

3. Individu qui se croit mort : *Le vilain de Bailluel* (150).

b) Cadavres : *Les trois boçus* (10), *Estormi* (2e thème) (63), *Le prestre qu'on porte* (117), *Le segretaig IV* (131), *Le segretain I* (128), *Le soucretain III* (130), *Le segretain moine II* (129), *Les quatre prestres* (120).

c) Fantôme : *Le chevalier qui recovra l'amor de sa dame* (29).

d) Personne et animal : *Estula* (2e thème) (64).

e) Confusion avec une âme : *Le pet au vilain* (98).

f) Personne et sculpture : Le prestre crucefié (106), *Le prestre teint* (119), *L'oue au chapelain* (95).

g) Objets : *Auberee* (5), *Le sot chevalier* (2e thème) (31), *Le prestre et la dame* (1er thème) (107), *Le clerc qui fu repus derriere l'escrin* (35), *Les braies le priestre* (15), *La nonete* (92 et 93), *Le pescheor de Pont seur Saine* (97), *Gauteron et Marion* (74), Le bouchier d'Abeville (13), *Charlot le juif* (23), *La vescie a prestre* (145).

h) Geste : *Le prestre et le mouton* (109), *La gageure* (73).

i) Fait : *Boivin de Provins* (11).

j) Erreurs multiples et diverses : *Le fol vilain* (153).

B. *Accusations*

1. Accusations se retournant contre l'accusateur : *La... noire* (40), *L'evesque qui beneï...* (65) [cf. aussi *La nonete I* (92)].

2. Dénonciation vengeresse ou innocente : *Le povre clerc* (34), *Celui qui bota la pierre* (20 et 19).

3. Preuves pseudo-judiciaires :
    épreuve justificative : *Les deux chevaus* (33).
    duel burlesque : *Sire Hain et dame Anieuse* (134).
    testament : *Le testament de l'asne* (139).
4. Effet accusateur : *Le provost a l'aumuche* (122).

C. *Châtiments*
    Peine du talion : *Les deux changëors* (21), *La dame qui
    se venja du chevalier* (50), *Constant du Hamel* (38),
    Estormi (1er thème) (63), *Connebert* (37), *Le prestre
    et les deux ribaus* (118).

D. *Bonheurs et malheurs*
    1. Mésaventures dues :
        à la niaiserie : *Brifaut* (16) ;
        à l'indécision : *Les trois dames qui troverent un vit* (55
            et 54) ;
        à la présomption : *Le vallet qui d'aise a malaise se met*
            (143), *Le prestre et la dame* (2e thème) (107), *Le
            vallet aus douze fames* (142) ;
        à la convoitise : *Trubert* (1er thème) ;
        au désespoir : *Celle qui se fist foutre sur la fosse de son
            mari* (18) ;
        à l'imprudence : *Le fevre de Creil* (70), *Les trois
            meschines* (88) ;
        à la passion du jeu : *Saint Pierre et le jongleur* (127) ;
        à la sottise : *Les quatre sohais saint Martin* (136).
    2. Guérison facétieuse : *La dame escoillee* (44).
    3. Salut de l'ingénieuse : *La feme qui conquie son baron*
        (67), *Le pliçon* (101).
    4. Bonnes fortunes dues
        au cynisme : *Le fotëor* (71) ;
        à l'ingéniosité : *Le vilain mire* (2e thème) (154), *Le
            vilain qui conquist paradis par plait* (155), *Le
            maignien* (84), *Le prestre et le leu* (108).

BIBLIOGRAPHIE

I. — MANUSCRITS

Les manuscrits les plus importants, dans lesquels on trouve de 5 à 59 fabliaux, sont les suivants :
A. — Paris, Bibliothèque nationale, fr. 837 [1].
B. — Berne, Burgerbibliothek, 354.
C. — Berlin, Deutsche Staatsbibliothek, Hamilton 257.
D. — Paris, Bibliothèque nationale, fr. 19152 [2].
E. — Paris, Bibliothèque nationale, fr. 1593.
F. — Paris, Bibliothèque nationale, fr. 12603.
G. — Nottingham, University Library, Middleton L.M. 6.
H. — Paris, Bibliothèque nationale, fr. 2168.
I. — Paris, Bibliothèque nationale, fr. 25545.
J. — Paris, Bibliothèque nationale, fr. 1553.
K. — Paris, Bibliothèque nationale, fr. 2173.
L. — Paris, Bibliothèque nationale, fr. 1635.
M. — Londres, British Library, Harley 2253.

On trouve de 1 à 3 fabliaux dans les manuscrits suivants :
N. — Rome, Casanatensis.
O. — Pavie, Bibliothèque universitaire, 130 E 4.

1. Pour ce manuscrit qui contient une soixantaine de fabliaux nous disposons du fac-similé d'Henri OMONT, *Fabliaux, dits et contes en vers français du XIIIᵉ siècle, Fac-similé du manuscrit français 837 de la Bibliothèque nationale*, Paris, 1932 (rééd. par Slatkine Reprints, Genève, 1973).
2. On pourra utiliser le fac-similé d'Edmond FARAL, *Le Manuscrit 19152 du fonds français de la Bibliothèque nationale, reproduction phototypique avec une introduction*, Paris, 1934 (27 fabliaux).

P. — Paris, Bibliothèque nationale, fr. 24432.
Q. — Paris, Bibliothèque nationale, nouv. acq. 1104.
R. — Paris, Bibliothèque de l'Arsenal, 3524.
S. — Paris, Bibliothèque de l'Arsenal, 3525.
T. — Chantilly, Condé 475 (1578).
U. — Turin, Biblioteca nazionale, L.V. 32 (copie).
V. — Genève, 7 fr. 179^2.
V*bis*. — Lyon, Bibliothèque municipale, 5495.
W. — Paris, Bibliothèque nationale, fr. 1446.
X. — Paris, Bibliothèque nationale, fr. 12581.
Y. — Londres, British Library, add. 10289.
Z. — Oxford, Bodleian Library, Digby 86.
a. — Paris, Bibliothèque nationale, fr. 375.
b. — Paris, Bibliothèque nationale, fr. 1588.
c. — Paris, Bibliothèque nationale, fr. 12483.
d. — Paris, Bibliothèque nationale, fr. 14971.
e. — Paris, Bibliothèque de l'Arsenal, 3114.
f. — Chartres, Bibliothèque municipale, 620.
i. — Clermont-Ferrand, Archives du Puy-de-Dôme, F2.
j. — Paris, Bibliothèque nationale, fr. 2188.
l. — Genève-Cologny, Bodmer, 113.

II. — ÉDITIONS

1. *Recueils généraux*

A. de MONTAIGLON et G. RAYNAUD, *Recueil général et complet des Fabliaux des XIIIe et XIVe siècles*, 6 vol., Paris, 1872-1880.

W. NOOMEN et N. VAN DEN BOOGAARD, *Nouveau Recueil complet des Fabliaux*, Assen, t. I. 1983 ; t. II, 1984 ; t. III, 1986 ; t. IV, 1988 ; t. V, 1990 ; t. VI, 1991 ; t. VII. 1993 ; t. VIII, 1994 ; t. IX, 1996.

2. *Éditions partielles.*

H. CHRISTMANN, *Zwei altfranzösischen Fablels (Auberée. Du Vilain Mire)*, Tübingen, 1963.

G. EBELING, *Auberée. Altfranzösisches Fablel*, Halle, 1895.

E. FARAL et J. BASTIN, *Œuvres complètes de Rutebeuf*, Paris, t. II, 1969.

G. GOUGENHEIM, *Cortebarbe, Les Trois Aveugles de Compiègne*, Paris, 1932 (*Classiques français du Moyen Âge*, 72).

R.C. JOHNSTON et D.D.R. OWEN, *Fabliaux*, Oxford, 1957 (1965).

A. LANDOLFI-MANFELLOTTO, *I fabliaux de Jean de Condé*, L'Aquila, 1979.

A. LÅNGFORS, *Huon le Roi, Le Vair Palefroi avec deux versions de la Male Honte*, Paris, 1927 (*Classiques français du Moyen Âge*, 8).

B.J. LEVY et C.E. PICKFORD, *Selected Fabliaux, edited from B.N. Fonds français 837. Fonds français 19152 et Berlin Hamilton 257*, Hull, 1978.

Ch. H. LIVINGSTON, *Le Jongleur Gautier Le Leu. Études sur les fabliaux*, Cambridge (Massachusetts), 1951 rééd., New York, 1969.

Ph. MÉNARD, *Fabliaux français du Moyen Âge*, I, Genève, 1979 (*Textes littéraires français*, 270).

P. NARDIN, *Jean Bodel, Fabliaux*, Paris, 1965.

G. RAYNAUD DE LAGE, *Choix de fabliaux*, Paris, 1986 (*Classiques français du Moyen Âge*, 108) ; *Douin de Lavesne, Trubert, fabliau du XIIIe siècle*, Genève, 1974 (*Textes littéraires français*, 210).

T.B.W. REID, *Twelve Fabliaux*, Manchester, 1958 (*French Classics*).

G. ROHLFS, *Sechs altfranzösische Fablels nach der Berliner Fablelhandschrift*, Halle, 1925.

Ch. ROSTAING, *Constant du Hamel*, Aix-en-Provence, 1953.

J. RYCHNER, *Eustache d'Amiens, Du Boucher d'Abevile*, Genève, 1975 (*Textes littéraires français*, 219).

A. SCHELER, *Dits et contes de Baudouin et Jean de Condé*, Bruxelles, 1866, t. II ; *Dits de Watriquet de Couvin*, Bruxelles, 1868.

V. VÄÄNÄNEN, *Du Segretain Moine*, Helsinki, 1949 (*Annales Academiae Scientiarum Fennicae*, series B, t. 62, 2).

Ph. VERNAY, *Richeut*, Berne, 1988 (Romanica Helvetica, 103).

M. WALTERS-M. GEHRING, *Trois Fabliaux (Saint Pierre et le jongleur ; De Haimet et de Barat et Travers ; Estula)*, Tübingen, 1961.

C. ZIPPERLING, *Die altfranzösische Fablel Du Vilain Mire*, Halle, 1912.

3. *Éditions bilingues.*

R. BRUSEGAN, *Fabliaux*, Paris, 1994 (*10/18, Bibliothèque médiévale*).

A. GIER, *Fabliaux, Französische Schwankerzählungen des Hochmittelalters*, Stuttgart, 1985.

R. HARRISSON, *Gallic Salt, Glimpses of the hilarious bawdy world of Old French fabliaux*, Berkeley-Londres-Los Angeles, 1974.

A. LIMENTANI, *Rutebeuf, I fabliaux*, Venise, 1976.

J. ORR, *Eustache d'Amiens, Le Boucher d'Abbeville*, Londres-Édimbourg, 1947.

L. ROSSI et R. STRAUB, *Fabliaux érotiques*, Paris, 1992 (*Lettres gothiques*).

M. ZINK, *Rutebeuf, Œuvres complètes*, 2 vol., Paris, 1989-1990 (*Classiques Garnier*).

III. — TRADUCTIONS

Les recueils cités sont de qualité et d'ampleur inégales.

J.-Cl. AUBAILLY, *Fabliaux et contes du Moyen Âge*, Paris, 1987.

R. BERGER et A. PETIT, *Contes à rire du Nord de la France*, La Ferté-Milon, Troësnes, 1987 (Corps 9).

L. BRANDIN, *Lais et fabliaux du XIIIᵉ siècle*, Paris, 1932.

J. DUVAL et R. EICHMANN, *Cuckolds, Clerics & Countrymen, Medieval French Fabliaux*, Fayetteville (Arkansas), 1982 ; *Fabliaux, Fair and Foul*, Binghamton (New York), 1992.

R. GUIETTE, *Fabliaux et contes*, Paris, 1960 (repris en 1981).

R. HELLMAN et R. O'GORMAN, *Fabliaux : Ribald Tales from the Old French*, New York, 1965.

A. MICHA, *Fabliaux du Moyen Âge*, Paris, 1995 (*La Petite Vermillon*).

P. RICKARD et coll., *Medieval Comic Tales*, Totowa (New Jersey) 1973.

G. ROUGER, *Fabliaux*, Paris, 1978 (*Folio*).

N. SCOTT, *Contes pour rire ? Fabliaux des XIIIᵉ et XIVᵉ siècles*, Paris, 1977 (*10 /18*).

R. WOLF-BONVIN, *La Chevalerie des Sots, Le Roman de Fergus, suivi de Trubert, fabliau du XIIIᵉ siècle*, Paris, 1990.

IV. — ÉTUDES

Nous nous bornerons aux livres, étant donné le caractère très étendu de la bibliographie. Pour les articles, on se reportera aux ouvrages de Ph. Ménard et de D. Boutet, et à nos notes.

P.-Y. BADEL, *Le Sauvage et le Sot. Le fabliau de Trubert et la tradition orale*, Paris, 1979.

M. BAKHTINE, *L'Œuvre de François Rabelais et la culture populaire au Moyen Âge et sous la Renaissance*, trad. fr., 1970 (*Bibliothèque des Idées*).

J. BÉDIER, *Les Fabliaux, études de littérature populaire et d'histoire littéraire du Moyen Âge*, Paris, 1893 (6ᵉ éd. 1964).

J. BEYER, *Schwank und Moral. Untersuchungen zum altfranzösischen Fabliau und verwandten Formen*, Heidelberg, 1969.

R.H. BLOCH, *The Scandal of the Fabliaux*, Chicago, 1986.

D. BOUTET, *Les Fabliaux*, Paris, 1985.

Cl. BREMOND, J. LE GOFF et J.-Cl. SCHMITT, *L'exemplum*, Turnhout, 1982 (*Typologie des sources du Moyen Âge occidental*).

G. BURGER, *Le thème de l'obscénité dans la littérature française des XIIᵉ et XIIIᵉ siècles*, Ph. D. Stanford, 1973.

M. DETIENNE et J.-P. VERNANT, *Les Ruses de l'intelligence. La mètis des Grecs*, Paris, 1974.

R. DUBUIS, *Les Cent Nouvelles nouvelles et la tradition de la nouvelle en France au Moyen Âge*, Grenoble, 1975.

Ch. FOULON, *L'Œuvre de Jean Bodel*, Paris, 1958.

F. FROSCH-FREIBURG, *Schwankmären und Fabliaux. Ein Stoff-und Motivvergleich*, Göppingen, 1971.

R. GUIETTE, *Forme et senefiance*, Genève, 1978, pp. 24-31, 90-100.

The Humor of the Fabliaux. A Collection of Critical Essays, éd. T. D. COOKE et B. L. HONEYCUTT, Columbia, 1974.

Ch. JACOB-HUGON, *L'Œuvre jongleresque de Jean Bodel. L'art de séduire un public*, Bruxelles, 1997.

O. JODOGNE et J.-Ch. PAYEN, *Le Fabliau et le lai*, Turnhout, 1975 (*Typologie des sources du Moyen Âge occidental*).

Ch. LEE, A. RICCADONNA, A. LIMENTANI et A. MIOTTO, *Prospettive sui Fabliaux*, Padoue, 1978.

M.-T. LORCIN, *Façons de sentir et de penser : les fabliaux français*, Paris, 1979.

Ph. MÉNARD, *Les Fabliaux, contes à rire du Moyen Âge*, Paris, 1983.

Ch. MUSCATINE, *Chaucer and the French Tradition*, Berkeley, 1957.

P. NYKROG, *Les Fabliaux, étude d'histoire littéraire et de stylistique médiévales*, Copenhague, 1957 (2ᵉ éd. Genève, 1973).

M. OLSEN, *Les Transformations du triangle érotique*, Copenhague, 1976.

J. RIBARD, *Un ménestrel du XIVᵉ siècle : Jean de Condé*, Genève, 1969.

F. ROUY et E. BRUNET, *Index général de trois fabliaux avec un relevé méthodique des formes verbales*, Nice, 1983.

J. RYCHNER, *Contribution à l'étude des fabliaux. Variantes, remaniements, dégradations*, 2 vol., Genève-Neuchâtel, 1960.

M.J.S. SCHENCK, *The Fabliaux, Tales of Wit and Deception*, Amsterdam-Philadelphie, 1987 (*Purdue University Monographs in Romance Languages*, 24).

P. ZUMTHOR, *Essai de poétique médiévale*, Paris, 1972 ; *La Lettre et la voix. De la littérature médiévale*, Paris, 1987.

CHRONOLOGIE

1200 : Fondation de Riga. Ruine de la civilisation maya.
Robert de Boron, *Joseph* et *Merlin* en prose. Chansons de geste : *Les Quatre Fils Aymon, Ami et Amile, Girart de Vienne, Girart de Roussillon. L'Escoufle* et *Le Lai de l'Ombre,* de Jean Renart. *Enfances Gauvain. Roman de Renart,* IX.
Jeu de saint Nicolas, de Jean Bodel.

1202 : Philippe Auguste confisque les fiefs français de Jean sans Terre. Quatrième Croisade. Début de la construction de la cathédrale de Rouen. *Congés,* de Jean Bodel.
Poèmes du vidame de Chartres. Mort de Joachim de Flore. *Roman de Renart,* XVI.

1204 : Prise de Constantinople par les Croisés. Fondation de l'empire latin de Constantinople. Unification de la Mongolie par Gengis Khan. Mort d'Aliénor d'Aquitaine.

1205 : Baudouin Ier de Constantinople est capturé par les Bulgares (bataille d'Andrinople).
Bible, de Guiot de Provins. Poèmes de Peire Cardenal.

1207 : Mission de saint Dominique en pays albigeois.

1209 : Le Concile d'Avignon interdit danses et jeux dans les églises. Début de la croisade contre les Albigeois. Première communauté franciscaine. Gengis Khan attaque la Chine.
Histoire ancienne jusqu'à César.

1210 : Interdiction aux maîtres parisiens d'enseigner la métaphysique d'Aristote.

1211 : Début de la construction de la cathédrale de Reims.

1212 : Enceinte de Philippe Auguste autour de Paris.

1213 : Simon de Montfort écrase les Albigeois à Muret.
   Le Roman de la Rose ou de Guillaume de Dole, de Jean Renart. *Chroniques*, de Robert de Clari et de Villehardouin. *Chanson de la croisade albigeoise* (première partie). *Meraugis de Portlesguez* et *Vengeance Raguidel*, de Raoul de Houdenc. *Les Narbonnais. Athis et Prophilias.*

1214 : Victoire française de Bouvines. Premiers privilèges accordés à Oxford.
   Les Faits des Romains.

1215 : Grande charte en Angleterre. Statuts de l'Université de Paris. Quatrième concile de Latran. Prise de Pékin par les Mongols.
   Bible, d'Hugues de Berzé. *Durmart le Gallois.*

1216 : Frédéric II roi des Romains. Henri III roi d'Angleterre. Honorius III pape. Approbation papale de l'ordre des frères prêcheurs.
   Galeran de Bretagne.

1217 : Famine en Europe centrale et orientale. Chœur de la cathédrale du Mans.

1218-1222 : Cinquième croisade.

1220 : Frédéric II empereur. Vitraux de Chartres. Album de l'architecte Villard de Honnecourt. *Pratique de la géométrie*, de Léonard Fibonacci.
   Miracles de Notre-Dame, de Gautier de Coinci. *Huon de Bordeaux.*

1221 : Raid mongol en Russie.
   Blancandin et l'Orgueilleuse d'Amour.

1223 : Louis VIII roi de France. Approbation par Honorius III de la règle franciscaine.
   Poèmes de Huon de Saint-Quentin.

1224 : Stigmates de saint François d'Assise. Famine en Occident (jusqu'en 1226).
   Lancelot en prose. *Perlesvaus. Jaufré. Le Besant de Dieu*, de Guillaume le Clerc.

1226 : Louis IX (le futur Saint Louis) roi de France. Régence de Blanche de Castille. Mort de saint François

d'Assise. *Cantique du Soleil.* Début de la construction de la cathédrale de Burgos.
Vie de Guillaume le Maréchal.

1227 : Concile de Trèves. Grégoire IX pape. Début de la construction des cathédrales de Trèves et de Tolède. Mort de Gengis Khan.

1228 : Canonisation de saint François d'Assise. Sixième Croisade.

1229 : Annexion du Languedoc au domaine royal. Grève de l'Université de Paris (jusqu'en 1231).
Le Roman de la Rose, de Guillaume de Lorris. À cette époque, poésies de Thibaut IV de Champagne, de Moniot d'Arras, de Guillaume le Vinier, de Guiot de Dijon, de Thibaut de Blaison.

1230 : Les Commentaires d'Averroès sur Aristote pénètrent en Occident.

1231 : Le pape Grégoire IX confie l'Inquisition aux frères mendiants.
Quête du saint Graal. La Mort le roi Artu. Tristan en prose. Roman de la Violette et *Continuations de Perceval*, de Gerbert de Montreuil.

1232 : Invasion mongole en Europe orientale (jusqu'en 1242).

1234 : Canonisation de saint Dominique. Majorité de Louis IX. *Décrétales,* traité de droit canon de Raymond de Penafort.
La Manekine, puis *Jehan et Blonde* de Philippe de Remy (entre 1230 et 1240).

1235 : Sculptures de la cathédrale de Reims.

1236 : Papier-monnaie en Chine.

1238 : Prise de Valence par les Aragonais.

1239 : Rappel du Parlement en Angleterre. Tentative de reprise de la croisade, jusqu'à Gaza.
Le Tournoiement de l'Antéchrist, de Huon de Méry, *Gui de Warewic.*

1240 : Destruction de Kiev par les Mongols. Révolte des Prussiens contre les Chevaliers teutoniques. Traduction de l'*Ethique* d'Aristote par Robert Grossetête.

1241 : Villard de Honnecourt en Hongrie. Destruction de Cracovie par les Mongols.

1242 : Victoires de Saint Louis à Taillebourg et Saintes.

1243 : Innocent IV pape. Écrasement des Seldjoukides par les Mongols. Début de la construction de la Sainte-Chapelle.
Poèmes de Philippe de Nanteuil, de Robert de Memberolles. *Guiron le Courtois. L'Estoire Merlin. L'Estoire del saint Graal. Fergus* de Guillaume le Clerc.

1244 : Perte définitive de Jérusalem par les chrétiens.

1245 : Enseignement à Paris de Roger Bacon et Albert le Grand. Début de la construction de l'abbaye de Westminster.

1246 : Charles d'Anjou (le frère de Saint Louis) comte de Provence.

1247 : Cathédrale de Beauvais.

1248 : Septième Croisade : Saint Louis en Égypte. Prise de Séville par les Castillans. Début de la construction de la cathédrale de Cologne.
L'Image du Monde, de Gossuin de Metz.

1250 : Constitution du Parlement de Paris. Nouveaux affranchissements de serfs. Saint Louis est vaincu à Mansourah. La mort de Frédéric II ouvre dans l'Empire une crise qui durera jusqu'en 1273.
Chansons de Colin Muset, de Garnier d'Arches, de Jean Érart. *Roman de la Poire,* de Tibaut. *Historia Tartarorum,* de Simon de Saint-Quentin. *Grand Coutumier* de Normandie. *Li Remedes d'Amours,* de Jacques d'Amiens. *Speculum majus,* encyclopédie de Vincent de Beauvais.

1251 : Le *Paradisus magnus* transporte deux cents passagers de Gênes à Venise.

1252 : La monnaie d'or apparaît à Gênes et à Florence. Innocent IV autorise l'Inquisition à utiliser la torture. Mort de Blanche de Castille.
Saint Thomas d'Aquin enseigne à Paris, jusqu'en 1259, tentant de concilier le christianisme et la pensée aristotélicienne.

1253 : Le plus ancien exemple d'escompte connu. Condamnation des clercs bigames à Arras. Guillaume de Rubrouk chez les Mongols.

Mort du prince-poète Thibaud IV de Champagne. Église supérieure d'Assise.

1254 : Saint Louis ordonne une enquête sur la gestion des baillis. Emploi des chiffres arabes et du zéro en Italie. Conflit entre les réguliers et les séculiers à l'Université de Paris : Guillaume de Saint-Amour pourfend les ordres mendiants dans le *De Periculis novissimorum temporum*. Rutebeuf attaque les frères mendiants dans la *Discorde de l'Université et des Jacobins*.

1255 : *Légende dorée* de Jacques de Voragine : c'est la grande encyclopédie hagiographique du Moyen Âge. Mathieu Paris, *Chronica majora. Armorial Bigot*, début du langage héraldique.

1257 : Robert de Sorbon fonde à Paris la Sorbonne, à l'origine collège pour les théologiens. Miniatures du psautier de Saint Louis.

Rutebeuf continue à écrire contre les frères mendiants : *Le Pharisien* et *Le Dit de Guillaume de Saint-Amour*.

1258 : Prise de Bagdad par les Mongols. Michel VIII Paléologue, empereur byzantin.

Rutebeuf, *Complainte de Guillaume de Saint-Amour*.

1259 : Traité de Paris entre la France et l'Angleterre. Saint Bonaventure, *Itinéraire de l'esprit vers Dieu* ; Rutebeuf, *Les Règles des moines, Le Dit de sainte Église* et *La Bataille des vices contre les vertus*.

1260 : Saint Louis interdit la guerre privée, le duel judiciaire, le port d'armes. Le moulin à vent se répand en Occident. Portail de la Vierge à Notre-Dame de Paris ; Nicola Pisano, chaire du baptistère de Pise.

Récits du Ménestrel de Reims ; *Méditations* du Pseudo-Bonaventure sur les aspects humains de Jésus ; Rutebeuf, *Les Ordres de Paris*.

1261 : Fin de l'empire latin de Constantinople. Louis IX interdit sa cour aux jongleurs. Rutebeuf, *Les Métamorphoses de Renart* et *Le Dit d'Hypocrisie*.

1262-1266 : Saint-Urbain de Troyes : gothique flamboyant. Rutebeuf, *Complainte de Constantinople*, fabliau de *Frère Denise*, puis, sans doute, *Poèmes de l'infortune,* poèmes religieux *(Vie de sainte Marie l'Égyptienne et La Voie de paradis)*, et peut-être *Miracle de Théophile*. Robert de Blois, *L'Enseignement des princes*. Alard de Cambrai, *Le Livre de philosophie*.

1263 : Écu d'or en France. Famine en Bohême, Autriche et Hongrie. Émeute anticléricale à Cologne.

1263-1278 : Jean de Capoue, dans le *Directorium vitae humanae*, donne une traduction latine du *Kalila et Dimna* (traduction arabe du *Pantchatantra*).

1264 : Institution de la Fête-Dieu pour toute l'Église latine. *Le Livre du Trésor,* encyclopédie d'un Florentin exilé en France, Brunetto Latini, rédigée directement en français.

1265-1268 : Charles d'Anjou conquiert le royaume de Sicile. Clément V établit le droit des papes à s'attribuer tous les bénéfices ecclésiastiques.
Roger Bacon, dans ses *Opera,* s'efforce de concilier raison et expérience. Rutebeuf écrit des chansons de croisade : *La Chanson de Pouille, La Complainte d'outremer, La Croisade de Tunis, Le Débat du croisé et du décroisé.*

1266-1274 : Saint Thomas d'Aquin, *La Somme théologique.*

1267 : Naissance de Giotto.

1268 : Découverte par Peregrinus de l'attraction entre deux pôles magnétiques. Moulins à papier à Fabriano, en Italie. Début de la seconde querelle de la pauvreté à Paris. Nicola Pisano, chaire de la cathédrale de Sienne.

1269 : Pierre de Maricourt, *Lettre sur l'aimant.*

1270 : Saint Louis meurt à Tunis. Règne de Philippe III. Première condamnation de l'averroïsme et de Siger de Brabant.
Au tympan de la cathédrale de Bourges, *Le Jugement dernier.* Huon de Cambrai, *Vie de saint Quentin* ; poésies de Baudouin de Condé.

1271 : Après la mort d'Alphonse de Poitiers, rattachement de la France d'oc à la France d'oïl.

1271-1295 : Grand voyage et séjour de Marco Polo en Chine et dans l'Asie du Sud-Est.

1272 : Edouard Ier, roi d'Angleterre.

Mort de Baude Fastoul *(Les Congés)* et de Robert le Clerc *(Les Vers de la Mort)*. Cimabue, *Portrait de saint François d'Assise.* Œuvres d'Adenet le Roi.

1274 : Concile de Lyon : tentative d'union des Églises. Mort de saint Thomas et de saint Bonaventure.
Grandes Chroniques de Saint-Denis.

1275 : Vers cette date, on brûle des sorcières à Toulouse. Seconde partie du *Roman de la Rose*, de Jean de Meun ; *Speculum judiciale*, encyclopédie juridique, de G. Durand, et *Chirurgia* de Guillaume de Saliceto de Bologne ; de Raymond Lulle *Le Livre de Contemplation* et *Le Livre du Gentil et des trois sages.*

1276 : Les Mongols dominent la Chine.

Raymond Lulle fonde un collège pour apprendre l'arabe aux missionnaires, et écrit *L'Art de démonstration.* Adam de la Halle, *Le Jeu de la Feuillée.*

1277 : Les doctrines thomistes et averroïstes sont condamnées par l'évêque de Paris, Étienne Tempier, ainsi que *L'Art d'aimer* d'André le Chapelain.

Rutebeuf, *Nouvelle Complainte d'outremer. Tabula exemplorum secundum ordinem alphabeti.*

1278 : Disgrâce et pendaison de Pierre de la Brosse ; de là des poèmes sur la toute-puissance de Fortune. *Dit de Fortune*, de Moniot d'Arras.

1279 : Construction d'un observatoire à Pékin.

À cette époque, activité d'Albert le Grand. *Somme le Roi*, de frère Laurent, encyclopédie morale.

1280 : Un peu partout, à Bruges, Douai, Tournai, Provins, Rouen, Béziers, Caen, Orléans, des grèves et des émeutes urbaines. L'échevin de Douai, Jean Boinebroke, réprime la grève des tisserands.

Achèvement de Saint-Denis. *Flamenca*, roman en langue d'oc, *Joufroi de Poitiers.* Diffusion du *Zohar*, somme de la cabale théosophique, et des *Carmina burana*, anthologie des poèmes écrits en latin aux XIIe et XIIIe siècles par les Goliards. De Raymond Lulle, *Le Livre de l'Ordre de Chevalerie.* Girard d'Amiens, *Escanor.*

1282 : Les Vêpres siciliennes chassent les Français de Sicile ; les Aragonais les remplacent. Andronic II, empereur de Constantinople.

Cathédrale d'Albi.

1283 : Les Chevaliers Teutoniques achèvent la conquête de la Prusse.

Philippe de Beaumanoir, les *Coutumes du Beauvaisis*. De 1275 à 1283, Lulle compose à Montpellier *Le Livre d'Evast et de Blanquerne*.

1284 : Croisade d'Aragon. Les foires de Champagne passent sous le contrôle du roi de France. Effondrement des voûtes de la cathédrale de Beauvais.

1285 : Philippe le Bel devient roi. Édouard Ier soumet le pays de Galles.

La victime d'une épidémie est disséquée à Crémone.

La Châtelaine de Vergy. Madame Rucellai, de Duccio à Sienne (préciosité).

1288 : Les artisans se révoltent à Toulouse. Cologne devient ville libre en se libérant de la domination de son archevêque.

Départ pour la Chine du frère franciscain Jean de Montecorvino. Début de la construction du palais communal de Sienne.

De Raymond Lulle, *Le Livre des Merveilles*, qui comporte *Le Livre des bêtes*.

1289 : Lulle refond à Montpellier *L'Art de démonstration*, écrit *L'Art de philosophie désiré*, *L'Art d'aimer le bien*. *Renart le Nouvel*, de Jacquemart Gielée.

1290 : Édouard Ier expulse les Juifs d'Angleterre. Le rouet apparaît. L'Angleterre exporte 30000 sacs de laine. À Amiens, *La Vierge dorée*. Duns Scot écrit ses œuvres.

Jakemes, *Roman du Châtelain de Coucy*. Concours poétique de Rodez avec Guiraut Riquier. Raymond Lulle, *Le Livre de Notre-Dame*. Drouart la Vache, *Le Livre d'Amours*. Adenet le Roi, *Cléomadès*.

1291 : Naissance de la Confédération helvétique. Chute de Saint-Jean-d'Acre : fin de la Syrie franque.

Début de la construction de la cathédrale d'York.

1292 : Paris compte 130 métiers organisés. Raymond Lulle tertiaire franciscain.

1294 : Guerre franco-anglaise pour la Guyenne. Philippe le Bel dévalue la monnaie. Élection du pape Boniface VIII. Début de la construction de Santa Croce à Florence.

1295 : Edouard Ier appelle des représentants de la bourgeoisie au Parlement anglais.
Vita nuova de Dante. Mort de Guiraut Riquier. Raymond Lulle, *L'Art de Science*.

1296-1304 : Giotto peint à Assise *La Vie de saint François d'Assise*.

1297 : Edouard Ier reconnaît les prérogatives financières du Parlement anglais. L'aristocratie de Venise n'admet plus en son sein les hommes nouveaux.

1298 : Liaisons régulières par mer entre Gênes, la Flandre et l'Angleterre.

1298-1301 : Marco Polo, *Le Livre des Merveilles*, encyclopédie de l'Asie. Lulle à Paris (*Arbre de Philosophie d'Amour*), puis à Majorque et à Chypre.

1300 : Il est certain qu'à cette date on porte des lunettes. La lettre de change se répand en Italie. À cette époque, cesse le commerce des esclaves, sauf en Espagne.
Lamentationes Mattheoli. Eckhart le mystique à Cologne. Nicole Bozon, *Contes moralisés*. Baudouin de Condé, *Voie de Paradis*. Nicolas de Margival, *La Panthère d'Amour*. *Passion du Palatinus*.

INDEX

TABLE

GF Flammarion

00/09/81776-IX-2000 – Impr. MAURY Eurolivres SA, 45300 Manchecourt.
N° d'édition FG097209. – Mars 1998. – Printed in France.